Felix Eberty

Geschichte des preußischen Staats

Felix Eberty

Geschichte des preußischen Staats

ISBN/EAN: 9783741168321

Hergestellt in Europa, USA, Kanada, Australien, Japan

Cover: Foto ©ninafisch / pixelio.de

Manufactured and distributed by brebook publishing software (www.brebook.com)

Felix Eberty

Geschichte des preußischen Staats

Geschichte
des
Preußischen Staats.

Von

Dr. Felix Eberty,
Professor in Breslau.

Dritter Band.
1740—1756.

Das Recht der Uebersetzung in fremde Sprachen bleibt vorbehalten.

Breslau,
Verlag von Eduard Trewendt.
1868.

Geschichte
des
Preußischen Staats
von
Dr. Felix Eberty,
Professor in Breslau.

Zweite Abtheilung.
Vom Regierungsantritt Friedrich des Großen
bis zum
Regierungsantritt Friedrich Wilhelm III.

Geschichte
des
Preußischen Staats.

Von

Dr. Felix Eberty,
Professor in Breslau.

Dritter Band.
1740 — 1756.

Breslau,
Verlag von Eduard Trewendt.
1868.

Erstes Kapitel.

Thronbesteigung Friedrich's II. Erste Regierungshandlungen.

Friedrich Wilhelm I. hatte seinem Nachfolger ein reiches Erbe hinterlassen: die Provinzen in bester Ordnung, das Volk an unbedingten Gehorsam gewöhnt, die Armee zahlreich und trefflich ausgerüstet, dazu in den Gewölben des Berliner Schlosses einen Schatz von mehr als sieben Millionen.

Dennoch glich der Preußische Staat einem Kriegsschiffe, welches Gefahr lief, durch längeres Verweilen im Hafen morsch und untüchtig zu werden, wofern nicht ein kühner Steuermann das Ruder ergriff und den edlen Bau in die brausenden Wogen des Kampfes lenkte.

Der freien Entschließung des neuen Herrschers stand die Welt offen. Durch keine Allianzen hatte der Vater ihn gebunden, der in seinem letzten Lebensjahre zu der

Einsicht gekommen war, daß der lang verkannte Sohn Kraft und Klugheit besitze, um dem aufstrebenden Staate die Stelle zu erobern, die er einnehmen mußte, wenn nicht die mühevolle Arbeit eines Vierteljahrhunderts verloren sein sollte.

Achtundzwanzig Jahr alt, in der Blüthe jugendlicher Manneskraft bestieg Friedrich II. am 31. Mai 1740 den preußischen Thron. Mit dem Bewußtsein der unermeßlichen Verantwortlichkeit, die er übernahm, trat vor seine Seele zu gleicher Zeit der Entschluß, in vollster Bedeutung des Wortes seine Pflicht zu thun und die großen Erwartungen zu erfüllen, mit denen ganz Europa zu ihm aufblickte. Einen Philosophen auf dem Thron zu sehen hoffte die Welt. Friedrich beschloß diese Hoffnung zu erfüllen und durch sein Leben und seine Regentenhandlungen zu beweisen, daß der Mensch den Beruf habe, sein eignes Glück und das Glück der Andern zu fördern, und daß gewissenhafte Pflichterfüllung der Weg sei, der zu diesem Ziele führe. Diese Ueberzeugung und dieser Entschluß vertrat bei ihm zugleich die Stelle des religiösen Glaubens. Er wollte der Welt zeigen, daß sittliche Vollkommenheit von den Formen der Gottesverehrung unabhängig sei[1]). Für einen König ist diese Aufgabe doppelt

---

[1]) Es ist mehrfach, namentlich auch von Ranke versucht worden, des Königs philosophische Ansichten aus seinen Schriften und

schwer; denn die Völker und ihre Regenten können sich nicht stets an die Regeln binden, welche dem Einzelnen durch Recht und Sittlichkeit vorgeschrieben sind. Wie die Welt nun ein Mal beschaffen ist, tritt im Völkerverkehr an die Stelle des redlichen Vertrages die Hinterlist der Diplomaten und an die Stelle des entscheidenden Richterspruches die Gewalt unter der Form des Krieges. Friedrich der Zweite erkannte das mit voller Klarheit und wußte genau die Grenze zwischen dieser widersprechenden Rechtsanschauung zu ziehen. Wie er bisher ein Doppelleben geführt, theils in strenger Ausübung des kindlichen Gehorsams gegen seinen Vater, theils in der Pflege und Ausbildung dessen, was seiner eigensten Natur Bedürfniß war, so wollte er auch ferner bis an's Ende ein ähnliches Doppelleben weiter führen. Während Friedrich der Philosoph und Menschenfreund nicht müde wird, Frieden zu predigen, während er die Eroberer den Straßenräubern gleichstellt und den Regenten das Soldatenhandwerk höchstens als Nebenbeschäftigung gestalten will, während er in schwungreichen Oden die Gräuel des Kriegs ver-

Briefen in ein System zu bringen. Allein Friedrich's Aussprüche, sehr oft aus augenblicklicher Stimmung oder aus der Freude an witzigen und geistreichen Wendungen hervorgegangen, stehen deshalb mit einander häufig im Widerspruch. Das Wesentliche bleibt sein ernster Wille: überall und in jedem Augenblick seine Pflicht zu thun.

dammt¹), — arbeitet Friedrich der König nichts desto weniger vom ersten Tage seiner Regierung bis zum letzten unermüdlich an der Vermehrung und Verbesserung seiner Armee und stellt es sich zur Lebensaufgabe, einer Nachbarfürstin die reiche Provinz Schlesien zu entreißen und seine Eroberung mit höchster Anspannung aller Kräfte zu vertheidigen. Während er in seinen Schriften und Briefen die Gelehrten und Dichter hoch über alle anderen Menschen erhebt und ihnen den Ehrenplatz in der Gesellschaft der denkenden Wesen einräumt, giebt er dennoch in seinem Preußenlande dem Officierstande den Vorrang vor allen anderen Mitgliedern des Staates, so wie ihn anderseits die stets wiederholte Lehre von der Gleichberechtigung aller Menschen und von der Ungerechtigkeit ihrer Unterdrückung doch keineswegs dazu veranlaßt, die Leibeigenschaft aufzuheben oder die strenge Scheidewand niederzureißen, welche er zwischen dem Adel und dem Bürgerstand gezogen wissen wollte. Nicht allein in der

---

¹) An Voltaire 13. Febr. 1749. Oeuvres*) XXII. p. 182: Sie sind erstaunt über meine Oden an den Krieg. Allein das sind wirklich meine Empfindungen. Sie müssen den Staatsmann vom Philosophen in mir unterscheiden.

*) Oeuvres bedeutet stets die Preuß'sche Ausgabe der Werke Friedrich des Großen. Berlin bei Decker.

Gesinnung, der Handlungsweise, den Worten und den Schriften des Königs findet dieses Doppelleben Ausdruck, sondern es spiegelt sich auf's Klarste in der Eintheilung seiner Zeit ab. Unwandelbar bestimmt hatte er ein für alle Mal die Tagesstunden festgesetzt, wo er seinem Königsberufe oblag und mit rastlosem Fleiße die Pflichten des Regenten und des Feldherrn erfüllte. Da war er nur von dem Einen Gedanken an die Größe, die Wohlfahrt und den Ruhm seines Landes und seines Hauses beseelt. Hatte er für heut diesen Pflichten auf's Gewissenhafteste Genüge gethan, dann kam der Dichter, der Musiker, der geistreiche Gesellschafter zur Geltung, und er überließ sich den Beschäftigungen, die seine Erholung bildeten, und die selbst zum Theil so ernster Natur waren, daß z. B. die dreißig Bände schriftstellerischer Arbeiten, welche er der Nachwelt hinterließ, allein ausgereicht hätten, das Leben eines nicht gering begabten Mannes auszufüllen.

Von dem Umfange seiner Fähigkeiten, von der unerschöpflichen Arbeitskraft und Arbeitslust des jungen Königs, von der Festigkeit seines Willens hatte die Welt, hatten selbst die nächsten Freunde nur eine unvollkommene Vorstellung. Durch die Küstriner Prüfungsjahre war die Schnellkraft dieses gewaltigen Geistes in keiner Weise verringert. Nur Vorsicht im Umgange mit den Menschen hatte er dort gelernt und sich gewöhnt, seine Gedanken und Entschlüsse geheim zu halten¹).

So wenig kannten ihn die Genossen der Rheinsberger Tage, daß sie auf eine Regierung voll friedlichen Genusses hofften, in welcher der König, den Künsten und Wissenschaften ergeben, die Schätze seines Vaters zu eigner Lust und zur Bereicherung seiner Günstlinge verwenden würde. Keiner von ihnen hatte durchschaut, wie ähnlich Friedrich II. seinem Vater war, dessen gute und schlechte Eigenschaften er fast sämmtlich geerbt hatte, nur daß bei dem Sohne sich Alles menschlicher und liebenswürdiger gestaltete. Sein strenger sittlicher Ernst äußerte sich fast niemals in der harten grausamen Weise Friedrich Wilhelm's und wurde oft genug durch rührende Züge voll Empfindsamkeit gemildert, wie man das von einem Herrscher voraussetzt, der die sanfte Flöte zu seinem Lieblingsinstrument erkoren. Mit dem Vater hatte er den Scharfblick für alles Geschäftsmäßige und den Widerwillen gegen Schein und Täuschung gemein. Die rastlose Thätigkeit des Leibes und der Seele finden wir im höchsten Maße beim Sohne wieder. Genaue weise Sparsamkeit trat an die Stelle des Geizes, und statt der Wuthausbrüche,

---

¹) Friedrich an d'Argens: Um meine Geheimnisse zu erfahren, müßte man mich selbst bestechen, und das wäre nicht leicht. Oeuvres XIX. p. 22.

mit welchen der Vater jeden Widerspruch niederschlug, genügte Friedrich's Herrscherblick, dem vom königlichen Prinzen herab bis zum Geringsten im Volke Niemand zu widerstehen vermocht hat. Denn unbedingten Gehorsam verlangte Friedrich in demselben Maße wie sein Vater, und mit größerem Rechte als dieser, weil es sein fester Vorsatz war, niemals das Ungesetzliche zu wollen, sondern dem Rechte in allen Stücken freien Lauf zu lassen und den Aussprüchen desselben auch seine eigne Person zu unterwerfen. Dagegen hatte Friedrich Wilhelm's Beispiel ihn gelehrt, wie weit der Schein der Selbstherrschaft von dem Wesen derselben verschieden sein konnte. Es war ihm nicht entgangen, daß der preußische Hof bisher willenlos an den Fäden ränke-süchtiger Diplomaten geleitet worden, und daß namentlich Oesterreich unter dem Scheine der Freundschaft kein anderes Ziel verfolgte, als die Unterdrückung und Schwächung des aufstrebenden Nebenbuhlers, der dem Kaiserhause einst gefährlich werden konnte. Deshalb beschloß Friedrich, fortan sein eigner alleiniger Rath-geber und der ausschließliche Bewahrer seiner Pläne und Absichten zu sein. Er, der erste Diener des Staates, wollte den übrigen lediglich die genaue Ausführung seiner Befehle gestatten.

Mit solchen Vorsätzen trat er die Regierung an, unter freudigem Zujauchzen des gesammten preußischen Volkes, welches durch den Tod des allgemein gefürchteten Monarchen sich von einem Druck befreit fühlte, der mit der Länge der Zeit unerträglich geworden war. Als die Augen des strengen königlichen Zuchtmeisters sich schlossen, brach namentlich in Berlin ein so lauter Jubel hervor, daß es den Fremden geradezu widerwärtig und unanständig erschien[1]). Der neue König war unmittelbar nach seines Vaters Tode von Potsdam abgereist und traf noch am Abend des 31. Mai 1740 in Berlin ein. Am Morgen des 1. Juni wurde er durch Militairmusik erweckt. Die Garnison leistete unter den Fenstern des Schlosses Friedrich dem Zweiten den Eid der Treue und rief ihm ein donnerndes Lebehoch zu.

Schmerzlich gedachte er bei diesen Klängen des hingeschiedenen Kriegsherrn, dessen Ehren ihm jetzt dargebracht wurden. Pöllnitz, welcher die in Berlin anwesenden Generale anzumelden kam, fand den König, halb bekleidet, wie außer sich, in Thränen gebadet[2]).

Gewaltsam raffte er sich zusammen. Mit der vollen Würde des Herrschers empfing er die Officiere. Im Sinne seines Vaters, sprach er, solle die Armee an ihm einen Vater finden. Dagegen sollen die

---

[1]) Valori memoires I. 84, à la mort de Frédérik Guillaume éclata une joie immodérée et scandaleuse.

[2]) Ranke, Neun Bücher II. 47, aus einer ungedruckten Handschrift von Pöllnitz.

Generale dafür sorgen, nicht bloß schöne, sondern auch brauchbare Truppen heranzubilden, die dem Lande nicht zur Last fallen. Man mache dem Officierstande vielfach den Vorwurf der Härte, der Habsucht und des Uebermuthes. Dergleichen werde er nicht dulden. — Der Eindruck dieser Worte war groß. Die alten Haudegen begriffen, daß sie einem entschlossenen kraftvollen Gebieter zu gehorchen hätten.

Schon am Tage vorher war Friedrich in der Lage gewesen, sich als König und Herr zu zeigen, denn kaum hatte sein Vater die Augen geschlossen, als der alte Dessauer sich an den Thronfolger drängte, dessen Kniee umfaßte und bat, seinen Söhnen ihre Stellen in der Armee, ihm selbst aber die Autorität zu lassen, deren er bisher genossen. — Er mochte sich wegen seiner Theilnahme an den österreichischen Intriguen schlimmer Dinge vermuthen, doch erhielt er die merkwürdige Antwort: „Ihre Söhne und Sie selbst sollen ihre Stellen behalten, was aber Autorität betrifft, so erkenne ich im Lande nur meine eigne an. Ich bin gewillt, von heut ab die Pflichten eines Königs zu erfüllen, Autorität wird Niemand haben, als ich selbst!"

Am 2. Juni erfolgte in Charlottenburg die Vereidigung der Minister. Der König sagte ihnen: Für einen ehrlichen Mann bedürfe es eigentlich keines Eides. Sie sollen wissen, daß künftig das Interesse des Landes von dem des Königs nicht geschieden sei, wie das sein Vater bisweilen aus triftigen Gründen gestattet. Entstehe aber noch jetzt ein solcher scheinbarer Widerspruch, so solle allezeit das Interesse des Landes dem des Regenten vorangehen.

Solche Reden, noch mehr aber die ersten Regierungsmaßregeln des Königs, welche bald bekannt wurden, steigerten die allgemeine Freude über den Thronwechsel wo möglich noch höher. — Der strenge Winter von 1740 hatte überall im Lande die größte Noth erzeugt, selbst die Soldaten litten Mangel. Den Bauern fehlte das Saatkorn. Friedrich Wilhelm konnte sich, der dringendsten Vorstellungen ungeachtet, nicht entschließen, seine gefüllten Magazine zu öffnen. Erst an seinem Todestage ließ er sich dazu bewegen, eine Austheilung von Brotkorn an die Berliner Bäcker zu gestatten. Friedrich befahl sofort, die Bestände zu mäßigen Preisen (den Scheffel Korn für 20 Sgr.) an das Volk zu verkaufen, den Aermsten das Nothdürftige umsonst zu gewähren. Bis nach der nächsten Ernte erließ er die Accise für das Mehl. Einen Theil der ungeheuren königlichen Jagdreviere ließ er eingehen und traf Anstalten gegen die Beschädigungen der Bauern durch das Wild. Auch ließ er eine Menge Hirsche abschießen und zu wohlfeilen Preisen verkaufen, was bei der großen Theuerung dem Volke sehr zu statten kam.

Neben diesen durch das augenblickliche Bedürfniß

(1740.) Folter, Eheverbote aufgehoben.

hervorgerufenen Maßregeln gab Friedrich alsbald zu erkennen, daß mit seinem Regierungsantritt im vollsten Sinne des Wortes eine neue Zeit beginnen sollte. Fest und entschieden trat er in den Kampf gegen veraltete Mißbräuche und Vorurtheile. Schon am dritten Tage seiner Herrschaft, den 3. Juni 1740, befahl er, zuerst unter allen Monarchen des Festlandes von Europa, die Abschaffung der Folter[1]) und machte damit den Anfang zu der großen Umwandlung der Gesetzgebung, welche ihn bis zu seinem letzten Athemzuge unaufhörlich beschäftigte. An dem nämlichen Tage verfügte der König auch den Wegfall der vielen Eheverbote, welche die katholische Kirche im Lauf der Zeit eingeführt hatte, um aus den für die Dispense zu zahlenden Geldern sich eine reiche Einnahmequelle zu eröffnen. Friedrich gestattete die Ehe zwischen Ver-

[1]) Dieselbe sollte in wenigen, auch von Thomasius ausnahmsweise aufrecht erhaltenen Fällen noch fortbestehen, ist aber auch in diesen Fällen in der That niemals in Anwendung gekommen; und als späterhin der König erfuhr, daß die Schlesischen Gerichte die Stelle der Tortur durch Schläge ersetzten, verbot er das sofort auf's Strengste. Ledebur, Allgemeines Archiv für die Gesch.-Kunde des Preuß. Staates, V. 1, p. 58. Um der Gerichtspraxis Zeit zu lassen, die Lücke auszufüllen, welche der Wegfall der Folter in dem Beweisverfahren des peinlichen Rechts entstehen ließ, wurde die Bekanntmachung der königl. Verordnung für's Erste untersagt, damit einstweilen das beseitigte Institut noch durch den Schreck fortwirken könnte.

wandten überall da, wo nicht das ausdrückliche Verbot der heiligen Schrift entgegensteht. Neben dem Wunsche, jede unnöthige Beschränkung der persönlichen Freiheit zu beseitigen, leitete ihn dabei ausgesprochener Maßen das im vorigen Jahrhundert allgemein verbreitete Streben der Fürsten, die Bevölkerung ihrer Länder möglichst zu vermehren, um die Lücken auszufüllen, welche sich noch immer als Nachwirkungen des dreißigjährigen Krieges bemerklich machten. In den Monat Juni fällt auch der weltberühmte Bescheid des Königs auf die Anfrage des Consistoriums, ob die von Friedrich Wilhelm I. für die katholischen Soldatenkinder eingerichteten confessionellen Schulen fortbestehen sollten. Der König schrieb an den Rand: „Die Religionen Müsen alle Tolleriret werden, und Mus der Fiscal nuhr das Auge darauf haben, das keine der andern abrug Tuhe, den hier mus ein jeder nach Seiner Faßon Selich werden." In diesem Sinne wurde dann auch alsbald den lutherischen Geistlichen auf ihre Bitten gestattet, die von dem verstorbenen König beseitigten Chorhemden wieder anzulegen, die Einsetzungsworte des Abendmahls abzusingen, die Kerzen anzuzünden, Kreuze beim Begräbniß voranzutragen und dergleichen. Gott selbst habe das dem Könige unmittelbar in's Herz gegeben, verkündete Probst Rolof von der Kanzel, worüber Friedrich in seinen Briefen an Voltaire sich belustigt, indem er sagt, es sei das eine wohlfeile Art, Herzen zu gewinnen. In Berlin machten nur die Prediger der Marien-, Nicolai- und Georgenkirche von dieser Erlaubniß Gebrauch, was sich bis auf den heutigen Tag erhalten hat. Der König, der während seiner ganzen Regierungszeit kaum ein halbes Dutzend Mal dem Gottesdienste beigewohnt hat, erschien am 5. Juni, dem Pfingstsonntag, wo seine Thronbesteigung von den Kanzeln verkündet wurde, Vormittags im reformirten Dome und Nachmittags in der Petrikirche, wo er die lutherische Predigt des Probstes Reinbeck anhörte. Wie gleichgiltig er sich auch gegen die Verschiedenheiten der einzelnen Religionsbekenntnisse verhielt, so hat er dennoch mehr als Ein Mal ausgesprochen, daß er die protestantische Confession für die beste halte, weil dieselbe sich von willkürlichen und abergläubischen Satzungen und Gebräuchen am meisten frei gehalten und nicht verfolgungssüchtig sei. Er bedauerte nur, daß Luther auf halbem Wege stehen geblieben und nicht auch die Lehre von der Dreieinigkeit über Bord geworfen, wie es die Socinianer gethan[1]). „Nur ein sehr kleines Körnchen Glaube," sagt er, „sei ihm zu Theil geworden[2]), und er könne sich nicht davon überzeugen,

---

[1]) In einem Briefe an die Herzogin v. Gotha. Oeuvres XVIII. p. 239.

[2]) Oeuvres XXIV. p. 122. 19, p. 227.

daß die Vorsehung sich um so erbärmlich kleinliche Dinge kümmere, wie die Angelegenheiten der Menschen." Indem er aber dergleichen Glaubensfragen, als über unsere Fassungskraft hinausgehend, bei Seite ließ, war er mit desto größerem Ernst entschlossen, in allen begreiflichen und greiflichen Dingen auf's Aeußerste seine Pflicht zu thun. So war es eine seiner ersten Sorgen, überall im Lande Magazine zu errichten, welche auf mindestens anderthalb Jahre die nöthigen Kornbestände bis zur nächsten Ernte enthalten und dadurch der Wiederkehr von Nothständen, wie sie der strenge Winter 1740 zur Folge gehabt, vorbeugen sollten. Auch war er zur Ueberraschung seiner Umgebung sofort darauf bedacht, die Wehrkraft des Landes nicht nur zu erhalten, sondern die Armee noch zu vergrößern.

Das Riesenregiment seines Vaters paradirte am 22. Juni bei der Leichenfeier zu Ehren des verstorbenen Monarchen zum letzten Mal. Friedrich löste dasselbe alsdann auf. Die 25 längsten unter diesen Riesen wurden in Haiduckentracht gesteckt und in Berlin als Seltsamkeit beibehalten. Die kräftigsten und tüchtigsten unter den übrigen fügte er dem Regimente bei, welches er als Kronprinz geführt, und formirte daraus drei Bataillone Leibgarde. Die übrigen wurden theils in ihre Heimath entlassen, theils andern Regimentern überwiesen. Auf diese Art fielen nicht nur mehr als 200,000 Thaler jährlicher Unterhaltungskosten des berühmten Leibregimentes fort[1]), sondern außerdem noch die höchst beträchtlichen Summen, welche die Werbung der Riesen gekostet. Das war unter Hinzunahme einiger sonstigen Bestände hinreichend, um 16 neue Bataillone und ein Corps von Ingenieuren zu errichten, dessen Officiere in die Festungen vertheilt wurden. Mit diesen kriegerischen Maßnahmen, welche sofort die Aufmerksamkeit der fremden Höfe erregten, gingen wesentliche Verbesserungen des Handels und der Gewerbe, so wie des bürgerlichen Verkehrs überhaupt Hand in Hand. Auch die Hofhaltung, welche bisher der königlichen Würde so wenig entsprechend eingerichtet war, sollte umgestaltet werden. Pöllnitz hatte mit Hilfe des Kammerdieners Eversmann und einiger anderen Personen aus der nächsten Umgebung des Königs bereits weit aussehende Pläne deshalb ausgearbeitet und dabei natürlich sich selbst und seine Freunde nicht vergessen. Friedrich, der in den ersten Jahren seiner Regierung es liebte, sich mit königlichem Glanze zu umgeben und namentlich vor dem Publikum in prachtvollen Karossen, mit Läufern, Haiducken und einer

---

[1]) Cirlacy, Chronologische Uebersicht der Geschichte des Pr. Heeres giebt 291,384 Thaler, Ranke, Neun Bücher II. p. 72 dagegen 202,519 Thaler an.

Der Minister von Boden. (1740.)

zahlreichen Suite zu erscheinen, war nicht abgeneigt, auf die ihm vorgelegten Entwürfe einzugehen. Der Minister von Boden aber, welcher unter seinem Vater die Finanzen geleitet hatte, erhielt Kenntniß von den Pöllnitz'schen Projecten und fühlte sich verpflichtet, dem Könige vorzustellen, daß jene Pläne viel zu großartig angelegt wären. Natürlich suchten die Hofleute, welche den Einfluß des alten Mannes fürchteten, denselben fern zu halten, und verleumdeten ihn, indem sie zu verstehen gaben, daß er die Zerwürfnisse in der königlichen Familie mit verschuldet habe. Der alte treue Diener aber ließ sich nicht zurückschrecken. Fast mit Gewalt drang er in das Cabinet des Königs, und ohne von dem anfänglichen Unwillen des Monarchen eingeschüchtert zu werden, stellte er auf das Ueberzeugendste dar, wie die Lage des Staates nach allen Richtungen hin weise Sparsamkeit erheische, und jene Vorschläge sich nur verwirklichen ließen, wenn man entweder neue Steuern ausschriebe oder das Heer verminderte. Da Beides den Absichten des Königs vollkommen entgegen war, so ließ derselbe sich schnell überzeugen, und Boden erhielt sein volles Vertrauen[1]), — ja von allen Ministern blieb er der einzige, bei

---

[1]) Königs Berlin V. 2, p. 5—12. Der würdige Verfasser versichert dies von glaubwürdigen, mit den Verhältnissen auf's Genaueste bekannten Personen gehört zu haben. Vergl. Stenzel IV. 43. Ranke III. 55.

dem sich Friedrich in Verwaltungsfachen zuweilen
Raths erholte ¹).

Die Umgestaltung des Hofstaates wurde auf das
gehörige Maß eingeschränkt, doch imponirten die neuen
goldbetreßten Livreen der Dienerschaft und die glänzen=
den Geschirre der Pferde dem Berliner Publikum nicht
wenig, weil man seit 25 Jahren an die mehr als
bürgerliche Einfachheit Friedrich Wilhelm's I. gewöhnt
war. Der junge König brachte das Charlottenburger
Schloß wieder zu Ehren, in dessen Räumen einst die
philosophische Königin gewaltet, die viele ihrer glänzen=
den Eigenschaften auf den Enkel vererbt zu haben schien.
Fast täglich sah man diesen, gefolgt von einer zahl=
reichen Schaar von Officieren und Hofcavalieren,
den Weg nach dem Lustschlosse in gestrecktem Galopp
zurücklegen.

Neben seinem eignen Hofstaate richtete Friedrich
auch den der verwittweten Königin, welche den Titel
„Königin Mutter" erhielt, prachtvoller ein als bisher,
erhöhte ihr Einkommen auf 50,000 Thaler und
umgab sie mit all' dem Glanze und den Lebensbequem=
lichkeiten, welche sie bisher so schmerzlich vermißt hatte.

---

¹) „Sr. Majestät leiden keinen Rath von irgend einem Mini=
ster, außer von Boden, der die Sparsamkeit predigt, und damit
noch größeren Eingang findet, als unter der vorigen Regierung."
— Aus dem dänischen Gesandtschaftsberichte. Neue Berlinische
Monatsschrift 1804, Monat Februar.

Mit inniger Dankbarkeit gedachte er stets der Zeit, wo die treue Hüterin seiner Kindheit so oft und fast mit eigner Lebensgefahr ihn vor des Vaters Zornesausbrüchen geschützt hatte. Er vergaß es nicht, daß er seiner Mutter den Sinn für die feineren geistigen Genüsse verdankte, welche das Glück seines Lebens ausmachten. Die Träume von der englischen Doppelheirath und von den Herrlichkeiten, welche die Ausführung dieses Planes für ihn und die Schwester im Gefolge haben sollten, waren ein Ausfluß der mütterlichen Zärtlichkeit und Fürsorge gewesen. Mit Freuden sah er sich nun in der Lage, das zu vergelten. Täglich besuchte er seine Mutter, so oft er in Berlin war, und redete sie nur stehend an, den Hut in der Hand, bis sie ihn aufforderte, sich zu setzen. Er wollte ihr einen eignen prachtvollen Palast errichten, und man fing bereits an, unter den Linden den Grund zu demselben zu graben, als die hereinbrechenden Kriegszeiten die Ausführung verhinderten. — Bei aller Liebe und Verehrung für seine Mutter verstand er es jedoch, mit großer Feinheit und auf die schonendste Art dieselbe von allem Einfluß auf die Staatsgeschäfte vollständig fern zu halten; auch begriff die würdige Dame bald, daß für ihre Neigung zu politischen Intriguen, durch welche sie einst sich selbst und Anderen so schwere Stunden bereitet hatte, kein Raum mehr vorhanden sei. — Das Andenken des Vaters hielt Friedrich in

(1740.) Die Königin Elisabeth Christine.

Ehren, und als man einst in seiner Gegenwart sich eine Spötterei über Friedrich Wilhelm's Seltsamkeiten erlaubte, erklärte der König mit strengem Ernst, daß er dergleichen Aeußerungen nicht dulden werde. In der That war die Erinnerung an den sittlichen Ernst des Vaters wohl geeignet, ihm zu imponiren, und man darf annehmen, daß Alles, was er in seinen Werken so oft und so eindringlich zum Lobe seines Vorgängers sagt, ihm wirklich aus dem Herzen kam [1]).

Im Publikum war man begierig zu erfahren, wie sich nunmehr Friedrich's Verhältniß zu der ihm aufgezwungenen Gemahlin gestalten würde. Viele glaubten an eine Scheidung, allein der König war zu gerecht, um der unschuldigen Frau, deren Betragen ihm Hochachtung abnöthigte, eine solche Beschimpfung zuzufügen; zudem soll er seinem Vater auf dessen Todbette gelobt haben, seine Gemahlin nicht zu verstoßen [2]).

---

[1]) Dem jungen Herzog von Württemberg schrieb er 1744 bei Gelegenheit der Anweisungen, die er ihm für die künftige Regierung gab: La reconnaissance envers ses parents n'a point de bornes, on est blâmé d'en faire trop peu, mais jamais d'en faire trop.

Ueber die Art, wie er, ohne das Andenken seines Vaters zu kränken, dessen Ungerechtigkeit gegen die Frau von Knyphausen wieder gut machte, vergleiche Varnhagen's Schwerin p. 157.

[2]) Bericht des Residenten Bertroi aus Paris vom 13. Juni 1741, und des sächsischen Residenten Siepmann im Dresdener

Zwar empfand er es sicherlich als ein Unglück, an eine Gattin gefesselt zu sein, deren stillbeschaulich-tiefreligiöse Denkungsart zu der seinigen nicht paßte; doch betrachtete er das als eine über ihn verhängte, nicht zu ändernde Schickung, die er länger als fünfzig Jahre ertrug, ohne zu erkennen zu geben, in welchem Maße ihn das seltsame Verhältniß geistig berührte.

Friedrich sah seit dem Tage seiner Thronbesteigung die Königin nur sehr selten. Er wies ihr das in einem reizenden Parke nördlich von Berlin belegene Lustschloß Schönhausen zum Wohnsitze an, wo sie mit ihrem Hofstaat in stiller Zurückgezogenheit lebte, wenn sie nicht in Berlin Gesellschaften empfangen mußte. Sie füllte ihre Zeit mit Werken der Wohlthätigkeit und unschuldigen schriftstellerischen Versuchen aus. Der König hielt strenge darauf, daß ihr von Jedermann, namentlich auch von den fremden Gesandten[1]), die königlichen Ehren erwiesen würden, doch hatte sie in den ersten Jahren viel durch die Mißachtung zu leiden,

---

Archive, wo der Verfasser Gelegenheit hatte, die Gesandtschafts-berichte einzusehen und verschiedene, meist kulturhistorische Notizen zu sammeln, die bisher noch nicht veröffentlicht sind.

[1]) Valori sagt in seinen mémoires: J'ose encore vous dire, que les égards qu' on a pour elle, flattent le Roi, quelle que soit d'ailleurs son indifférence que je ne crois qu'apparente, car on lui déplairait beaucoup en manquant à ce qu'on lui doit.

(1740.) Die Königin Elisabeth Christine.

welche die Königin Mutter und die Prinzessinnen der schüchternen kinderlosen Frau bezeigten, besonders als ihr Bruder in den Sturz der russischen Kaiserin Anna verwickelt wurde und in der Verbannung leben mußte. Elisabeth's ruhige Sanftmuth überwand aber nach und nach das Uebelwollen ihrer Schwiegermutter und Schwägerinnen.

So blieb dies in seiner Art einzige Verhältniß bis zum Tode des Königs. Die goldene Hochzeit, welche die Gatten noch erlebten, wurde durch keine Festlichkeit begangen. Eine große Anzahl fast nur geschäftlicher kurzer Briefe haben Beide mit einander gewechselt [1]).

Unter der eisigen Hülle der Worte glaubt man oft ein tiefschmerzliches Gefühl der vernachläsigten edlen Frau zu erkennen. Die flüchtigen Rheinsberger Tage waren die glücklichsten ihres Lebens gewesen. Mit Wehmuth erinnerte sie sich derselben bis in ihr spätestes Alter.

Allezeit empfing sie mit reger Theilnahme aus dritter Hand die Nachrichten von den wechselnden Schicksalen ihres Gatten. Seine Siege und seine Niederlagen erfüllten sie auf's Lebhafteste mit Freude oder Schmerz. Rührend ist ihr banges Sorgen, wenn Friedrich erkrankt, und sie nicht zu seiner Pflege herbeieilen darf, und mit stiller Ergebung trägt sie es,

---

1) Oeuvres XXVI.

wenn ihr Gatte in gereizter Stimmung gelegentlich hart und lieblos sich gegen sie äußert.

Als den König im Februar 1747 ein leichter Schlaganfall getroffen hatte, theilt sie ihrem Bruder Ferdinand die Nachricht von der bald erfolgenden Genesung in folgenden Worten mit [1]): „Heute, geliebter Bruder, kann ich Dir mit leichtem Herzen schreiben. Unser lieber König befindet sich Gott sei Dank besser, und ist gänzlich außer Gefahr. Er war recht krank, und ich hatte tausend Sorgen um ihn. Hätte ich es gewußt, ich wäre selbst nach Potsdam gegangen, um ihn zu sehen." — Aber sie wagte es nicht. Niemals ist sie in Sanssouci gewesen.

Prinz Albert, ein jüngerer Bruder der Königin, fiel in der Schlacht bei Soor, ein anderer Bruder, Ludwig, kämpfte an demselben Tage als General in der Oesterreichischen Armee. Friedrich schreibt am 2. October 1745 aus dem Lager von Soor an die Königin[2]): „Wahrscheinlich wissen Sie bereits, was sich vorgestern ereignet hat. Ich beklage die Todten, und vermisse sie. Meine Brüder und Ferdinand befinden sich wohl. Prinz Ludwig soll verwundet sein. Ich bin mit vorzüglicher Hochachtung ꝛc."

Die arme Königin schrieb in Bezug auf diesen Brief

---

[1]) Oeuvres XXII. 164. nota.
[2]) Oeuvres XXVI. 23.

am 5. October an ihren Bruder Ferdinand[1]): „Ich bin an seine Art und Weise gewöhnt, aber dessen ungeachtet betrübe ich mich doch stets von Neuem darüber, zumal bei einem solchen Anlaß, wo einer meiner Brüder sein Leben in seinem Dienste geendet hat. Es ist zu grausam, sich auf diese Weise auszudrücken."

Trotz der kalten Härte läßt Friedrich's Correspondenz an mehr als einer Stelle aus leisen Zügen erkennen, daß das Verhältniß zu seiner Gemahlin seinem Gewissen nicht vollständig Ruhe ließ. Er vermeidet oft sichtlich, ihrer zu erwähnen. Er schickt Porzellan aus Meißen für Frau von Camas, die Oberhofmeisterin der Königin, für seine Schwestern und „für Schönhausen." Offenbar war es ihm peinlich zu sagen: Für meine Frau. Auf der andern Seite finden sich Stellen, welche unverkennbar die volle Zuversicht ausdrücken, die er in die Ehrenhaftigkeit ihres Charakters und die reine Sittlichkeit ihres Lebenswandels setzte. Er bittet die Königin, die Erziehung der Tochter erster Ehe des Prinzen von Preußen zu übernehmen, nachdem dieser sich von seiner leichtfertigen Gemahlin hatte scheiden lassen, er ist überzeugt, daß die junge Prinzessin in Schönhausen geistig und leiblich der edelsten Pflege sicher ist.

Bei Hoffesten sahen die Gatten einander ab und zu,

---

[1]) Oeuvres XXVI. 23. nota c.

und der König speiste zuweilen im Berliner Schlosse an der Tafel seiner Gemahlin, doch hat er seit dem Jahre 1745 niemals mehr mit ihr gesprochen. Dagegen findet sich ein Brief vom December 1773 [1]), in welchem er der Königin ausführlichen ärztlichen Rath über ein Fußübel ertheilt, wie er es überhaupt liebte, seinen Umgebungen medizinische Heilmittel vorzuschlagen.

Die letzten Zeilen, die er an sie dictirte, sind aus dem Todesjahr des Königs 1786: „Madame," schreibt er, „ich bin Ihnen sehr verbunden für die guten Wünsche, die Sie die Güte haben mir auszudrücken, aber ein heftiges Fieber verhindert mich Ihnen zu antworten."

In seinem Testamente spricht der König mit der größten Hochachtung von seiner Gemahlin und erhöhte ihr Einkommen [2]).

Elisabeth Christine lebte seitdem den Winter in Berlin und den Sommer in Schönhausen. Sie starb

---

[1]) Oeuvres XXVI. 41.

[2]) Je vous prie mon cher neveu, de laisser à la reine mon épouse ce qu'elle a eu jus qu' à cette heure, savoir 41,000 Rixdalers, et d'y ajouter 10,000 R. de rentes. Elle ne m' a jamais donné du chagrin pendant le cours de mon regne, et elle mérite le respect, l' attachement, et les égards par ses vertus inébranlables.

allgemein verehrt und geliebt am 13. Januar 1797, im zweiundachtzigsten Jahre ihres Alters. Wir werden ihr im Lauf der Erzählung kaum hier und da noch begegnen.

Nachdem der König seinen Hofstaat geordnet und durch die oben erwähnten Regierungsmaßregeln in großen allgemeinen Grundzügen zu erkennen gegeben hatte, in wie erhabener Weise er seinen Königsberuf zu erfüllen gedenke, beeilte er sich, der Welt zu zeigen, daß er Kunst und Wissenschaft von der erniedrigenden Stelle zu erheben entschlossen sei, auf welche sein Vater alle freieren Bestrebungen des menschlichen Geistes herabgedrückt hatte. In der ersten Hälfte des achtzehnten Jahrhunderts wußte man allerdings noch nicht, daß wahre Bildung eines Volkes nur auf dem Fundamente tüchtiger Bürger- und Bauernschulen beruhen könne. Man wollte den Bau der Pyramide gleichsam an der Spitze beginnen, indem man Akademien der Wissenschaften und Künste errichtete, von denen Aufklärung und Belehrung sich bis in die untersten Schichten der Nation verbreiten sollte. Friedrich begann seine Bestrebungen auf diesem Gebiete bereits am sechsten Tage nach seinem Regierungsantritt, indem er durch Wolff's Zurückberufung eine Pflicht der Gerechtigkeit erfüllte [1]).

---

[1]) Der Verlauf der gesammten Unterhandlungen ausführlichst in Büsching's Beiträgen I. 63 ff.

Der alte Herr wäre gern an die Spitze der neuen Akademie getreten, allein Friedrich, der in seiner Jugend für den Philosophen begeistert gewesen, hatte ihn bereits richtiger würdigen gelernt und hütete sich, mit dem langweiligen Pedanten in persönliche Berührung zu kommen. Wolf mußte sich damit begnügen, zum Geheimen Rathe und Vice=Kanzler der Universität Halle ernannt zu werden, wo er triumphirend seinen Einzug hielt und die Genugthuung erlebte, daß seine ehemaligen Feinde und Lästerer, Lange an ihrer Spitze, sich demüthig vor ihm bengten.

Wir wissen, daß die von Sophie Charlotte und Leibniz gegründete Berliner Akademie unter Friedrich Wilhelm I. gänzlich in Verfall gerathen war. Der König hatte ihre Einkünfte gestrichen und seine Hofnarren zu Präsidenten der verstümmelten Anstalt ernannt. Friedrich wollte dieselbe neu beleben, natürlich auf französische Art und wesentlich durch französische Gelehrte, denn die deutschen Männer der Wissenschaft waren damals nicht darnach angethan, daß ein junger lebenslustiger König, der Sinn für schöne Formen und großen Scharfblick für alles Lächerliche besaß, sich mit ihnen einlassen konnte. Er wünschte in den neuen Akademikern nicht allein Beförderer der Wissenschaften im Lande, sondern auch belehrenden und unterhaltenden Umgang zu finden. Auf Voltaire's Empfehlung berief er den Physiker Maupertuis nach

Berlin, welcher ein hochberühmter Mann geworden war, seitdem er, auf die Gradmessung vom Jahre 1736 gestützt, zuerst die Abplattung der Erde an den Polen genauer bestimmt und außerdem die Parallaxe des Mondes berechnet hatte. Dieser Mann, der neben wirklicher Gelehrsamkeit eine große Menge Schrullen in seinem Kopfe beherbergte und von unbändiger Eitelkeit besessen war [1]), sollte als Präsident der Akademie dazu behilflich sein, eine möglichst große Zahl von Berühmtheiten nach Berlin zu ziehen und mit ihrer Hilfe die neue Anstalt zum größten Glanze erheben [2]). Maupertuis kam, und auf des Königs persönliche Einladung siedelte auch der große Mathematiker Euler aus Petersburg nach Berlin über; allein durch die eintretenden politischen Verwickelungen verschob sich die Einrichtung der Akademie noch auf einige Zeit.

In die ersten Tage nach dem Regierungsantritt fällt auch der Versuch des Königs, eine Art von Preßfreiheit zu gestatten. Zeitungen in der heutigen Bedeutung des Wortes gab es in Berlin bis dahin nicht. Ein kleines Anzeigeblatt von dürftigstem Inhalt vertrat

---

[1]) Er ließ sich als Abplatter der Erde in Kupfer stechen, mit einem Globus zwischen beiden Händen, die er gegen einander drückt, als ob er durch eigne Kraft die Erdare kürzer machen wollte, als den Durchmesser des Aequators.

[2]) Oeuvres XVII. 335.

die Stelle derselben. Friedrich ertheilte seinem Freunde und Bibliothekar Jordan den Auftrag, das Erscheinen von wissenschaftlichen und Staatsnachrichten in zwei Blättern, einem deutschen und einem französischen, zu veranstalten. Der Buchhändler Haube [1]) erhielt den Verlag, Formey, ein unbedeutender, geistreich thuender Mann, redigirte das französische, ein Hamburger, Namens Lamprecht, das deutsche Blatt. Zu dem ersteren lieferte der König Anfangs selbst einige Beiträge. Die Devise desselben: „Wahrheit und Freiheit" wurde bereits 1743 in die Worte: „Mit königlicher Freiheit" umgeändert. Mit der Preßfreiheit war es übrigens dem Könige, soweit der damalige Zeitgeist es gestattete, voller Ernst. Er wollte Niemanden in dem freien Ausdruck seiner Gedanken stören, nur mußte das in jenen Tagen sehr weitläufige Gebiet der Staatsgeheimnisse sorgfältig geschont und Alles vermieden werden, was den fremden Höfen und den sehr empfindlichen Gesandten derselben Anstoß erregen konnte, und das war oft bei ganz harmlosen Dingen der Fall. Natürlich behielt sich der König das Recht vor, überall verbietend und strafend einzugreifen, wo es ihm in einem einzelnen Falle angemessen schien, doch machte er davon im Ganzen nur sehr selten Gebrauch. Das

---

[1]) Gründer des noch heut bestehenden Haude und Spener'schen, dann Spener'schen Geschäfts. Haude zahlte für das Privilegium 20 Thaler jährlich an die Recrutenkasse.

schreibende und lesende Publikum war 1740 noch gar
schüchtern und von der Unantastbarkeit der von Gott
eingesetzten Obrigkeit zu tief durchdrungen, als daß
man nöthig gehabt hätte, die Festungen und Zucht=
häuser mit Beleidigern der Regierung anzufüllen.
Für seine eigne Person ist Friedrich gegen Schmäh=
schriften und Satyren stets unempfindlich gewesen, und
ungestraft durften die dreistesten Spöttereien gegen ihn
in Berlin verkauft und verbreitet werden. Er war der
unbedingten Liebe und Verehrung seines Volkes zu
sicher, als daß ihn solche Dinge hätten berühren
können.

Obgleich die einzelnen namhaft gemachten gesetz=
geberischen Akte des neuen Königs deutlich zu erkennen
gaben, daß er im Sinne hatte, den Anfang seiner
Regierung zugleich als den Anfang einer neuen frei=
sinnigen Zeit zu kennzeichnen, indem er in großartiger
Weise überall die Fesseln sprengte, welche bisher den
Geist der Menschen in seiner Entwickelung zurück=
gehalten, so war er auf der andern Seite fest ent=
schlossen, bei der innern Verwaltung des Staates den
als vortrefflich erkannten, von seinem Vater eingeführ=
ten Mechanismus der Behörden so wenig wie möglich
zu ändern. Nicht nur ließ er das Generaldirectorium
und die Kriegs= und Domainenkammern in den Pro=
vinzen bestehen, sondern er fügte alsbald der obersten
Behörde eine neue fünfte Abtheilung für Handel und

Gewerbe bei, welche unter Leitung des Ministers Marschall für Hebung der Fabriken und Einführung neuer Industriezweige, so wie, ganz im Sinne Friedrich Wilhelm's, für Heranziehung fleißiger und geschickter Colonisten sorgen sollte, denn er hatte durchaus seines Vaters Grundsatz zu dem seinigen gemacht, daß der lapis philosophorum darin bestehe, daß das Geld im Lande bleibe. Friedrich entfernte auch fast keinen einzigen der bisherigen Beamten aus seiner Wirksamkeit, weil er auf die Menschenkenntniß Friedrich Wilhelm's bei Auswahl seiner Diener das größte Vertrauen setzte. Fast die einzige Ausnahme machte er, zu größter Freude des Publikums, mit dem berüchtigten Plusmacher Eckart, der allerdings ohne vorhergegangenen Prozeß mit Schimpf und Schande fortgejagt wurde und sogar das für ihn erbaute Haus am Gensd'armenmarkt dem Minister Boden abtreten mußte. Auch den Orden de la générosité verlor er und durfte sich der Hauptstadt nicht wieder nähern. Die Ungerechtigkeit und Härte, die Form, unter welcher das geschah, tadelte Niemand, die Berliner hätten den gestürzten Mann gern am Galgen gesehen. Allerdings war das Verfahren gegen Eckart gar sehr nach des verstorbenen Königs gewaltsamer Art, und ebenso ergingen an die Behörden mancherlei Weisungen und Entscheidungen aus dem Kabinete des Königs, die nach Inhalt und Styl sehr stark an Friedrich Wilhelm's Schreibart erinnerten. Das Generaldirectorium hatte 195 Thaler gefordert, um den Weg nach Charlottenburg auszubessern. Der König schrieb an den Rand: „Wenn die anderen Vorschläge ebenso lächerlich sind, so verdienen die Räthe weggejagt zu werden. Die Reparatur ist gar nicht nöthig. Ich kenne den Weg, und muß die Kammer mich wohl für ein großes Beest halten, und mir mit so ungereimten Dingen bei der Nase führen wollen [1]."

Die größte Anerkennung verdient es, daß kein Einziger von denen, die sich in den Leidenstagen des Kronprinzen gehässig bewiesen, irgend eine Verfolgung oder Zurücksetzung zu dulden hatten.

Die Generale, welche einst in Köpnick das Todesurtheil gesprochen, blieben nicht nur im Dienste, sondern wurden zum Theil rasch befördert. Auf der andern Seite hatten sich die Theilnehmer an den Jugendthorheiten des Königs durchaus keiner beson-

---

[1] Als nicht viel später das Generaldirectorium freie Weineinfuhr befürwortet hatte, weil die Fuhrleute als Rückfracht einheimische Waaren mitnahmen, wodurch der Verkehr belebt wurde, schrieb der König: „Wenn Wein eingeführt wird, leiden die Brauers. Wind, Wind! — — was fremde ist, muß stark impostirt werden, um unseren eignen Debit zu favorisiren. Wenn ich zurückkomme in Berlin, so wird groß Lärmen werden, wofern nicht alle fremde Sachen stark impostirt sein!" Aus einer Abschrift im Dresdner Archive.

deren Gunst zu erfreuen. Diese ganze Vergangenheit sollte im Guten und Bösen vergeben und vergessen sein¹). Der König berührte jene Vorfälle niemals im Gespräche. Auch waren die Hauptanstifter des Zwiespalts in der königlichen Familie von ihrem Schauplatz abgetreten. Grumbkow war todt, und Seckendorf büßte nach einem unglücklichen Türkenfeldzuge auf einer österreichischen Festung für die Fehler des Wiener Kabinets.

Ein natürlicher Ausdruck der Pietät war es, daß Friedrich den Vater des unglücklichen Katte zum Feldmarschall ernannte und in den Grafenstand erhob. Wenn auch der Präsident von Münchow und dessen Söhne in besonderem Grade des Königs Gnade erfuhren, so zeigte sich bald, daß dieselben alle höchst ehrenwerthe und brauchbare Beamten waren, die durch ihre guten Dienste allein sich empfohlen hätten, auch wenn ihnen die Küstriner Vorfälle nicht zu statten gekommen wären.

---

¹) Die Akten über den gegen Friedrich als Kronprinz geführten Prozeß hatte Mollus versiegelt in das geheime Archiv geliefert. 1751 ließ der König sich die wichtigsten Protokolle daraus von Podewils überreichen und schickte sie wieder versiegelt zurück. Es dürfte wohl bald an der Zeit sein, den Geschichtsforschern eine so wichtige Quelle zu eröffnen. Vergl. Büsching, Charakter Friedrich's II. Halle 1788, p. 184. 187, wo man sieht, daß noch nach dem Tode des Königs die Vorgänge aus der Jugendzeit desselben im Publikum wenig bekannt waren.

(1740.) Orden pour le mérite.

Als Auszeichnung für bewährte Männer konnte künftighin der Orden de la générosité nicht mehr benutzt werden, da derselbe, wie wir gesehen haben, auf sehr unwürdige Weise an Werber und sonstige Leute verschwenderisch vertheilt worden. Der König stiftete an Stelle desselben den Orden pour le mérite, den er nur als hohe Belohnung für großes Verdienst, hauptsächlich an Officiere vertheilte [1]).

Wenn diese Anfänge einer neuen Regierung die gehegten großen Erwartungen im Allgemeinen nicht nur erfüllten, sondern in vieler Beziehung weit übertrafen, so fehlte es dennoch nicht an Mißvergnügten und Unzufriedenen. Namentlich sahen alle diejenigen sich bitter getäuscht, welche gehofft hatten, auf Grund persönlicher Beliebtheit oder wegen ihrer hervorragenden Stellung im Staate entscheidenden Einfluß auf die Entschließungen des Königs zu üben. Zwar war man zu Friedrich Wilhelm's I. Zeit gewohnt gewesen, dessen unumschränktes Selbstherrscherthum sich ohne Weiteres gefallen zu lassen, allein der wankelmüthige

---

[1]) Nur sehr wenig Civilisten, darunter Cocceji, Voltaire, Algarotti und Maupertuis, haben diesen Orden erhalten. —

Einem Kammerherrn v. d. Busche, der seinen générosité-Orden eigenmächtig mit dem neuen vertauscht hatte, ließ der König denselben auf öffentlicher Parade abnehmen. König's Berlin V. II. 13, einige Ausländer erhielten noch später den Orden de la générosité. Preuß, Urkundenbuch I. 9.

und leidenschaftliche Charakter dieses Fürsten hatte es möglich gemacht, ihn unbemerkt gar oft dahin zu bringen, wohin man ihn leiten wollte. Ganz anders sein Nachfolger. Mit einer Selbstbeherrschung ohne Gleichen verstand dieser es, seine Entschließungen vor Jedermann geheim zu halten, bis der Augenblick der Ausführung gekommen war. Die Diplomaten standen einem solchen Fürsten vollkommen rathlos gegenüber und klagten den auswärtigen Höfen ihre Noth. Bekannt ist der Bericht des dänischen Gesandten[1]): „Um einen richtigen Begriff von der neuen Herrschaft zu geben, so muß ich sagen, daß der König bis jetzt schlechterdings Alles selbst thut und keinen Rath von irgend einem Minister leidet; so daß Herr von Podewils, der einzige Arbeitsfähige im Departement der auswärtigen Angelegenheiten, Nichts zu thun hat, als die ihm aus dem Cabinet zukommenden Befehle zu expediren, ohne daß er über Etwas befragt würde; und ebenso werden die andern Minister behandelt. Ich habe viele Resolutionen und Antworten vom Könige gesehen; sie vereinigen lakonischen Ausdruck und bewunderungswürdigen Geschäftsblick. Unglücklicherweise ist nicht Einer um den König, der sein ganzes Vertrauen hätte, und dessen man sich mit Erfolg

---

[1]) Der Bericht ist vom 2. Oct. 1740. Neue Berlinische Monatsschrift a. a. O.

bedienen könnte, um die nöthigen Einleitungen zu treffen." In ganz ähnlicher Weise berichtete der sächsische Resident Siepmann[1]) bereits im August 1740: „Alle vermeintliche Favoriten sagen selbst ungescheut, man wisse hier nicht, wer Koch oder Kellner sei." Und am 2. Novbr.: „Da der König Alles allein thut, Alles allein nach seiner Phantasie entscheiden will, sich keinem seiner Lieblinge, noch viel weniger einem Minister anvertraut, außer um die Ausführung seiner Befehle von ihnen zu fordern, so wagt Niemand mehr, ihm seine Gedanken mitzutheilen; der König glaubt keines Rathes von irgend wem zu bedürfen. Das Alles erklärt sich hauptsächlich aus seinem mißtrauischen Charakter." Unter den nächsten Umgebungen des Monarchen fehlte es aber auch sonst nicht an allerlei Anlaß zur Unzufriedenheit. Ihre Hoffnungen wurden vielfach getäuscht durch Friedrich's ausgesprochene Abneigung gegen jede Geldausgabe, welche nicht einem Bedürfnisse des Staates gewidmet war. So sehr betrachtete er sich als den verantwortlichen Verwalter des von seinem Vater hinterlassenen Schatzes und der eingehenden Steuern und Abgaben, daß er sich nicht für berechtigt hielt, willkürlich über dieselben zu verfügen. Die festen Etats, welche Friedrich Wilhelm für

---

[1]) Siepmann's Berichte in der Geheimen Cab. Kanzlei im Dresdner Archive. — Berichte vom 2. August und 2. Nov. 1740.

jeden Zweig der Verwaltung aufgestellt hatte, behielt er nicht nur bei, sondern er legte auch alsbald streng gesonderte Kassen für die verschiedenen Bedürfnisse an und gestattete keine auch noch so unbedeutende Zahlung, bevor nicht das Geld dazu aus den vorherbestimmten Mitteln beschafft war. Für sich selbst und seinen Hofstaat begnügte er sich mit einer verhältnißmäßig geringen Summe, die gerade ausreichte, um den Thron mit so viel Glanz zu umgeben, wie es die königliche Würde zu erfordern schien. Wenn er sich gegen die Königin Mutter freigebig zeigte, so wurden dagegen die Prinzen und Prinzessinnen des Hauses äußerst knapp gehalten. Ihren oft dringenden Geldverlegenheiten half er nur in den seltensten Fällen, und auch dann nur in ungenügender Weise ab. Mit dem ältesten Bruder, den er überdies, ohne ihn zu befragen, mit der Schwester der Königin Elisabeth verlobt hatte, kam es schon in den ersten Monaten zu heftigem Streite. Der Prinz brachte bei dieser Gelegenheit zur Sprache, daß er seit des Vaters Tode nicht ein Mal das ihm ausgesetzte Taschengeld von 100 Thalern monatlich erhalten hätte, worauf die Brüder sich im Zorne trennten [1]).

Jedermann wußte bald, daß man nicht mit Geldforderungen kommen durfte, wenn der König bei guter

---

[1]) Schreiben vom 3. Oct. 1740 an Graf Brühl.

Laune bleiben sollte. Das verursachte in der ersten Zeit, bevor die Ausgabentitel alle bis in's Kleinste geregelt waren, oft seltsame Verlegenheiten. Es kam vor, daß Handwerker sich weigerten, ohne Vorausbezahlung die Arbeiten für den Hof abzuliefern, was dann wieder Niemand dem Könige zu sagen wagte. — Eigenthümlich war auch Friedrich's Benehmen in Bezug auf die Schulden, die er als Kronprinz gemacht. Den Königen von England und Polen übersandte er bald nach der Thronbesteigung die ihm heimlich vorgeschossenen Summen in blanken Goldrollen von neuester Prägung. Privatpersonen aber mußten theils Jahre lang warten¹), theils wurden sie gar nicht befriedigt. Es schien, als sollte Alles vergessen sein, was mit den Zerwürfnissen innerhalb der königlichen Familie in Zusammenhang gestanden, und dazu gehörten auch jene Schuldforderungen. Da ist es kein Wunder, daß sich bald im Lande, und namentlich in Berlin vielfaches Wehklagen darüber erhob, daß der neue König noch geiziger wäre, als sein Vater. Zu solcher Klage glaubten sich besonders die Günstlinge des bisherigen Kronprinzen berechtigt, welche auf große Reichthümer gehofft hatten und sich nun mit unbedeutenden Anstellungen oder auch mit gar Nichts begnügen

---

¹) Ein Bürger zu Rheinsberg suchte noch 1753 um Nachsicht gegen seine Gläubiger an, weil er die Baugelder, die er zu fordern hatte, nicht erhalten konnte. Preuß. Urkundenbuch I. p. 253.

mußten. Es dürfte in der Geschichte der europäischen Höfe ohne Beispiel sein, daß ein Mann wie Jordan, welcher das vollste Vertrauen seines königlichen Herrn besaß, und den er in seinen Briefen wie einen Busenfreund behandelte, sich mit der unbedeutenden und wenig einträglichen Stelle eines Armendirectors in Berlin begnügen mußte. — Der eitle Bielefeld, der mindestens auf eine Gesandtschaftsstelle gerechnet hatte, fand sich sehr enttäuscht, als man ihm auftrug, den Grafen Truchseß, welcher in Hannover den Thronwechsel anzeigen sollte, als Attaché zu begleiten; allein der König war entschlossen, einen Jeden nur an den Platz zu stellen, den er nach seinen Fähigkeiten ausfüllen konnte. Die Personen, welche ihn durch ihren Umgang erheiterten und belustigten, erhielten dadurch in seinen Augen keinen Anspruch auf hohe Staatsämter und glänzende Einkünfte.

Zweites Kapitel.

Die Huldigung. Voltaire. Herstaller Angelegenheit.

Der junge König hatte mit so fester Hand die Zügel der Regierung ergriffen und fand von allen Seiten so unbedingten Gehorsam, daß er seinem Volke und dem Auslande gegenüber durch kein äußeres Zeichen den Beginn seiner Herrschaft kund zu thun brauchte. Auch fiel es ihm gar nicht ein, sich krönen zu lassen. So wenig wie sein Vater wollte er dem Lande die unnützen Kosten einer Ceremonie aufbürden, welche im Jahre 1701 dazu gedient hatte, den Anfang und die Einsetzung der erlangten Königswürde der Welt greifbar vor Augen zu führen. Friedrich II. begnügte sich damit, die Huldigung der Stände in den Provinzen theils persönlich, theils durch Abgeordnete entgegenzunehmen, weil hiermit zugleich eine Rechtshandlung vollzogen wurde, an welche die alten Lehnsgesetze das Abhängigkeitsverhältniß der Vasallen und Unterthanen zu knüpfen schienen. Schon am 27. Juni 1740 schreibt der König an Voltaire: „Ich reise nach Preußen, um daselbst die Huldigung zu empfangen ꝛc. ohne das heilige Oelfläschchen und ohne die albernen und unnützen Förmlichkeiten, welche Unwissenheit und Aberglauben zur Gewohnheit gemacht haben [1].“

In Königsberg, Berlin und Cleve war Friedrich persönlich bei der Huldigung zugegen. Die Ausschüsse der alten Stände wurden berufen, ohne daß der König daran dachte, ihnen den geringsten Einfluß auf seine Regierung zuzugestehen. Auch war, mit Ausnahme der Provinz Preußen, das Bewußtsein von den ehemaligen ständischen Rechten überall längst erstorben.

---

[1] Oeuvres XXII. 13.

Die schwachen Erinnerungen an die polnische Zeit, welche sich in Königsberg kund gaben, beschwichtigte Friedrich leicht, indem er der Form nach einen vollständigen Huldigungslandtag berief. Der Minister Podewils war vorausgeeilt, um mit den Herren zu unterhandeln, und er brachte sie leicht dahin, daß sie sich mit einigen allgemeinen, vieldeutigen Phrasen begnügten. Gute Wirkung that die Redensart: des Königs edler Charakter sei mehr werth als die schönste Verfassung [1])!

Mit kleinem Gefolge von nur drei Wagen reiste Friedrich nach Königsberg. Einige der alten Freunde begleiteten ihn. An seiner Seite saß Algarotti, ein feingebildeter Italiener, dessen schönrednerische, mit Citaten aus dem classischen Alterthum reich gewürzte Unterhaltung der König ganz besonders liebte. Friedrich trat unterwegs überall mit vollem Selbstbewußtsein der königlichen Macht auf und gab bereits damals einige Beispiele von Strenge ganz in derselben Art, wie sie sich bis an sein Lebensende wiederholten [2]).

---

[1]) Ranke II. 75.

[2]) Um den General Schulenburg zu strafen, welcher sich ohne Urlaub zur Gratulation bei der Thronbesteigung in Berlin eingefunden hatte, ließ er in Landsberg das Caravallerieregiment desselben zehn volle Stunden zu Pferde auf seine Ankunft warten. Da Niemand sich abzusteigen getraute, waren die Soldaten bis zur äußersten Erschöpfung ermattet. Ein Unterofficier stürzte

Obgleich für die Reise alle Empfangsfeierlichkeiten und aller unnüße Kostenaufwand streng untersagt war, so ließen die Einwohner der Orte, die man berührte, sich doch nicht nehmen, den jungen Herrscher nach Kräften festlich zu begrüßen. Ueberall wurden die Regimenter inspicirt. In Angerburg überreichte Friedrich dem Vater seines unglücklichen Freundes Katte das Patent als Feldmarschall und nahm denselben, sowie den Oberst Posadowski, der sich seine Zufriedenheit erwarb, mit nach Königsberg, wo man am 16. Juli eintraf. Die Huldigung wurde stattlich vollzogen, Reden gehalten, den Studenten, die einen Fackelzug brachten, reichlicher Stoff zu einem Trinkgelage gespendet und ihrem Sprecher die Fähnrichscharge verliehen, die er, natürlich ein junger Herr von Adel, dankbar annahm und als Anfang einer kriegerischen Laufbahn benußte, welche ihn nachmals zu hohen Ehren führte. Die Huldigungspredigt hielt der Kanzelredner Quandt, dessen Vortrag[1]) dem Könige so gefiel, daß er diesen Geistlichen wiederholt für den ersten Redner Deutschlands erklärt hat.

---

ohnmächtig zu Boden. Nun erschien der König und nahm die Parade ab. Er nannte das Regiment einen Haufen Invaliden, das schlechteste Regiment in der ganzen Armee, und cassirte auf der Stelle einige Officiere, welche Schulenburg's besondere Lieblinge waren. Gesandtschaftsbericht im Dresdner Archiv.

¹) Ueber Chronila I. 12. v. 13.

Die Huldigungsmünzen, deren für 50,000 Thaler ausgeworfen wurden, trugen die Inschrift felicitas populi, und der König bewies durch reiche Spenden an die Armen, durch Oeffnung der Kornmagazine und Abschaffung des Hetzgartens in Königsberg, daß es ihm mit diesem Wahlspruch Ernst sei.

Am 31. Juli war Friedrich bereits wieder in Berlin, wo die Huldigung den 2. August vor sich ging. Auch hier absichtliches Vermeiden alles unnützen Prunkes. Der Thronsessel und der Baldachin darüber waren alte gebrauchte Möbles aus dem Vorrathe Friedrich's I. Auf den Huldigungsmünzen fehlten die Worte: Von Gottes Gnaden. Die märkischen Stände erhoben keinerlei Rechtsverwahrungen, sondern begnügten sich damit, sehr bescheidene, zum Theil ganz spießbürgerliche Bitten vorzutragen, derentwegen sie gnädigst vertröstet wurden. Nach vollzogener Feierlichkeit trat der König auf den Balkon des Schlosses[1]): „Gegen alle Gewohnheit und Etiquette verweilte er daselbst wohl eine halbe Stunde, anscheinend in tiefe Betrachtungen verloren, den Blick fest auf das unermeßliche Menschengewühl zu seinen Füßen gerichtet." Sicherlich hat er damals die Vorsätze in seinem Geiste befestigt, die er während eines halben Jahrhunderts ohne Wanken auszuführen bemüht war, aber sicherlich hat er auch

---

[1]) Dänischer Gesandtschaftsbericht.

ein Gefühl tiefen Mitleids für ein Volk empfunden, welches zu dem achtundzwanzigjährigen jungen Manne wie zu der Quelle seines Heils aufblickte, in dessen Hände die Vorsehung das Wohl und Wehe von Millionen gelegt hatte!

Cleve war der dritte und letzte Ort, an welchem der König die Huldigung in Person empfangen wollte. Die Eröffnung der reichen Jülich'schen Erbschaft, welche für Friedrich Wilhelm I. das Ziel der heißesten Wünsche und für Oesterreich die Handhabe gewesen war, an welcher der Wiener Hof den wankelmüthigen Monarchen gegängelt hatte, schien nahe bevorzustehen. Friedrich war entschlossen, sich nicht wie sein Vater behandeln zu lassen, auch war seine Lage in dieser Beziehung sehr günstig. Frankreich und England bewarben sich eifrig um die Freundschaft des jungen Fürsten, von dessen Macht und Reichthum nicht minder als von seiner Fähigkeit, Entschlüsse zu fassen, sie mit Recht eine große Meinung hatten. England, mit Spanien in Krieg verwickelt, konnte jeden Augenblick erwarten, daß Frankreich sich auf die Seite seiner Gegner schlagen würde. Preußen durfte alsdann ein sehr nützlicher Bundesgenosse, oder ein sehr gefährlicher Feind werden.

Am 14. August hatte der englische Gesandte Aubienz. Friedrich, mit einer in der diplomatischen Welt bisher ungewohnten Offenheit und Gerabheit, erklärte rund heraus¹): „Wenn England Jülich und Berg garantiren, die Nachfolge in Ostfriesland zusichern und wegen der noch immer nicht beigelegten mecklenburgischen Händel keine Schwierigkeiten machen will, so kann es auf Preußens Gegendienste rechnen; wo nicht, so wird Frankreich ein ebenso erwünschter Bundesgenosse sein. England ist unser natürlicher Alliirter, aber die Handlungsweise eines Königs darf lediglich durch das Interesse seines Landes bestimmt werden. Das persönliche Gefühl, welches mich zu England zieht, muß dem gegenüber schweigen. Euer König ist in Hannover. Er soll sich die Sache überlegen und mir am 24. August, wo ich in Wesel sein werde, eine bestimmte Antwort ertheilen." Der König, so fährt der Gesandte in seinem Berichte an den englischen Minister fort, geht immer gerade auf die Sache los, und Ew. Herrlichkeit werden gut thun, ihm gegenüber ebenso geradezu zu handeln.

Die Reise nach Wesel und Cleve wurde am 15. August angetreten. Wir werden sogleich sehen, wie verschiedene Zwecke Friedrich II. dort erreichen wollte. Das Gefolge bestand aus nur sieben Personen, unter ihnen des Königs ältester Bruder August Wilhelm, der Prinz Leopold von Dessau und Algarotti. Am 17. gelangte man über Coburg nach Baireuth, wo

---

¹) Gesandtschaftsbericht bei Carlyle V. 54.

die Schwester Wilhelmine einen Besuch erhielt. Mit
klopfendem Herzen erwartete die Markgräfin ihren ver=
götterten Bruder, dem sie so viel zu sagen und zu
klagen hatte. Ihre Ehe war nicht glücklich. Allein
Friedrich, der schon bei der Rückkehr von Küstrin sich
kalt und ablehnend gezeigt, war jetzt noch unzugäng=
licher geworden. Gezwungen in seinen Redensarten,
voll Spötterei über den kleinen Hof, wußte er jede
vertrauliche Mittheilung zu verhindern. Algarotti
machte durch seine lebhafte Unterhaltung den Mißklang
weniger fühlbar. Am meisten grämte Wilhelmine sich
darüber, daß der Bruder die jüngere Schwester von
Anspach und deren tölpelhaften Gemahl, die er nach
Baireuth beschieden, ihr vorzuziehen schien. Nach drei
Tagen verließ er die Markgräfin, welche von dem
ganzen Besuche ebensowenig erbaut war, als von den
königlichen Geschenken, die Friedrich den Schwestern
und der Hofdienerschaft zurückließ [1]).

Wir wissen, daß der König als Kronprinz die
Erlaubniß nicht erlangen konnte, fremde Länder zu
besuchen. Jetzt, wo er sich unweit der französischen
Grenze befand, schien die Gelegenheit günstig, um
den langgehegten Wunsch zu befriedigen, wenigstens
einen Theil des französischen Gebiets zu sehen und von
den militairischen Einrichtungen daselbst Kenntniß zu

---

[1]) Wilhelminens Memoiren II. 322.

nehmen. Wahrscheinlich hatte er sogar die Absicht, unerkannt nach Paris zu reisen, um den Cardinal Fleury aufzusuchen, welcher damals für den größten Staatsmann Europa's galt. Er hatte das seinen Umgebungen wiederholt gesagt und auch in Briefen an verschiedene Freunde ausgesprochen, so daß die Kunde von einem solchen Plane selbst an den Petersburger Hof gedrungen war [1]). Als man auf dem Wege von Baireuth nach Frankfurt die Landkarte zu Rathe zog, bemerkte Algarotti, es wäre kein allzu großer Umweg, wenn man über Straßburg sich nach Wesel begäbe. Der König ging darauf ein und beschloß, im strengsten Incognito einen solchen Ausflug zu unternehmen. Mit einem Passe, den er in Kehl sich selbst ausgefertigt hatte, traf er unter dem Namen eines Grafen Dufour am 23. August in Straßburg ein, machte daselbst die Bekanntschaft einiger französischen Officiere, wurde aber bald von einem ehemaligen preußischen Soldaten erkannt, wodurch auch der Marschall von Broglie, Commandant der Festung, die Anwesenheit des Königs erfuhr. Der General benahm sich so ungeschickt, daß dem angeblichen Grafen Dufour der Aufenthalt in der berühmten Grenzfeste verleidet wurde, und der Besuch ein schnelles Ende

---

[1]) Gesandtschaftsbericht vom 24. Juni 1740, in Raumer's Beiträgen.

erreichte [1]). Schon am 28. August traf Friedrich in Wesel mit dem Theil seines Gefolges, der ihn nicht nach Straßburg begleitet hatte, zusammen und schlug bald sein kleines Hoflager in dem Schlosse Moyland auf, wo ihn Geschäfte der verschiedensten Art erwarteten, denen er sich mit allem Eifer hingab, obgleich er von heftigen Anfällen eines Wechselfiebers geplagt war.

Auf der Fahrt dorthin begegnet uns zum ersten Male eine von den unzähligen Anekdoten über den großen König, welche bis zum heutigen Tage im Munde des Volkes leben. Es ist schwer, aus dem Gewirre solcher Ueberlieferungen das Wahre von dem Falschen zu scheiden; denn um große Persönlichkeiten bildet sich schon bei deren Lebzeiten ein Sagenkreis, welcher sich durch Wiedererzählen, Verändern und Ausschmücken so erweitert, daß auch die sorgsamste Kritik kein sicheres Ergebniß liefert. Der Geschichtserzähler hat sich darauf zu beschränken, die Glaubwürdigkeit des Ueberlieferers in jedem Falle zu erwägen und demnächst zu entscheiden, ob die Mittheilung dem Geist und Sinne des großen Königs entspricht und sein Wesen und seinen Charakter zu erläutern geeignet ist. Dabei darf es uns nicht anfechten, wenn auch später

---

[1]) Eine halb in Prosa, halb in Knittelversen abgefaßte satyrische Beschreibung dieser Reise schickte Friedrich am 2. Septbr. an Voltaire. Oeuvres XIV. 156.

die eine oder die andere Thatsache in das Reich der Sage verwiesen wird. Solche Dinge enthalten oft eine innere Wahrheit, lebensfähiger und kräftiger als viele urkundlich beglaubigten Begebenheiten. Das sei ein für alle Mal gesagt, und mit solchem Vorbehalte vernehmen wir, wie der König aus den Clevischen Landesrechnungen ersehen, daß die herrschaftlichen Forsten an ein gewisses Kloster große Vorräthe von Holz zu liefern hatten, wofür die Mönche Messen für die alten Herzoge lesen mußten.

Als Friedrich an Ort und Stelle kam, fand er die Ordensbrüder im Spalier aufgestellt und wurde mit großen Ehrenbezeugungen empfangen. „Lest Ihr noch immer diese Messen?" fragte der König. „Ja wohl, Ew. Majestät." „Und zu welchem Zwecke?" „Um die einstigen Herrscher dieses Landes aus dem Fegefeuer zu erlösen." „Sind die nach so viel Jahrhunderten immer noch nicht erlöst? Nun, sobald sie erlöst sind, schickt einen Courier nach Berlin und meldet es, damit die Holzlieferungen aufhören." Damit ließ er sie stehen und setzte seine Reise fort. "

Er hatte sich, wie wir hörten, zum 24. August bereits die Antwort des Königs von England auf seine wegen eines Bündnisses gestellten Bedingungen erbeten. Was er erfuhr, schien ihm ganz ungenügend, namentlich wollte man sich zu einer Garantie der Jülich'schen Erbschaft nicht verstehen. Friedrich suchte nun zu erforschen, in wiefern Frankreich sich geneigter beweisen würde, überzeugte sich aber bald, daß die Franzosen das größte Interesse dabei hatten, die Rheinlande nicht in die Hände eines mächtigen Fürsten gelangen zu lassen, weil sie sich hier die Brücke nach Deutschland offen halten wollten. Auch nach Rußland wandte er sich bald nachher, um für den Fall, daß er im Westen in Krieg verwickelt würde, seine östlichen Provinzen gedeckt zu sehen. Und obgleich Rußland sich auf eine Garantie der Erbschaft nicht einlassen wollte, weil das eine innere deutsche Angelegenheit wäre, so kam doch im October 1740 ein Vertrag zu Stande, durch welchen der Berliner und Petersburger Hof sich im Interesse der Sicherheit ihrer Ostseeprovinzen zu wechselseitiger Stellung eines Hilfscorps von 12,000 Mann verpflichteten[1]).

Durch seinen Gesandten in Wien erfuhr er bald, daß der Kaiser im Sinne hatte, ihn in Bezug auf die Jülich'sche Angelegenheit ebenso wie seinen Vater mit nichtssagenden Ausflüchten hinzuhalten, während es doch im Interesse desselben gelegen hätte, sich für die bevorstehenden Ereignisse vor allen Dingen Preußens Freundschaft zu erwerben. Aber hier überwog ein für alle Mal die wohlbegründete Furcht vor dem Anwachsen der Hohenzollern'schen Hausmacht.

Friedrich beschloß nun für sich allein zu handeln

---

[1]) Ranke II. 95.

und wählte vor allen Dingen einen Platz im Cleve=
schen aus, um nahe an der Grenze ein festes Lager zu
errichten, geräumig genug für 40,000 Mann, damit er,
wenn der Augenblick zum Handeln einträte, sich nicht
überraschen ließe.

Neben dieser wichtigsten Angelegenheit waren es
zwei andere Dinge, die seinen Geist lebhaft beschäftigten.
Er sollte Voltaire zum ersten Male sehen, und zu
gleicher Zeit beschloß er, mit dem hochmüthigen Bischofe
von Lüttich Abrechnung zu halten, welcher wegen der
Streitigkeiten über die Herrschaft Herstall schon seinem
Vater und jetzt auch ihm selbst vielen Aerger bereitet
hatte.

Als Vorläufer Voltaire's gleichsam stellte sich in
Moyland der von demselben empfohlene Maupertuis
ein, welcher die Präsidentschaft der Berliner Akademie
übernehmen sollte. Friedrich empfing den damals
hochberühmten Mann mit großer Auszeichnung, nicht
ahnend, daß ihm durch denselben noch viel Verdrießlich=
keiten erwachsen sollten.

Voltaire befand sich in Brüssel, wohin er sich,
begleitet von seiner geliebten Marquise du Châtelet,
wegen allerlei Zänkereien mit den Pariser Literaten
zurückgezogen hatte. — Es war des Königs Absicht
gewesen, den verehrten Dichter dort incognito zu
besuchen, und Voltaire hatte sich nicht wenig auf eine
solche ihm zugedachte Ehre gefreut; allein das Wechsel=

fieber hinderte den Monarchen zu reisen, und so entschloß sich Voltaire, nach Moyland zu kommen. Friedrich empfing ihn, krank auf seinem Feldbette liegend, in einem kleinen anspruchslosen Zimmer, doch belebte ihn die Freude über Voltaire's Ankunft in dem Maße, daß er schon am Abend einer heitern Gesellschaft beiwohnen konnte, an der Algarotti, Maupertuis und der aus Berlin herbeigerufene Keyserling Theil nahmen. Voltaire blieb drei Tage lang Friedrich's Gast und bezauberte denselben durch den nie versiegenden Strom der geistreichsten und witzigsten Unterhaltung. Er las sein noch ungedrucktes Trauerspiel Mahomet vor, welches mit Recht für das gelungenste unter seinen dramatischen Werken gilt. Wie sehr auch Voltaire zwanzig Jahre später sein erstes persönliches Zusammentreffen mit Friedrich dem Großen in's Lächerliche zu ziehen gewußt hat, so war der eitle Franzose doch damals eben so entzückt über den ihm gewordenen Empfang, wie der König über seinen Gast. „Ich habe," schrieb Voltaire am 18. October 1740 an einen Freund, „einen der liebenswürdigsten Menschen in der ganzen Welt gesehen, dessen Gesellschaft Jedermann eifrig suchen würde, auch wenn es kein König wäre. Ein Philosoph ohne Herbheit, voll Sanftmuth, Liebenswürdigkeit und verbindlichem Wesen, vergißt er in der Gesellschaft seiner Freunde, daß er König ist, und machte auch mich selbst das in solchem Grade vergessen,

daß ich es mit Gewalt mir gegenwärtig erhalten mußte, daß ein Monarch, dem eine Armee von 100,000 Mann gehorcht, an meiner Seite saß u. s. w." Noch größer ist die Freude, mit welcher Friedrich über den ersehnten . Besuch an Jordan Bericht abstattet¹).
„Du ehrenwerther Inspector der Armen, Schwachen, Verwaisten und Blödsinnigen! — — — Ich habe Voltaire gesehen, auf den ich so begierig war, aber ich sah ihn in einem Fieberanfall, der meinen Geist ebenso abgespannt hatte, wie meinen Körper, und doch sollte man gegenüber einem solchen Manne wo möglich seine Kräfte noch mehr als gewöhnlich beisammen haben. Er ist beredt wie Cicero, sanft wie Plinius, weise wie Agrippa, und vereinigt in seiner Person alle Tugenden und Gaben der drei größten Männer des Alterthums." — — — Wie sehr Friedrich den ersehnten Gast über seine anderen literarischen Genossen erhob, geht am besten daraus hervor, daß er denselben in die politische Unternehmung einweihte, welche ihn damals beschäftigte, während er sonst seine gelehrten und poetischen Freunde von allen Staatsgeschäften fern hielt. Voltaire verfaßte in Moyland für den König eines der Manifeste, welche in der Lüttich=Herstaller Angelegenheit erlassen wurden. Damit hatte es folgende Bewandtniß: Heristall oder Herstall, das Schloß, nach

---

¹) Oeuvres XVII. 71, den 24. Septbr. 1740.

(1740.) Die Herstaller Angelegenheit. 53

welchem vor tausend Jahren der Ahnherr Karl's des Großen sich nannte, liegt nördlich von Lüttich am linken Ufer der Maas. Im Laufe der Zeiten war die kleine Herrschaft dieses Namens in den Besitz des nassau-oranischen Hauses gelangt und bei der Theilung der oranischen Erbschaft mit einigen andern weit zerstreuten Landstrichen an die Hohenzollern als Erben der oranischen Kurfürstin Henriette gefallen. Die Herstaller hatten einen nicht unerklärlichen Widerwillen gegen das Stockregiment Friedrich Wilhelm's I. und weigerten sich hartnäckig, demselben den Huldigungseid zu leisten. Sie rebellirten gegen die vom Könige eingesetzten Gerichtsschöffen, verjagten die preußischen Werber und fanden Schutz und Unterstützung bei den Bischöfen von Lüttich, welche seit uralten Zeiten, und namentlich seit 1546, wo sie ein Mal für einen minderjährigen Herzog von Nassau die Herrschaft Herstall obervormundschaftlich verwaltet hatten, die Lehnsoberhoheit über das Ländchen in Anspruch nahmen, vermöge deren sie verlangten, daß die Hohenzollern sich als ihre Vasallen zu betrachten hätten [1]). Der Kaiser, welcher allezeit auch gegen die allergeringste Erweiterung der preußischen Macht und des preußischen Gebietes Partei nahm, bestärkte die Bischöfe unter der

---

[1]) Wer diesen interessanten Fall näher studiren will, findet reichliches Material dazu in 20 Foliobänden des Berliner Archivs. Ranke II. 100. Note.

Hand in ihren Prätensionen, weshalb Friedrich Wilhelm, aus angeborner Ehrfurcht gegen das Reichsoberhaupt, sich nicht entschließen konnte, eigenmächtig vorzugehen und das Land kurzweg militairisch zu besetzen. Sogar der Versuch, sein Recht dem Bischofe zu verkaufen, scheiterte an den unbilligen Bedingungen, welche der geistliche Herr aufstellte.

So lag die Sache bei Friedrich's Thronbesteigung. Nach des heiligen Römischen Reichs deutscher Nation hochweiser Verfassung hätten die Streitigkeiten zwischen dem Kurfürsten von Brandenburg und dem Bischof von Lüttich vor die Reichsgerichte gebracht werden müssen. Allein der König wußte sehr gut, was da zu erwarten stand. Der Gesandte bei dem Reichskammergericht in Wetzlar, sagte er ein Mal, richtet gerade soviel aus, wie ein Hund, der den Mond anbellt. Das war seine Sache nicht. Von der Gerechtigkeit der preußischen Ansprüche auf Herstall überzeugt, wollte er sich der eignen Macht bedienen, um denselben Geltung zu verschaffen. Durch den Geheimrath Rambonet schickte er am 4. September 1740 ein kategorisch abgefaßtes Schreiben nach Lüttich, in welchem er binnen zwei Tagen klare und unumwundene Antwort auf die Frage verlangte, ob der Bischof noch ferner gewillt sei, die beanspruchte Oberherrlichkeit über Herstall zu behaupten und die Einwohner daselbst in ihrem abscheulichen Ungehorsam zu unterstützen? Im Bejahungsfalle habe

(1740.) Die Herstaller Angelegenheit. 55

er sich die unausbleiblichen Folgen selbst zuzuschreiben. Die Antwort des Bischofs erfolgte nicht in der gestellten Frist. Da erließ der König am 11. September ein Manifest, in welchem er erklärte, daß die Wege der Güte und Milde, die er bis jetzt eingeschlagen, sich dem geistlichen Hochmuthe gegenüber unwirksam gezeigt, und ihm deshalb Nichts übrig bleibe, als sein gutes Recht mit Gewalt durchzusetzen. Gleichzeitig erhielt Generalmajor von Borck Befehl, mit 2000 Mann Fußvolk und Reiterei, nebst dem erforderlichen Geschütz, die Lüttich'schen Grafschaften Horn und Loß zu besetzen, bis der Kirchenfürst zur Nachgiebigkeit bereit wäre [1]).

Diese Execution wurde mit größter Eile vollzogen. Borck rückte ein, forderte binnen 48 Stunden 20,000 Thaler Contribution und reichliche Verpflegung, für sich selbst täglich 50 Louisd'or und verhältnißmäßige Summen für seine Officiere und Mannschaften, 8 Gr. für jeden Gemeinen.

Der Bischof, in größter Wuth, begriff dennoch, daß an thätlichen Widerstand nicht zu denken wäre. Er erließ verzweiflungsvolle Hilferufe an alle Welt. Der Reichshofrath beeilte sich, den König von seinen Gewaltschritten abzumahnen, und nannte das, wie er sehr wohl wußte, von Friedrich selbst aufgesetzte Manifest

---

[1]) Die Aktenstücke: Heldengeschichte. Ausgabe von 1760, II. 53—140.

„ein von hitzigen, der Reichsgesetze unkundigen, eigensüchtigen Rathgebern eingegebenes" Schriftstück. Der Bischof, ein Graf von Berghes, als Parvenü doppelt eifersüchtig auf seine Reichsfürstliche Würde, rief in den ungemessensten Ausdrücken den Schutz des Kaisers an, der dann auch am 4. October ein Dehortatorium an den König erließ, in welchem er denselben von solchen im heiligen Römischen Reiche unerhörten Thathandlungen abmahnte, die in allen Weltgegenden den gerechtesten Unwillen und das größte Erstaunen hervorrufen müßten. — Natürlich ließ sich der König nicht irre machen. Er kehrte, nachdem er seine Truppen gemustert, die Huldigung in Cleve empfangen und die Arbeiten an dem festen Lager bei Büderich angeordnet hatte, in seine Hauptstadt zurück. Dem Kaiser erwiederte er unter Anderem, daß der Wiener Hof sich von Rathgebern mißleiten lasse, welche es durch ihren Mangel an Weisheit noch dahin bringen könnten, das ganze Reich in Flammen zu setzen. — Der bedrängte Bischof, einsehend, daß er von keiner Seite wirksame Hilfe erwarten durfte, fügte sich in das Unvermeidliche. Er schickte einen Gesandten nach Berlin, und schon im October kam ein Vergleich zu Stande, mittelst dessen der König seine Rechte an Herstall für etwa 200,000 Thaler an den Bischof verkaufte. Damit war dann diese Sache für immer abgethan.

(1740.) **Friedliche Aussichten.**

Friedrich beschloß nunmehr dem Auslande gegenüber eine abwartende Stellung einzunehmen, bis der Augenblick zum Handeln einträte. Die jülich'sche Erbschaft mußte demnächst eröffnet werden. Der Pfalzgraf war ein achtzigjähriger, kinderloser Greis, und der König war entschlossen, bei dem Tode desselben ohne Weiteres zuzugreifen und seinem Staate diese langersehnte Vergrößerung nicht entgehen zu lassen. An dem verschanzten Lager im Cleve'schen wurde rüstig weiter gebaut, um gegen Frankreich gedeckt zu sein, wenn dieses sich feindlich erweisen sollte. Durch sein Auftreten in Herstall hatte der junge Monarch gezeigt, daß er nicht gesonnen sei, gleich seinem Vater ruhig zuzusehen, wo es die Behauptung oder Erwerbung eines Rechtes galt, und daß das preußische Schwert nicht so fest, wie man seit 25 Jahren zu glauben gewöhnt war, in der Scheide stecke, sondern daß er bereit sei, die Schärfe desselben seine Widersacher fühlen zu lassen. Für jetzt aber durfte er annehmen, daß ihm noch Muße gegönnt wäre, seine ganze Thätigkeit den innern Landesangelegenheiten zuzuwenden. Er hoffte einige Jahre lang das Leben zu genießen und sich zwanglos den Beschäftigungen und Ergötzlichkeiten hinzugeben, deren Genuß ihm bei des Vaters Lebzeiten nur allzu sehr verbittert worden. Der Briefwechsel mit den Freunden, seine schriftstellerischen Arbeiten, die Einrichtung einer Oper und eines Ballets, wozu er

Künstler aus Frankreich und Italien herbeirief, fröhliche Feste in Rheinsberg und Charlottenburg sollten die Stunden ausfüllen, welche die ernsteste Sorge für des Landes Gedeihen ihm übrig ließ. Da trat ganz unerwartet ein Ereigniß dazwischen, welches bestimmt war, seinem ganzen Leben eine entschiedene Wendung zu geben und ihn auf den Weg zu drängen, den mit so großem Erfolge und so großem Ruhme zu beschreiten das Schicksal ihm bestimmt hatte. „Nicht die pfälzische Erbschaft wurde eröffnet, sondern die österreichische [1]."

Drittes Kapitel.

Ursprung des ersten schlesischen Krieges.

Friedrich hatte sich im Herbst 1740, noch immer am Wechselfieber leidend, nach Rheinsberg zurückgezogen. Die Stunden, in welchen die Krankheit ihn verschonte, füllte er auf's Eifrigste mit Staatsgeschäften und wissenschaftlichen Arbeiten aus und suchte in der Unterhaltung mit seinen Freunden Erholung. Auch an Festen fehlte es nicht, bei denen besonders der Königin Mutter zu Ehren ein Glanz entwickelt

---

[1] Ranke II. 107.

(1740.) Tod Carl's VI. den 20. October. 59

wurde, der bei der bekannten Sparsamkeit des Königs überraschend war [1]).

Da traf am 26. October ein Courier aus Wien ein, dessen Bericht dem fröhlichen Treiben plötzlich ein Ende machte. Kaiser Carl VI. war am 20. October 1740, an seinem 56. Geburtstage nach kurzer Krankheit gestorben. — Friedrich lag gerade in einem heftigen Fieberanfalle, dessen Ende der Kammerdiener Fredersdorf abwartete, bevor er die Ankunft des Eilboten meldete. Mit anscheinender Ruhe empfing der König die Nachricht. Er ließ sofort den Cabinetsrath Eichel kommen und befahl den Feldmarschall Schwerin [2]) und den Minister von Podewils nach Rheinsberg zu bescheiden. Mit dem gewiegtesten seiner Gene-

---

[1]) Manteuffel an Brühl. (Dresdner Archiv.) Es giebt Gelegenheiten, wo er das Geld zum Fenster hinauszuwerfen scheint, z. B. die Feste, die er der Königin Mutter in Rheinsberg gab, und die 13 Tage dauerten. Unter andern ließ er ein Bauernpaar, welches Hochzeit machen wollte, mit allen Gästen hinkommen und neu kleiden. Dem Bräutigam schickte er 100 Louisd'or, der Braut 100 Dukaten. Er ließ sie speisen und unter jede Serviette einen Louisd'or legen. Dann mußten sie in Gegenwart der Königinnen tanzen und wurden entlassen. Den Beschluß der Feste machte eine Lotterie von Bijouterien, so daß Jeder einen Gewinn als Andenken mit nach Hause nahm.

[2]) Den alten Fürsten von Dessau berief er nicht. Dieser war gut österreichisch gesinnt und dem Könige wegen der Rolle zuwider, die er in der Doppelheirathsangelegenheit gespielt hatte.

rale und dem gewandtesten seiner Staatsdiener beschloß er zu erwägen, was zunächst geschehen müsse. Denn das Ziel, welches er erreichen wollte, stand in dem Augenblicke unwandelbar fest, wo er erfuhr, daß das Haus Habsburg erloschen sei. Es galt einen möglichst großen Theil der österreichischen Provinz Schlesien dem preußischen Staate einzuverleiben, um dem Gebiete desselben einen Umfang zu geben, angemessen der Königskrone, die Friedrich I. seinem Hause erworben. So großartige Aussichten verlangten des Königs volle geistige und körperliche Gesundheit. Das Fieber zu bannen, entschloß er sich zum Gebrauch der damals noch neuen Chinarinde, und dies Mittel bewährte an ihm unverzüglich seine Wunderkraft. Mit klarem Blicke überschaute er die Lage der Dinge.

Seit 500 Jahren hatten die Habsburger dem deutschen Reiche sechszehn Kaiser gegeben. Nun war der letzte ohne männliche Nachkommenschaft plötzlich heimgegangen. Auch die ältere seiner beiden Töchter, Maria Theresia, seit dem 12. Februar 1736 mit Herzog Franz von Lothringen vermählt, hatte ihrem Gatten noch keinen Sohn geboren.

Ihr kaiserlicher Vater war während seiner ganzen Regierungszeit von dem einzigen Gedanken erfüllt gewesen, dieser Tochter bereinst die Nachfolge in dem Länderbesitz der Oesterreicher zu sichern. Am Ende seiner Tage ward er inne, daß der Weg, den er zu diesem Ziele eingeschlagen, ein Irrweg gewesen. Durch schriftliche Verträge mit den Mächten Europas hatte er geglaubt seine pragmatische Sanktion sicher zu stellen, während doch schon vorlängst Prinz Eugen ihm klar gemacht, daß ein zahlreiches Heer und ein wohlgefüllter Schatz die beste pragmatische Sanktion sei. Für keins von Beiden hatte er Sorge getragen. Nicht treffender als mit Arneth's Worten[1]) kann der bedauerliche Zustand geschildert werden, in welchen die Provinzen Oesterreichs während der letzten Regierungsjahre Carl's VI. gerathen waren: „Das Königreich Neapel, Sicilien, die reichen lombardischen Grenzdistricte, Belgrad sammt einem Theil Serbiens und der Wallachei hatte er ganz verloren. Was ihm blieb, war durch Ueberlastung mit Steuern, durch Herbeischaffung einer ungeheuren Menge von Kriegsbedürfnissen derart ausgesogen, daß die Einkünfte des Staates von 40 Millionen auf kaum die Hälfte dieser Summe herabgesunken waren, — — die Schuldenlast, zu bedeutender Höhe angewachsen, erforderte beträchtliche Summen, um die Zinsen zu bezahlen. — — Statt 160,000 Mann, aus welchen die Armee bestehen sollte, waren kaum 80,000 vorhanden, und diese lagen zerstreut über die weit ausgedehnten Länder, von der

---

[1]) Von Arneth, Maria Theresia's erste Regierungsjahre. Wien 1863, p. 57.

siebenbürgischen Grenze bis nach Brüssel und Ostende, von Schlesien und Böhmen bis nach Parma und Toscana. — — Zudem befanden sich alle militairischen Einrichtungen, die Artillerie, der Pferdestand, insbesondere aber die Festungen in großer Verwahrlosung."

König Friedrich kannte diesen Zustand der Oesterreichischen Länder sehr wohl. Gleichzeitig besaß er das vollste Selbstbewußtsein seiner geistigen Ueberlegenheit und der ihm zu Gebote stehenden Hilfsmittel[1]). Demgemäß erklärte er gegen Schwerin und Podewils bei deren Ankunft, daß sein Entschluß feststehe, sich Schlesiens zu bemächtigen. Von der rechtlichen Begründung eines solchen Unternehmens war vorläufig noch nicht die Rede. Es scheint, daß der König voll jugendlichen Feuers und von glücklicher Vorahnung erfüllt an der Idee sich begeisterte, „die kühnste, unerwartetste und größte Unternehmung zu beginnen, welche je ein Fürst seines Hauses gewagt." Nur über die Form der Ausführung wollte er den Rath seiner Minister hören [2]).

[1) Manteuffel an Brühl 29. October 1740. (Dresdner Archiv.) l'idée qu'il a de sa puissance et de son savoir faire étant immense.

[2) Manteuffel an Brühl 27. October 1740. Einige Leute glauben, daß der Tod des Kaisers den König zum ersten Male veranlassen könnte, sich mit seinen Ministern zu berathen. Andere glauben, daß er wie immer selbstständig handeln und ohne die geringste Kenntniß von den Reichsangelegenheiten seine Beschlüsse fassen wird.

Auf's Gründlichste wurde diese Frage in mündlicher Besprechung und durch ausgewechselte Schriftstücke verhandelt. Die Leichtigkeit, mit der Friedrich seine Gedanken zu Papier brachte, trug viel dazu bei, die streitigen Punkte schnell festzustellen. Es war klar, daß Maria Theresia in keinem Falle unangefochten die ihr so vielseitig garantirte Erbschaft antreten und behaupten würde. Der Kurfürst von Sachsen war mit der älteren, der Kurfürst von Baiern mit der zweiten Tochter Kaiser Joseph's vermählt. Zwar hatten beide Prinzessinnen die üblichen Erbverzichte geleistet, allein die Ehegatten derselben hofften nichtsdestoweniger diese Verzichte bei günstiger Gelegenheit anfechten zu können, was den Kurfürsten von Sachsen jedoch nicht abhielt, bei dem Tode Carl's VI. ausdrücklich zu versichern, er habe die feste Absicht, der Königin Maria Theresia bei der Verwirklichung ihrer Erbansprüche Beistand zu leisten [1]).

Der Kurfürst von Baiern dagegen hatte schon bei des Kaisers Lebzeiten Protest gegen die pragmatische

---

[1]) v. Arneth 101. Das hinderte ihn nicht, schon ein Jahr nachher (Novbr. 1741) in einem Circular an die fremden Höfe zu erklären: qu' il s'est enfin vu dans la nécessité de prendre une résolution pour sauver au moins du naufrage quelques debris de la succession d'Autriche, laquelle eut du échoir totalement à la Reine son épouse et à leurs déscendants. (Dresdner Archiv.)

Sanction erhoben. Er berief sich auf seine Abstammung von Anna, der Tochter Kaiser Ferdinand's I.; dieselbe war an Herzog Albrecht von Baiern vermählt, und Ferdinand hatte ihr und ihren Nachkommen als Belohnung für die von Baiern im schmalkaldischen Kriege geleisteten guten Dienste die Erbfolge in Oesterreich für den Fall zugesichert, daß der Mannsstamm des Hauses Habsburg erlöschen sollte. Dieser Anspruch wurde auch alsdann aufrecht erhalten, als sich gezeigt hatte, daß das in Wien aufbewahrte Original dieses Testaments nicht von männlicher, sondern von ehelicher Nachkommenschaft spreche, während das Münchener Exemplar den andern Ausdruck hat. Ob und wo hier eine Fälschung begangen worden, konnte natürlich nicht aufgeklärt werden.

Die Gefahr lag nahe, daß die sächsischen und baierischen Ansprüche von Frankreich, dem alten Erbfeinde Oesterreichs, unterstützt würden, daß Maria Theresia dann die Hauptprätendenten durch Gebietsabtretungen befriedigen könnte, und Sachsen einen schlesischen Landstrich erhielte, um die längst gewünschte Verbindung zwischen dem Kurlande und Polen herzustellen. Das aber hätte gerade die preußischen Interessen auf's Empfindlichste verletzt. So kamen die verschiedenartigsten Erwägungen zusammen, um den König in seinem gefaßten Entschlusse zu bestärken.

Es scheint, daß Friedrich's Absicht dahin ging, sich

ohne Weiteres Schlesiens zu bemächtigen und die Rechtfertigung eines solchen Schrittes denen zu überlassen, die das Kriegsmanifest abzufassen hätten; indessen drang Podewils allmählich mit einer entgegengesetzten Auffassung durch. Er ging davon aus, daß nach Lage der Sache Maria Theresia gar bald, von verschiedenen Seiten bedrängt, in die Lage kommen müßte, sich nach Bundesgenossen umzusehen, und daß bei der schlechten Beschaffenheit der eignen militairischen Anstalten ihr kein erwünschterer Beistand kommen könnte, als von dem Könige von Preußen an der Spitze seines großen wohlausgerüsteten Kriegsheeres. Wenn man dem Wiener Hofe das vorstellte, so würde die Königin sich dazu verstehen, die ihr gestellten Bedingungen für solche Hilfe zu bewilligen, und Friedrich könnte einen Theil von Schlesien als Belohnung für seinen mächtigen Beistand verlangen.

Diese Ansicht empfahl sich noch aus dem Gesichtspunkte, daß, wenn der König nicht als Beschützer, sondern als Feind der österreichischen Monarchie aufträte, er willenlos in Frankreichs Bundesgenossenschaft getrieben würde, welches ebenfalls auf den Ruin des Kaiserstaates ausging. Das Resultat könnte dann vielleicht eine Zerstückelung der Habsburgischen Hausmacht sein, müßte aber sicherlich das Anwachsen des französischen Einflusses in Europa zur Folge haben, wodurch diese ohnehin schon mächtige Nation zu einer Stellung erhoben würde, die ihr das entschiedenste Uebergewicht über alle anderen gäbe.

Das lag nicht in des Königs Plan und führte zu Betrachtungen, die hauptsächlich ihn bestimmten, den von Podewils vorgeschlagenen Weg zu betreten. Indessen betraf des Königs Nachgiebigkeit mehr die Form als das Wesen der Sache, denn er blieb dabei stehen, daß ein für alle Mal der Anfang mit der thatsächlichen Besitznahme Schlesiens geschähe.

Obgleich die hier in Aussicht genommene Vergrößerung seiner Macht von der Art war, daß die Erwerbung der Jülich'schen Herrschaft dagegen in den Hintergrund trat, so war Friedrich doch keineswegs gesonnen, diese Ansprüche aus dem Auge zu lassen. Er war überzeugt, daß die Lage der Dinge ihm gleichsam von selbst die entscheidende Stimme im Reiche übertragen hätte. Am 24. October berichtet Manteuffel an Brühl, er habe durch Bestechung erfahren, daß der König gegen einen seiner Cabinetssecretaire folgende Aeußerung gethan: Ich rechne darauf, jetzt in Deutschland den Dictator zu spielen. Hannover, Sachsen, Kassel und Baiern werden mir keine Schwierigkeiten bereiten. Baiern denkt nur an die ihm bequem liegenden österreichischen Provinzen, die man ihm überlassen müßte, Hannover wird sich ruhig verhalten, weil England ohnehin mit dem spanischen Kriege beschäftigt ist, und die Anderen zählen nicht mit.

Wollen sie sich maufig machen, so wird man mit ihnen leicht fertig werden [1]). Man sprach in Berlin von der Möglichkeit, den König von Preußen zum Kaiser zu wählen. Der alte Dessauer schien das zu wünschen, und als die Markgräfin Wilhelmine bei dem Gegenbesuch, den sie ihrem Bruder im Herbste abstattete, dagegen bemerkte, daß ein protestantischer Fürst nicht Kaiser werden könnte, antwortete Manteuffel, daß die goldne Bulle das um so weniger verbiete, als dieselbe zu einer Zeit erlassen worden, wo von dieser Scheidung der Confessionen noch nicht die Rede gewesen. Auf so weit aussehende Dinge ließ sich aber der König nicht ein, der viel mehr eine selbstständige Stellung innerhalb Deutschlands, als die Herrschaft über das Reich selbst erwerben wollte.

Mit dem größten Eifer und der größten Verschwiegenheit betrieb er die Vorbereitungen zu seinem Einmarsch in Schlesien. Gleichzeitig befahl er seinem Gesandten in Wien, die Königin von Ungarn und Böhmen (denn als solche hatte er Maria Theresia sofort nach dem Tode ihres Vaters anerkannt) darauf aufmerksam zu machen, wie wichtig für sie Preußens Beistand in einem Augenblicke sei, wo Sachsen und Baiern im Begriff ständen, feindlich gegen sie aufzu-

---

1) S' ils font les matins, on leur passera sans façon sur le ventre.

treten. Würden ihm Bedingungen bewilligt, welche mit der Gefahr im Verhältniß ständen, die er durch Unterstützung der Königin auf sich nähme, so wolle er ihr mit Geld und Truppen zu Hilfe eilen. Daß Friedrich unter diesen „Bedingungen" die Abtretung Schlesiens verstehe, davon hatte man in Wien keine Ahnung. Hier sowohl als auch in Berlin glaubte man, daß es die Sicherung der Jülich'schen Ansprüche gelte. Friedrich ließ die Wege im Cleve'schen ausbessern und an dem Lager in Büderich fortarbeiten, um die Welt in diesem Irrthume zu bestärken. Auch ging im Publikum die Rede, der König habe die Absicht, das alte Burggrafenthum unter preußische Herrschaft zurück zu bringen. Als dagegen in der Richtung nach Crossen hin Magazine angelegt wurden, richteten sich die Gedanken Vieler nach Schlesien. Von einem Rechte Preußens auf einen Theil dieser Provinz sprach Niemand. Die alten brandenburgischen Ansprüche auf die Herzogthümer schienen im Laufe der Zeit und durch die vielen uns bekannten ausdrücklichen Verzichte, welche seit des großen Kurfürsten Zeit in Bezug auf dieselben geleistet worden, längst beseitigt.

Ganz Europa war durch die Kriegsvorbereitungen des Königs in Spannung versetzt. Von allen Seiten kamen offen oder unter allerlei Vorwänden Gesandte und Späher, die sich Gewißheit verschaffen sollten. Die Königin von Ungarn schickte den gewandten genuesischen Marchese Botta nach Berlin, welcher das Terrain daselbst bereits kannte, weil er die Glückwünsche zur Thronbesteigung überbracht hatte, bei welcher Gelegenheit er übrigens nichts weniger als zuvorkommend empfangen worden.

Schon unterwegs fand der Gesandte die Heerstraßen mit preußischen Truppen bedeckt, die sich nach Schlesien in Bewegung setzten[1]). Obgleich man ihn jetzt mit Freundschaftsversicherungen überhäufte, und Friedrich bei der Antrittsaudienz persönlich erklärte, die Königin solle durch seine Thaten den Beweis erhalten, daß er nichts Feindliches gegen sie beabsichtige, so ließ er sich dadurch nicht täuschen, sondern meldete nach Hofe, daß Friedrich offenbar beabsichtige, sich des größten Theils von Schlesien zu bemächtigen. Bei einer späteren Audienz konnte der König dies selbst nicht mehr leugnen und versuchte vergeblich den Marchese zu überzeugen, daß die gewaltsame Occupation einer kaiserlichen Provinz das einzige Mittel wäre, um seine Monarchin im Besitz ihrer übrigen Länder zu schützen. Auch das Anerbieten, dem Herzoge von Lothringen zur Kaiserkrone zu verhelfen, konnte unter diesen Umständen natürlich keinen Eindruck machen.

Von französischer Seite war als außerordentlicher Gesandte der Marquis von Beauveau anwesend, der

---

[1]) v. Arneth 111.

ebenfalls seinem Hofe nicht die gewünschte Aufklärung verschaffen konnte¹). Cardinal Fleury kam deshalb auf den pfiffigen Einfall, Voltaire mit einer halbamtlichen Sendung zu betrauen, damit dieser versuche, in den vertrauten Unterhaltungen, deren der König ihn würdigte, dessen Geheimnisse zu erforschen. Der Dichter erschien Ende November in Berlin, allein Friedrich durchschaute sehr bald den Plan und machte sich über den eitlen Franzosen lustig. Damals schon zeigte sich, wie sehr eine nähere Bekanntschaft mit Voltaire geeignet war, den Nimbus zu zerstreuen, den des Königs Bewunderung für die Geisteswerke des Mannes auch um den Charakter desselben verbreitet hatte. Die übertriebenen Rechnungen für Reisekosten und für die Bemühungen bei der Herausgabe des Antimacchiavell empörten den König, der darüber an Jordan schrieb²): „Der habgierige Kerl mag seinen

---

¹) Die Mutter Heinrich's IV. von Frankreich stammte aus dem Hause Beauveau, aus diesem Grunde machte der Gesandte Ansprüche auf ganz besondere Ehrenbezeigungen. Er verlangte u. A. mit dem Könige an demselben Tische zu speisen. Da Friedrich grundsätzlich niemals fremde Gesandte an seine Tafel zog, um sich bei lebhafter Unterhaltung keine Blöße zu geben, so traf man den Ausweg, daß eine Einladung, wie sie Beauveau gewünscht, allerdings erfolgte, dann aber das ganze Diner wegen Unwohlseins des Königs abgesagt wurde. Dresdner Archiv.

²) Oeuvres XVII. 72. Die Rechnung betrug im Ganzen mehr als 6000 Thaler. Rödenbek I. 97.

unerfättlichen Geldburft befriedigen, er foll die 3000
Thaler bekommen. Sechs Tage war er bei mir, macht
150 Thaler täglich, das heißt einen Hofnarren theuer
bezahlen!" Voltaire ging nach Paris ebenfo klug
zurück, wie er gekommen war. Für feinen Wunsch, den
Diplomaten zu fpielen, hatte er Nichts erreicht, wohl
aber die Hochachtung feines königlichen Freundes zum
guten Theile verfcherzt.

Der englifche Gefandte und die Gefandten der
kleinen deutfchen Höfe waren um Nichts glücklicher in
dem Bemühen, die eigentlichen Abfichten des Königs zu
erfahren. Man erfieht aber aus den betreffenden
Berichten, daß faft keiner diefer Diplomaten auf den
Gedanken kam, es handle fich darum, ein Recht auf
Schlefien geltend zu machen, — fo wenig war eine
folche Vorftellung dem Publikum geläufig, daß der
Kurmainzifche Gefchäftsträger wohl von Sächfifchen
und Bairifchen Anfprüchen an die Defterreichifche Erb=
fchaft, von Preußifchen aber nicht das Allermindefte
wußte und erft auf Manteuffel's Einflüfterungen hin
zu erforfchen ftrebte, ob folche Anfprüche wirklich vor=
handen wären [1]).

Manteuffel nämlich war förmlich befoldeter fächfi=
fcher Spion. Er wußte allerdings, wie er fich aus=
drückt: de bonne part, daß man am Preußifchen

---

[1]) Manteuffel an Brühl. Dresdner Archiv.

Hofe mit dem Abkommen wegen Schwiebus von jeher unzufrieden gewesen und nur auf eine Gelegenheit warte, das Verlorene wieder zu gewinnen und die Ansprüche auf Jägerndorf geltend zu machen, aber von einem Rechte auf Schlesien weiß auch er Nichts. Bald genug sollte indessen aller Welt klar werden, wohin Friedrich's Absichten gingen. Die Vorbereitungen zur Besitznahme Schlesiens waren vollendet, der Einmarsch sollte unmittelbar erfolgen, von Geheimhaltung konnte ferner nicht mehr die Rede sein. Angeblich noch immer in freundschaftlicher Absicht für Maria Theresia sandte der König den Grafen Gotter nach Wien, um seine letzten Vorschläge zur Verhinderung der Feindseligkeiten zu machen. Der Gesandte reiste aber absichtlich so langsam, daß er erst an dem Orte seiner Bestimmung eintraf, als die preußische Armee bereits auf kaiserlichem Gebiete stand. Erhaltenen Befehlen gemäß trug er die Vorschläge seines Königs unmittelbar dem Großherzoge von Toscana, dem Gemahle der Königin, vor. Er sprach in demselben Sinne, wie sich Friedrich selbst gegen Botta geäußert. Im Wesentlichen forderte er die Abtretung Schlesiens, gegen das Versprechen, daß Preußen sein Heer und seine Schätze dafür zur Verfügung stelle, um die übrigen österreichischen Erblande zu vertheidigen. Auf sofortige Annahme solcher Vorschläge hatte man allerdings nicht gerechnet, aber der Gesandte und der König selbst waren überrascht von der Entschiedenheit, mit welcher ihre Zumuthungen zurückgewiesen wurden. Die Entrüstung des Wiener Hofes kannte keine Grenzen. Man war doppelt empört darüber, solche Anträge in einem Augenblicke zu vernehmen, wo Friedrich's Armee bereits auf schlesischem Grund und Boden stand. „Kehren Sie zu Ihrem Herrn zurück," sprach Franz von Lothringen zu Gotter, „und sagen Sie ihm, daß, so lange er auch nur Einen Mann in Schlesien stehen hat, wir lieber zu Grunde gehen wollen, als mit ihm unterhandeln.——— Ich für meinen Theil würde nicht für die Kaiserkrone, ja nicht für den Besitz der ganzen Welt auch nur eine Handbreit der von der Königin ererbten Länder aufgeben [1])." Friedrich hatte Maria Theresia nicht gekannt. Er war überrascht von der Festigkeit, die sie entwickelte. Ohne sich einschüchtern zu lassen, rief sie in einem Rundschreiben das deutsche Reich, rief sie alle Gewährleister der pragmatischen Sanktion zu ihrem Beistande auf, indem sie in lebhaftesten Farben das ungerechte Verfahren Preußens darstellte: „Es handle sich nicht so sehr um Oesterreich, als um das ganze deutsche Reich, ja um ganz Europa. Sache aller christlichen Fürsten sei es, zu verhindern, daß die heiligsten Bande der menschlichen Gesellschaft ungestraft zerrissen würden." Zu der Festigkeit, mit welcher die

---

[1]) v. Arneth 112.

Königin alle und jede Abtretung eines Gebietstheils verweigerte, war sie durch die sehr naheliegende Betrachtung bewogen, daß, wenn sie die in der pragmatischen Sanktion aufgestellte Untheilbarkeit ihrer Erbländer selbst verletzte, sie auch von den anderen Mächten nicht ferner verlangen durfte, daß dieselben diese Untheilbarkeit gewährleisteten[1]). Sie weigerte sich, den Grafen Gotter auch nur zu sehen, wodurch dieser in eine so unangenehme Stellung kam, daß er sich nach Baden bei Wien zurückzog, angeblich um die dortige Schwefelquelle zu brauchen, wozu der 10. December allerdings keine recht passende Jahreszeit war. — Schon am 1. Januar 1741 mußte er sich auf Friedrich's Befehl mit dem Gesandten Borke zugleich wieder nach Wien begeben und in des Königs Namen erklären, daß man nicht ganz Schlesien verlange, sondern mit Abtretung eines Theiles dieser Provinz zufrieden sein würde. Indessen konnte von einem Erfolge der Unterhandlungen keine Rede mehr sein, da die preußische Armee täglich weiter in das österreichische Gebiet vordrang. Die Entscheidung mußte durch die Waffen erfolgen.

In Berlin war das längst kein Geheimniß mehr. Schon in den ersten Tagen des December hatte der König den fremden Diplomaten seine kriegerischen Absichten eröffnet. Als der englische Gesandte die Ver-

---

[1]) v. Arneth 125.

pflichtung zur Aufrechthaltung der pragmatischen Sanktion in Anregung brachte, erhielt er zur Antwort: Friedrich selbst sei eine solche Verpflichtung nicht eingegangen, und was sein Vater gethan, binde ihn nicht ¹). Dem Marquis v. Beauveau sagte er: Ich glaube, daß ich Frankreich's Spiel spiele. Fallen mir die Trümpfe zu, so wollen wir theilen ²). Am 11. December hatte Botta seine Abschiedsaudienz. Als er aus des Königs eignem Munde erfuhr, was Gotter in Wien zu fordern beauftragt war, sagte er ³): „Sire, es ist möglich, daß Sie das Haus Oesterreich zu Grunde richten, aber sicherlich stürzen Sie Selbst Sich zu gleicher Zeit in's Verderben, — Sie haben schöne Truppen, — die unsrigen nehmen sich nicht so prächtig aus, aber sie haben dem Feinde in's Auge gesehen. Ich beschwöre Sie, Sire, bedenken Sie, was Sie unternehmen!" „Sie finden meine Truppen schön," erwiederte der König, „Ich werde Ihnen zeigen, daß sie auch gut sind." Schließlich bat Botta um Aufschub, Friedrich aber erwiederte: „Es ist zu spät. Ich habe den Rubicon überschritten!"

So begann zwischen Friedrich II. und Maria The-

---

[1] Ausführlicher Auszug aus dem Berichte des Sir Grey Dickens bei Carlisle VI. 165.

[2] Nach Voltaire's Erzählung. Ranke II. 146 hält es für unwahrscheinlich, daß Friedrich sich so ausgesprochen habe.

[3] Oeuvres II. 57.

resia der Kampf, welcher erst nach dreiundzwanzig Jahren entschieden werden sollte. Von der ungeheuren Bedeutung seines Schrittes hatte der König eine klare Vorstellung. Schon bei Empfang der Todesbotschaft Carl's VI. hatte er an Voltaire geschrieben: Dies Ereigniß wird das gesammte Staatensystem Europa's verändern. Es ist der kleine Stein, den Nebuchadnezar im Traume sah, wie er auf das Bild aus vier Metallen herabrollte und es zertrümmerte [1]).

Er sah eine Umwälzung der Machtverhältnisse des Erdtheils hereinbrechen und mußte in derselben seine Stellung nehmen. Das ist vor allen Dingen festzuhalten, wenn man die vielbesprochene Frage aufwirft, ob Friedrich das Recht hatte, die Provinz Schlesien mit Waffengewalt einer Herrscherin zu entreißen, mit der er im Frieden lebte, und zu deren Schutze er als Reichsfürst und als Nachfolger eines Regenten verpflichtet schien, welcher die pragmatische Sanktion ausdrücklich anerkannt hatte.

Vor allen Dingen muß man sich klar machen, daß zwischen Völkern und Staaten nicht dasjenige Recht gilt, durch welches der Verkehr zwischen einzelnen Personen geregelt wird; denn die Lebensbedingungen der Staaten sind nicht selten von der Art, daß der Trieb der Selbsterhaltung sie mit Nachbarn und Fremden in

---

[1]) Oeuvres XXII. 49.

(1740.) Recht auf Schlesien 77

feindliche Berührung bringt, wo dann statt des Rechts die Gewalt entscheidet. So war unleugbar die zerrissene Gestalt der brandenburgisch-preußischen Besitzungen, welche von allen Seiten feindlichen Angriffen offen lagen, daran schuld, daß die Hohenzollern auf Eroberungen denken mußten, um ein widerstandsfähiges Gebiet unter ihrer Herrschaft zu vereinigen. Ein Stillstand war nicht möglich, und auf Preußen paßte vor Allem der Ausspruch: Wer nicht vorwärts schreitet, der geht zurück. Das hatte Friedrich bereits als neunzehnjähriger Jüngling auf's Klarste erkannt und in jenem merkwürdigen Briefe an seinen Freund Natzmer ausgeführt¹). Deshalb war er auch ohne Weiteres entschlossen, mit fester Hand zuzugreifen, sobald durch den Tod des letzten Habsburgers die Möglichkeit vorlag, Schlesien zu erobern. Nach der völkerrechtlichen Begründung seiner Ansprüche fragte er nicht, ja es muß ohne Weiteres zugestanden werden, daß kein Richter oder Schiedsrichter dem Könige von Preußen das Recht zugesprochen hätte, Schlesien in Besitz zu nehmen. Im besten Falle konnten sich die brandenburgischen Ansprüche, wenn nicht ausdrückliche Verzichte und Verjährung entgegengestanden hätten, doch nur auf die Fürstenthümer Liegnitz, Brieg und Wohlau beziehen, welche den Gegenstand der Liegnitzer Erbverbrüderung ausmach-

---

¹) Förster, Fr. W. I. Bd. III. p. 18.

ten, keinesweges aber auf die ganze Provinz von der
märkischen Grenze bis zu den Karpathen. Von Jä=
gerndorf durfte überhaupt nicht mehr die Rede sein,
nachdem dies Herzogthum dem Kaiser rechtskräftig
durch die Reichsgerichte zugesprochen war. Zwar ließ
der König durch den berühmten Kanzler v. Ludewig in
Halle [1]) weitläufige Schriftstücke ausarbeiten und als
Manifest veröffentlichen, in welchem seine Rechte auf
Schlesien beim Beginn des Krieges der Welt dargelegt
werden sollten; allein diesen Deductionen wurden öster=
reichischerseits alsbald so begründete Einwendungen
gegenübergestellt, daß das behauptete Recht mehr als
zweifelhaft erschien. Wir wollen die Leser nicht mit
Aufzählung der Gründe und Gegengründe ermüden,
sondern nur hervorheben, daß der große Kurfürst gegen
Abtretung des Schwiebuser Kreises auf die sämmtlichen
Ansprüche seines Hauses an Schlesien ausdrücklich ver=
zichtet hatte, und daß die Rückgabe von Schwiebus
durch Friedrich I. diesen Verzicht nicht aufheben konnte,
weil er durch diese Rückgabe die Ungültigkeitserklärung
des väterlichen Testamentes vom Kaiser erkaufte. Es

---

[1]) Rechtsgegründetes Eigenthum des königl. Churhauses
Preußen und Brandenburg auf die Herzogthümer und Fürsten-
thümer Jägerndorf, Liegnitz, Brieg, Wohlau ꝛc. Bei dieser
Arbeit unterstützte denselben der bekannte Jurist Mollus und ein
Geheimrath Weinrich. (v. Bülow an Brühl.) Dagegen erschien
in Wien eine „Actenmäßige Gegeninformation."

steht fest, daß weder Friedrich I., noch Friedrich Wilhelm I. sich jemals ein Recht auf Schlesien zugeschrieben haben, und wenn Ranke [1]) behauptet, daß sich bei den Hohenzollern die Ueberzeugung fortgepflanzt, daß ein großer Theil von Schlesien ihnen von Rechts wegen gehöre, so wäre zu wünschen, daß er den Beweis dafür beigebracht hätte. Wir dagegen acceptiren bestens einen anderen Ausspruch desselben großen Historikers, welcher zehn Seiten vorher erklärt, daß der Geschichtsschreiber glücklicherweise zweifelhafte Rechtsfragen nicht zu erörtern habe, weil eine angemaßte Entscheidung in dieser Beziehung nur seine Unparteilichkeit beeinträchtigen würde.

Friedrich selbst war weit entfernt davon, sich in seinem Innern auf dergleichen Rechtstitel zu berufen. Als er das zweite Kapitel der „Geschichte meiner Zeit" niederschrieb, erklärte der königliche Autor mit der ihm bei Beurtheilung seiner Thaten eigenthümlichen Unbefangenheit, daß jugendlicher Ehrgeiz und der Wunsch, sich einen Namen zu machen, ihn in den Krieg getrieben, dessen glücklicher Ausgang durch ein zahlreiches wohlgeübtes Heer und einen gefüllten Schatz gesichert schien. Von den „unbestreitbaren Rechten auf Schlesien," die in den gedruckten Ausgaben seiner Werke und den Kriegsmanifesten so stark hervorgehoben werden, ent-

---

[1]) Neun Bücher II. 123.

hielt die ursprüngliche Fassung Nichts, sondern diese Worte sind erst durch Voltaire's Correctur hineingekommen, der des Königs Bekenntniß zu aufrichtig fand ¹). Und doch entspricht dasjenige, was Friedrich von sich selbst aussagt, durchaus der Art und Weise, wie die Geschichte der Völker sich vollzieht. — Von Zeit zu Zeit treten große Männer auf, welche, den Eingebungen ihres Geistes oder auch ihrer Leidenschaften folgend, weltbewegende Thaten vollbringen, ohne sich grübelnd die Folgen ihrer Handlungen klar zu machen, deren ganze Tragweite oft erst eine ferne Zukunft an's Licht bringt. So kann das jetzt lebende Geschlecht ohne Weiteres erkennen, wie gewaltig vor 120 Jahren durch Friedrich's Thaten die große Doppelaufgabe gefördert wurde, welche der preußische Staat zu erfüllen hat: als mächtiger Hort der Protestanten zugleich die feste Säule zu sein, an welcher dereinst die deutsche Einigkeit sich heraufranken sollte; denn nach der Zertrümmerung des alten deutschen Kaiserreiches konnte an die Spitze unseres Vaterlandes nur ein Staat berufen werden, welcher die vollkommenste Duldung und Gleichberechtigung der verschiedenen Confessionen gewährleistete,

---

¹) Voltaire ed. Beuchot XL. p. 58. Menzel. Deutsche Geschichte X. p. 401. Note. Bezeichnend sind auch die Worte Valori's I. 95. Je ne pouvois reconnaitre l'auteur de l'Antimacchiavell à des discours qui semblaient ne respirer qu'une confusion générale et l'anéantissement de la maison d'Autriche.

was einem katholischen Staate ein für alle Mal unmöglich gewesen wäre.

Kaum bedarf es hiernach einer ernsten Zurückweisung der Schriftsteller, welche dem Könige es zum Vorwurf machen, daß er als Feind einer schwachen Frau aufgetreten sei, welche noch dazu durch persönliche Verhältnisse beim Ausbruche des ersten schlesischen Krieges auf besondere Schonung und Rücksichtnahme Anspruch hatte. Wir würden hierüber kein Wort verlieren, wenn nicht ein Mann von Macaulay's Bedeutung diesen Vorwurf von Neuem erhoben hätte. Es genügt, darauf hinzuweisen, daß Friedrich's Gegnerin in ihrer Person das Haus Oesterreich repräsentirte, welches, wie ein jüngerer Historiker das treffend ausspricht [1]), „in seinen Beziehungen zu Preußen von jeher blos zwischen den Rollen eines treulosen Verbündeten und eines arglistigen Feindes gewechselt hat." Von seinem Ahnherrn, dem großen Kurfürsten, und von dem eigenen Vater, der in seinen letzten Tagen ihm zurief: „Da steht Einer, der mich rächen wird!" war dem jungen Könige das Amt des Vergelters für Jahrhunderte lange Unbill übertragen. Als der Tag erfüllet war, zog er das Schwert!

Was nun gar den zu besonderer Milde und Nachsicht stimmenden Zustand der Königin Maria Theresia

---

[1]) Grünhagen, Friedrich d. Gr. und die Breslauer. p. 35.

im Winter 1740 betrifft, so genügt es, darauf hinzuweisen, daß bei dem reichen Muttersegen, welcher dieser trefflichen Fürstin beschieden war, Friedrich bis zum Jahre 1756 hätte warten müssen, um einige Wochen abzupassen, wo dergleichen zarte Rücksichten ihm nicht im Wege gestanden hätten.

So faßte der König den Entschluß, die Gunst der sich darbietenden Gelegenheit zu benutzen, um nicht der Gegnerin Zeit zu lassen, sich zu kräftigem Widerstande zu rüsten. Mit voller Zuversicht betrat er seine Heldenlaufbahn.

Das Publikum theilte diese Zuversicht nicht. Mißvergnügte Stimmen ließen sich um so lauter hören, als man erfuhr, daß der alte Dessauer mit dem Unternehmen nicht einverstanden war und durch des Königs Willen von thätiger Theilnahme an demselben ausgeschlossen blieb. Nicht ein Mal zu den Vorberathungen hatte man den altbewährten Feldherrn zugezogen. Tiefgekränkt beschwerte sich derselbe, wurde aber ziemlich barsch abgewiesen. „Er solle," schrieb ihm Friedrich am 24. November, „sich über die beabsichtigten kriegerischen Maßnahmen immerhin beruhigen. Nichts sei verabsäumt, und der Fürst werde bei Zeiten von des Königs Befehlen Kenntniß erhalten." Auf eine nochmalige Vorstellung Leopold's erging dann am 2. Decbr. ein etwas milderer Bescheid, welcher, die großen Ver-

(1740.) Der alte Deſſauer. Ausmarſch.

dienſte des Greiſes anerkennend, ihm eröffnete, daß er zum Oberbefehlshaber eines an der ſächſiſchen Grenze aufzuſtellenden Beobachtungsheeres beſtimmt ſei, wo er hinreichend Beſchäftigung finden werde. „Was aber die gegenwärtige von mir beſchloſſene Unternehmung betrifft, ſo habe ich dieſe mir ſelbſt vorbehalten, damit die Welt nicht denken möge, daß ich mit einem Hof=meiſter zu Felde ziehe[1]." An demſelben 2. Decbr. traf Friedrich unter großem Zulauf der Einwohnerſchaft in Berlin ein. Bis zum 12ten waren alle Vorberei=tungen zum Ausmarſch beendet, ein großer Theil des beinahe 30,000 Mann ſtarken Armeekorps hatte ſich bereits auf den Weg nach Schleſien begeben. Der König ſelbſt wohnte in der Nacht zum 13ten noch in heiterſter Stimmung einem Hofballe bei, den er mitten im Tanze verließ, um ſeinen Truppen zu folgen. Am 15ten war er in Kroſſen und redete die Generale und Offiziere, die er um ſich verſammelte, mit folgenden Worten an: „Meine Herren, ich unternehme einen Feldzug, bei dem ich keinen anderen Verbündeten habe, als Ihre Tapferkeit, keine andere Hilfsquelle, als mein Glück. Sein Sie ſtets des unſterblichen Ruhmes ein=gedenk, den Ihre Vorfahren auf den Feldern von War=

---

[1] v. Orlich, Geſchichte der ſchleſiſchen Kriege I. 38. theilt dieſe Schreiben aus dem Deſſauer Archive mit.

schau und Fehrbellin eingeerntet, und halten Sie den Ruf der brandenburgischen Truppen aufrecht. Leben Sie wohl! Eilen Sie mir voran auf den Sammelplatz der Ehren. Ich folge Ihnen auf dem Fuße nach!"

Viertes Kapitel.

Der Erste Schlesische Krieg.

Seit der Mitte des 14. Jahrhunderts war Schlesien durch Kaiser Carl IV. dem Königreich Böhmen als ein Nebenland einverleibt[1]) und gehörte dadurch zum deutschen Reiche, obgleich es auf den Reichstagen niemals Sitz und Stimme geführt hat. Nach dem allmählichen Aussterben der verschiedenen piastischen Fürstenhäuser fielen, mit geringen Ausnahmen, die sämmtlichen Besitzungen derselben an Böhmen und bildeten auf diese Weise einen Theil der österreichischen Hausmacht. Statthalter, aus dem Fürstenstande des Landes entnommen, übten die Rechte des böhmischen Königs in dessen Namen aus. Ziemlich unangetastet blieben denselben gegenüber in den einzelnen Fürsten-

---

[1]) Eine kurze und klare Uebersicht der Hauptmomente aus der schlesischen Geschichte bei F. Vogl. Geschichte des brandenburgisch-preußischen Staates. p. 415 u. ff.

thümern die Privilegien der Landstände, welche nicht nur das Steuerbewilligungsrecht, sondern auch bedeutenden Antheil an der Gesetzgebung hatten. Galt es die Angelegenheit des gesammten Landes, so trat ein allgemeiner Fürstentag zusammen, der stets in Breslau abgehalten wurde und dadurch nicht wenig dazu beitrug, diese Stadt recht eigentlich zum Mittelpunkt und zur Hauptstadt des ganzen Landes zu machen. Das Generalsteueramt, als ständische Behörde, hatte die bewilligten Abgaben einzuziehen und zu verausgaben.

Diese Verhältnisse erfuhren während des dreißigjährigen Krieges eine Umwandlung. Nicht lange nach Luther's Auftreten hatte die neue Lehre in Schlesien fruchtbaren Boden gefunden. Die Städte neigten fast sämmtlich derselben zu, und bald traten auch die Herzöge von Liegnitz und Brieg, von Jägerndorf, Münsterberg, Teschen und Troppau der Reformation bei. Dies religiöse Interesse war hauptsächlich der Grund, weshalb die Schlesier sich 1618 den Aufständischen in Prag anschlossen und 1620 nach der Schlacht am weißen Berge den Zorn des Kaisers zu fühlen hatten. Alsbald rückten zu dem Ende die Jesuiten ein und begannen mit Hilfe der „seligmachenden" lichtensteinischen Dragoner die größten Gräuelthaten gegen die Ketzer zu verüben. Dieser unerträgliche Druck so wie das lange Elend des dreißigjährigen Krieges brachten das Land so herunter, daß an keinen Widerstand gedacht werden konnte, als der Kaiser dasselbe in volle Abhängigkeit von dem neu eingesetzten kaiserlichen Oberamts-Collegium brachte. An die Spitze dieser nach Stimmenmehrheit entscheidenden Behörde war unter Carl VI. zuletzt ein kaiserlicher Oberamts-Director, Graf Schaffgotsch, gestellt worden. Die Stände blieben daneben bestehen und übten der Form nach das Steuerbewilligungsrecht weiter, doch stellte sich die Sache so, daß die kaiserlichen Forderungen fast immer zugestanden wurden, nachdem man vergebens versucht hatte, einen Theil davon abzuhandeln. Gerade im Jahr 1740 ließ man es sich jedoch, vielleicht in Voraussicht der schweren Zeiten, für die man sich die Unterthanen geneigt erhalten wollte, gefallen, daß die Stände in der That nicht unbedeutende Abzüge machten. Mit größter Strenge verfuhr man dagegen nach wie vor auf dem confessionellen Gebiete.

Die evangelische Bevölkerung wurde durch unausgesetzte, zum Theil sehr kleinliche Plackereien gereizt und zum Widerstande geneigt gemacht. Man scheute kein Mittel, um Protestanten zum Uebertritte zu bewegen, während umgekehrt die Annahme des protestantischen Bekenntnisses von einem Katholiken als Apostasie mit ewiger Landesverweisung und Vermögensconfiscation bestraft ward[1]). Auf alle Weise suchte man die feier-

---

[1]) Grünhagen l. c. p. 7. Duttke, Friedrich des Großen Besitzergreifung von Schlesien. Leipzig 1843. Dies für die ältere

lichen Zusagen zu umgehen, die man den Schweden=
königen Gustav Adolph und Carl XII. zu Gunsten der
Lutheraner hatte machen müssen. Wie weit die Ver=
folgungssucht ging, zeigt am besten eine 1738 ergangene
Bestimmung, wonach Personen, deren Urgroßväter
ehemals katholisch gewesen, nicht als Apostaten behan=
delt werden sollten. Die evangelischen Kirchen waren
unter allerlei Vorwänden zum großen Theil den Katho=
liken übergeben, neue durften nicht gebaut werden. An
vielen Orten mußten die protestantischen Landleute
fünf Meilen weit bis zur Kirche gehen. Dergleichen
Zustände waren äußerst günstig für einen protestan=
tischen Fürsten, welcher sich des Landes zu bemächtigen
wünschte. Friedrich selbst sprach es aus, daß er von
den Protestanten mit offenen Armen empfangen zu
werden hoffe. Die Berliner Geistlichkeit verkündete
von den Kanzeln, daß der König als Befreier seiner
Glaubensgenossen in's Feld ziehe. Ueberdies fühlten
sich die Schlesier unter der österreichischen Regierung
nicht blos auf dem religiösen, sondern auch auf dem ge=
werblichen Gebiete schwer verletzt. Durch unzweck=
mäßige Zollgesetze lag der einst blühende Handel mit
Polen fast ganz darnieder. Die Ausfuhr des baaren
Geldes war streng verboten, und in Folge massenhafter

Zeit lehrreiche weitläufige Buch ist nicht fortgesetzt und enthält
von dem, was der Titel verspricht, gar Nichts. — Viele interessante
Einzelheiten auch bei Stenzel IV. 82.

Vertreibung und Auswanderung der bedrückten Protestanten fehlte es an Händen zur Arbeit. Der Handwerkerstand, namentlich in Breslau, äußerte große Unzufriedenheit über den stets wachsenden Steuerdruck und über die Eingriffe in das alte Zunftwesen. Unruhige Auftritte wiederholten sich in diesen Kreisen und wurden durch leidenschaftliche Wortführer nach kurzen Zwischenräumen stets von Neuem hervorgerufen. Zwar wußte man, daß von der preußischen Herrschaft eine Erleichterung der Lasten und Abgaben nicht zu erwarten stand, denn der König, sagte man, „zählt dort den Leuten die Groschen in der Tasche," allein der Ruf der freisinnigen Alte, mit welchen Friedrich den Anfang seiner Regierung bezeichnet hatte, war doch über die Grenze gedrungen, und man durfte unter einem hohenzollern'schen Regenten jedenfalls auf Ruhe und Frieden zwischen Protestanten und Katholiken rechnen. Das Ergebniß so verschiedenartiger Betrachtungen, die einander die Wage hielten, war eine überraschende Gleichgiltigkeit gegen einen etwa bevorstehenden Wechsel der Landesherrschaft, wie sie sich beim Einmarsch der Preußen alsbald kund gab. An Widerstand konnte überhaupt kaum gedacht werden. In der ganzen Provinz befanden sich, auch nachdem Anfangs December fünf Regimenter nachgerückt waren, nicht mehr als 7000 bis 8000 Mann österreichischer Truppen. Von den Festungen wird Glogau als halb verfallen geschil-

bert¹), in Brieg war der Hauptwall seit 90 Jahren
nicht ausgebessert, Glatz befand sich so wenig im Ver=
theidigungszustande, daß es von mehr als Einer Seite
durch Ueberfall genommen werden konnte. Neisse
allein wäre zu halten gewesen, wenn es nicht an der
nöthigen Stärke der Besatzung gefehlt hätte. Aehnlich
verhielt es sich mit Breslau. Den Oberbefehl führte
Feldmarschalllieutenant Browne²), ein tapferer Mann,
dem zugleich eine für damalige Zeiten seltene kriegs=
wissenschaftliche Bildung nachgerühmt wird. Aller=
dings hatte man in Wien die Absicht, ein größeres
Heer zu sammeln und unter Neipperg's Anführung den
Preußen entgegenzustellen, allein so nahe dachte man
sich die Gefahr nicht. Das Breslauer Oberamt
schickte Stafetten über Stafetten und zuletzt einen Cou=
rier nach Hofe, um Verhaltungsbefehle zu erbitten,
erhielt aber als Antwort einen Verweis wegen der zu
großen Aengstlichkeit und wegen unnützer Ausgabe von
Stafettengeldern. Erst am 5. December erging der
Befehl, die Verschanzungen in Stand zu setzen, am 17ten
wurde die Anlegung von Magazinen und die Verpro=
viantirung der Festungen angeordnet. Fünf Tage
später stand Friedrich bereits mit seiner Armee vor
Glogau und schlug in Herrendorf sein Lager auf.

¹) v. Arneth I. 137.
²) Er selbst schrieb sich Broune, wie seine Autographen
zeigen.

Da in den bei dem Einmarsche verbreiteten preußischen Manifesten noch die Behauptung aufrecht erhalten war, daß der König nicht als Feind, sondern als Freund und Beschützer der Königin von Ungarn erscheine, um die Provinz Schlesien gegen anderweite Angriffe sicher zu stellen und zu besetzen, so hatten die Kreise und Städte, welche die Preußen passiren mußten, von der Breslauer Oberamtsregierung den Befehl erhalten, feierlich gegen eine solche Behauptung und gegen das ganz unerhörte Unternehmen zu protestiren. Demgemäß stellten sich bereits in Krossen dem Könige zwei ständische Deputirte des Grünberger Kreises vor, um die feierliche Verwahrung gegen den Einmarsch in Schlesien zu überreichen. Friedrich nahm das Schriftstück entgegen, übergab es einem Pagen zur Aufbewahrung und sprach lange Zeit freundlich mit den Ueberbringern, die er zur Tafel zog und so bezauberte, daß sie ihre in der Nähe gelegenen Schlösser zur Verfügung stellten, falls Sr. Majestät dieselben auf dem Marsche berühren sollte.

Am folgenden Tage, Freitag den 16. December 1740, betrat die Armee den schlesischen Boden. Den Einwohnern wurden die beruhigendsten Versicherungen ertheilt, den Soldaten und Offizieren bei strengster Strafe verboten, irgend Etwas ohne deren Bewilligung und ohne sofortige baare Bezahlung anzunehmen. Die strenge Durchführung dieses Befehles trug nicht wenig zur Erleichterung des Marsches bei; denn die Bauern, denen es bisher an Absatz für ihre Producte gefehlt hatte, kehrten sich nicht im Mindesten an die von Breslau gekommene Ordre, den Preußen jede Art von Lieferung zu verweigern, sondern brachten in Fülle, was man bedurfte, und waren glücklich über den leichten und reichlichen Erwerb. Kaum wird von einer vereinzelten Unordnung oder Gewaltthat der Soldaten berichtet. Ein glänzender Beweis für den Erfolg der preußischen Disciplin, welche ein zum großen Theil aus angeworbenem Gesindel bestehendes Heer in solcher Weise zu zügeln vermochte!

In Grünberg legte der Magistrat eine ergötzliche Probe des Gleichmuthes an den Tag, mit welchem man die Dinge über sich ergehen ließ, ohne weder für die eine noch die andere Partei sich besonders zu erwärmen. Im Rathszimmer sitzend erwarteten die Väter der Stadt den Einmarsch der Feinde. Ein preußischer Lieutenant trat ein und forderte die Schlüssel der Thore. Als treuer Unterthan der Königin Maria Theresia erklärte der Bürgermeister, die Schlüssel nicht übergeben zu können. „Sie liegen hier auf dem Tische. Will der Herr Lieutenant sie mit Gewalt nehmen, so können wir gegen die Uebermacht Nichts ausrichten." Lachend nahm der Offizier die Schlüssel und brachte sie andern Tages in den Sessionssaal zurück, wo der versammelte Magistrat eben so ruhig, wie am Tage vorher, dem Vorgange zuschaute.

In Glogau suchte inzwischen der tapfere Kommandant Wallis [1]), so gut es gehen wollte, sich in Vertheidigungszustand zu setzen. Eifrig wurden die Gräben ausgebessert. Die Vorstädte brannte man nieder. Hier außerhalb der Festungswerke hatten die Protestanten ihre Kirche, welche bei einer Belagerung dem Feinde als gefährlicher Angriffspunkt dienen konnte. Die Gemeindeglieder wünschten dringend, ihr Gotteshaus zu retten, und benützten den ihnen gewährten kurzen Aufschub, um deshalb eine Deputation an den König von Preußen zu schicken. Dieser war so eben von Krossen aufgebrochen und empfing, im Reisewagen sitzend, die Abgeordneten. „Sie sind, meine Herren," erwiederte er auf ihren Vortrag, „die Ersten, die in Schlesien Etwas von mir erbitten. Es soll gewährt werden." Er versprach, keinerlei militärischen Gebrauch von der Kirche zu machen, die er überdies später umbauen und erweitern ließ [2]). General Wallis bot Alles auf, die

---

[1]) Er stammte aus einer schottischen Familie, Browne aus einer irländischen.

[2]) Wo der König auf seinem Marsche am Sonntage nicht eine der wenigen evangelischen Kirchen fand, welche die Oesterreicher verschont hatten, ließ er ohne Weiteres in der katholischen Kirche des Ortes für seine Truppen Gottesdienst halten.

ihm anvertraute Festung zu behaupten, und brachte es
dahin, daß der König, nachdem er sich von seinem Lager in
Herrendorf aus persönlich von dem Zustande der Wälle
und Gräben überzeugt hatte, eine schnelle Erstürmung
für unausführbar erkannte und sogar bei dem Mangel
an schweren Geschützen für jetzt von einer förmlichen
Belagerung abstehen und sich damit begnügen mußte,
ein Einschließungscorps unter Prinz Leopold von Dessau
zurückzulassen. Es kam ihm vor allen Dingen darauf
an, so schnell wie möglich südwärts vorzubringen, um
sich Breslau's zu bemächtigen, und dann weiter bis an
die Grenzen der Provinz das Land in Besitz zu nehmen.
Er berief die Landesältesten der zunächst gelegenen Kreise
zu sich und ordnete mit der ihm eigenen praktischen
Kürze die Verpflegung der Armee auf's Zweckmäßigste
in solcher Weise an, wie dieselbe dem Lande am wenig=
sten lästig wurde. Alle Lieferungen sollten entweder
baar bezahlt oder gegen später einzulösende Quittungen
in Empfang genommen werden. Die Armee setzte sich
alsdann in zwei Abtheilungen unter Schwerin's und
des Königs eigener Anführung in Marsch. Am
31. December war Friedrich über Parchwitz und Neu=
markt bis zu dem $\frac{1}{4}$ Meile von den Thoren von Breslau
gelegenen Dorfe Pilsnitz gelangt, von wo aus er die
Obristen Posadowsky und Borke in die Stadt schickte,
um die Verhältnisse mit derselben wo möglich in aller
Güte zu ordnen.

Breslauer Zustände. (1740.)

Breslau, einst eine freie, mächtige Reichsstadt, hatte zwar im Laufe der Zeiten viel von der alten Selbstständigkeit eingebüßt, aber die Bürgerschaft befand sich noch immer im Besitze ausgedehnter, ganz eigenthümlicher Vorrechte. Dazu gehörte vor allen Dingen das sogenannte jus praesidii, vermöge dessen die Stadt kein Militär einzunehmen brauchte, welches nicht dem Magistrat und der Bürgerschaft Treue geschworen. Durch die ganze Dauer des dreißigjährigen Krieges wußte man dieses Recht unangetastet zu erhalten. Einige von der Bürgerschaft angeworbene Compagnien hatten bei dem damaligen Zustande der Kriegs- und Belagerungskunst hingereicht, die Stadt zu schützen. Ein solches Recht aufzugeben war man keineswegs gewillt, auch trat die österreichische Regierung mit einer dahin zielenden Aufforderung erst hervor, als es bereits zu spät war; denn die Selbsttäuschung des Wiener Hofes über König Friedrich's Absichten war so groß, daß man wirkliche Vertheidigungsmaßregeln in Breslau noch gar nicht getroffen hatte, als die Nachricht von dem erfolgten Einmarsch der Preußen in Schlesien nach der Hauptstadt dieser Provinz gelangte. Erst am 9. December erfuhr man, daß die Preußen bereits im Lande ständen, und zwar nicht von Wien, sondern von Glogau aus, wo der Commandant Wallis jeden Augenblick den Angriff des Feindes erwartete. Am Tage darauf, den

10ten, kam denn endlich aus Wien der Befehl, kaiserliche Truppen in die Stadt zu nehmen, weil sonst an eine regelrechte Vertheidigung nicht zu denken wäre. Daß man sich dabei an die alten, längst nicht mehr zeitgemäßen Privilegien der Stadt nicht kehrte, war ganz in der Ordnung; es konnte sonst, wie das der Erfolg zeigte, gar leicht wegen eines kleinlichen Rechtsstreites eine der wichtigsten Städte des Reiches verloren gehen. Dazu kam das sehr gerechtfertigte Mißtrauen gegen die zahlreiche protestantische Bevölkerung in Breslau, die sich voraussichtlich einem evangelischen Fürsten nicht übereifrig widersetzen würde [1]). Das Oberamt wurde beauftragt, die Breslauer zur Einnahme der kaiserlichen Besatzung womöglich in Güte zu bewegen, was keine leichte Aufgabe war, weil das Bewußtsein der alten Privilegien bei der Einwohnerschaft sich sehr lebendig erhalten hatte. Um den Wünschen des Hofes zu genügen, mußte man vor allen Dingen zwei Männer zu gewinnen suchen, welche sich des größten Einflusses bei ihren Mitbürgern erfreuten. Der Syndicus Gutmar hatte alle Vernünftige und Besonnene hinter sich, welche einsahen, daß das Vertheidigungsrecht den gegenwärtigen Verhältnissen nicht mehr entspreche. Ihm gegenüber stand an der Spitze der unruhigen und unzufrie-

---

[1]) Grünhagen p. 44.

denen Handwerker und Kleinbürger ein aus Krossen gebürtiger Schuster Döblin¹). Es kam zu tumultuarischen Auftritten, die damit endeten, daß die Breslauer ungehindert den Versuch machen durften, sich in Vertheidigungszustand zu setzen, was auch im Grunde das einzig Mögliche war, weil sich österreichische Truppen, die man hätte einnehmen können, gar nicht in der Nähe befanden. Wenn man die zwischen dem Oberamte, dem Magistrate und der Bürgerschaft von Breslau gepflogenen Unterhandlungen verfolgt, so ergiebt sich als Resultat ein gänzlicher Mangel an Theilnahme für die großen politischen Fragen, welche zur Entscheidung standen. Weder Treue und Anhänglichkeit an das Haus Oesterreich, noch auch Sehnsucht nach einem Wechsel der Herrschaft machte sich geltend, sondern es waren die Localinteressen der Stadt, der Zünfte, ja die kleinlichsten Interessen der einzelnen Personen, welche man vor allen Dingen gesichert sehen wollte. Diese spießbürgerliche Anschauung war in allen Kreisen so sehr die herrschende, daß sogar die katholische Geistlichkeit, welche vorzugsweise den auf dem rechten Oderufer belegenen offenen Theil der Stadt bewohnte, von einer Vertheidigung der Festung Breslau gegen die Preußen Nichts wissen wollte, weil in solchem Falle ihre zahlreichen Klöster

---

¹) Grünhagen, Zwei Demagogen im Dienste Friedrich des Großen. Breslau 1861.

und das Domstift Gefahr liefen, zerstört zu werden. Diese geistliche Domvorstadt hatte an dem Breslauer jus praesidii keinen Antheil, weshalb man es geschehen lassen mußte, daß General Browne mit 300 Dragonern sich dort einquartierte.

In der Stadt selbst wurde die Bürgerschaft täglich in den Waffen geübt, mit Gewehren aus dem städtischen Zeughause versehen, die Wälle mit Kanonen besetzt und die Thore streng verschlossen gehalten. Dennoch dachte wohl Niemand an einen ernsthaften Widerstand, falls es zum Angriff kommen sollte. Als das Oberamt nochmals das Abbrennen der Vorstädte in Anregung brachte, erwiederte der Magistrat, daß dadurch ein Schaden von vielen Millionen entstehen würde, die Stadt aber einem feindlichen Angriffe nichtsdestoweniger unterliegen müßte, weil keine Armee zum Entsatz in der Nähe wäre. So standen die Sachen am Sylvesterabend 1740, als die beiden vom Könige abgesendeten Obristen anlangten und ihre Vollmachten vorzeigten, die, weil die Thore bereits geschlossen waren, im „Postkästel" über die Mauer gezogen wurden. Eiligst weckte man die Väter der Stadt aus dem Schlafe, um sich zur Sitzung zu versammeln.

Am frühen Morgen des 1. Januar 1741 wurden Verhaltungsregeln vom Oberamte eingeholt, welches jede Art von Verantwortlichkeit dadurch abzulehnen suchte, daß es die weiteren Schritte der Bürgerschaft allein überließ.

Inzwischen hatte König Friedrich sich bereits von Pilsnitz aus in die Schweidnitzer Vorstadt begeben und in dem Skulleti'schen Garten sein Hauptquartier aufgeschlagen¹). Sobald dies in der Stadt bekannt wurde, beeilte man sich, die beiden noch vor dem Thore auf Bescheid wartenden Obristen feierlich einzuholen, was denn auch am Vormittag des Neujahrstages geschah. Der Stadtmajor v. Wutgenau führte in Begleitung der städtischen Ansreiter und eines zahlreichen Gefolges die beiden Gesandten des Königs auf den grossen Marktplatz, den sogenannten Ring, und geleitete sie zu der in Bereitschaft gesetzten Wohnung. Die Propositionen, welche sie überbrachten, wurden alsbald dem Rathspräses v. Roth dahin mitgetheilt, daß der König die Stadt für jetzt zwar nicht besetzen, auch keine Huldigung von ihr verlangen wolle, daß dieselbe aber für den Nothfall ihm als Zufluchtsort offen stehen müsse.

Der Magistrat erbat sich 24 Stunden Bedenkzeit, die auch zugestanden wurden. Inzwischen versuchten Posadowsky und Borke auch mit dem Oberamt in Berathung zu treten, was aber zu keinem Resultate führte, weil die Mitglieder desselben, als österreichische Beamte, sich durch Eingehen auf die preußischen Vorschläge geradezu des Landesverraths schuldig gemacht hätten.

Am 2. Januar ließ sich nun der Magistrat über die

---

¹) Jetzt Gartenstraße 21. Grünhagen p. 74.

Art und Weise vernehmen, wie er die Vorschläge des Königs zu beantworten gedächte. Man glaubte etwas besonders Kluges ersonnen zu haben, indem man für die Stadt Breslau vollkommene Neutralität begehrte, um der Form nach jede Parteinahme zu vermeiden, während doch im Wesentlichen Alles zugestanden wurde, was die Preußen verlangten. Die Deputirten des Rathes überbrachten am folgenden Tage diesen Vorschlag dem Könige, der die Herren mit größter Freundlichkeit empfing, weil er sofort begriff, daß er so auf die friedlichste Weise alle seine Absichten verwirklichen konnte. Seine Truppen standen vor den drei auf dem linken Oderufer belegenen Thoren, oder waren denselben doch so nahe, daß diese Seite der Stadt in seiner Gewalt war. Die 300 Oesterreicher unter Browne verließen in Anbetracht dessen die Dominsel, welche sie gegen die preußische Uebermacht nicht behaupten konnten, und Friedrich führte am Morgen des 4. Januar 400 Mann über eine eilig aufgeschlagene Schiffbrücke, um den nun offenen Stadttheil zu besetzen. So konnte er sich der ganzen Stadt in jedem Augenblicke bemächtigen. Dies schon jetzt zu thun, schien nicht gerathen, weil dadurch leicht große Aufregung der Parteien und des zum Tumulte ohnehin geneigten Breslauer Pöbels hätte entstehen können. Die ihm angetragene Neutralität der Stadt nahm er um so lieber an, als die Deputirten sich eine Zusatzclausel gefallen ließen, welche die Auslegung des Vertrages gänzlich in des Königs Hände legte. Derselbe versprach nämlich „bei den jetzigen Conjuncturen, und so lange dieselben dauern werden," die Neutralität der Stadt und der Vorstädte anzuerkennen, dieselben von allen Leistungen und Contributionen zu befreien und das jus praesidii so wie alle anderen Privilegien unangetastet zu lassen, wogegen die Breslauer sich verpflichteten, keinerlei Besatzung, weder österreichische noch sonstige, in ihre Thore einzunehmen. Dem Könige aber solle gestattet sein, die Gensd'armes und ein Bataillon Soldaten in die Vorstadt zu legen und ein Magazin daselbst zu errichten. Seine Majestät selbst und dessen Gefolge in ihren Mauern zu beherbergen, werde die Stadt sich zur Ehre rechnen, doch sollten die Soldaten ohne Obergewehr kommen und zur Bedeckung des Monarchen nicht mehr als 30 Gensd'armes eingelassen werden. Die Deputirten kehrten triumphirend zurück. Sie glaubten Wunder welche Vortheile für ihre Stadt errungen zu haben. Friedrich aber schrieb in richtiger Würdigung der Sachlage schon Tags darauf an seinen Cabinetsminister: „Ich habe Breslau und will nun weiter gegen den Feind vorrücken. Bis zum Frühjahr hoffe ich ihn zu Grunde zu richten[1]."

Am nächsten Morgen begab sich Friedrich in die

---

[1] Ranke 164. Grünhagen 79.

Stadt, vor deren Thoren jetzt die preußischen Wachen zurückgezogen waren. Die Art und Weise, wie das königliche Gefolge in möglichst glänzendem Zuge seine Einfahrt hielt, schien mit Absicht so angeordnet, als wollte man auf eine Besitznahme hindeuten; denn während der allen Formalitäten abholde junge König mit seinen Generalen zu Pferde die Festungswerke und die Wälle bis zum Ziegelthore in Augenschein nahm, wurde als Zeichen der einziehenden monarchischen Gewalt und Herrschaft im offnen prachtvollen Wagen ein blausammtner, mit Hermelin gefütterter Königsmantel durch die Straßen geführt und von dem Volke angestaunt, welches zu gleicher Zeit Gelegenheit hatte, die als Leibgarde dienenden, schön uniformirten Genèd'armen in ihrer paillefarbnen Tracht zu bewundern und sich an den goldbetrefften Maulthieren zu ergötzen, welche das Silberservice trugen. Um 10 Uhr erschien Friedrich selbst zu Pferde, von einem glänzenden Stabe begleitet. Vier Läufer in orangefarbenen, goldbesetzten Kleidern schritten voran. Die Straßen waren von zwei Reihen der Stadtsoldaten besetzt. Trotz des Schneegestöbers ritt der König fast beständig mit entblößtem Haupte, nach rechts und links grüßend. Im Graf Schlegenberg'schen Hause auf der Albrechtsstraße, jetzt die königliche Bank, war die Wohnung bereit. Bald erschien Friedrich auf dem Balcon des Hauses und zeigte sich eine Viertelstunde lang der gaffenden Menge, die ihn, wie einige Berichte angeben, schweigend anstaunte, nach anderen aber mit lautem Hurrahruf begrüßte.

Nach der Tafel, bei welcher er auf das Gedeihen der Stadt Breslau ein Glas leerte, ritt der König über die Oberbrücke zur Besichtigung der auf dem Dome einquartierten Besatzung. Noch selbigen Tages erfolgte eine Maßregel, durch welche den Breslauern klar werden mußte, daß es kein bloßer Höflichkeitsbesuch war, den Friedrich ihnen abstattete. Das Oberamt erhielt die Weisung, bei Vermeidung von Leibes- und Lebensstrafen, die Stadt binnen 24 Stunden zu verlassen. Eine österreichische, offenbar feindlich gesinnte Behörde sollte hier nicht ferner Einfluß üben. Die Herren Oberamtsräthe mit ihrem Präsidenten [1]) hatten außerdem den König dadurch beleidigt, daß keiner derselben sich zu seiner Begrüßung eingefunden. Denen, welche den Neutralitätsvertrag abgeschlossen hatten, mochten nach dieser Maßregel wohl die Augen über die arge Selbsttäuschung aufgehen, in der sie befangen gewesen, um so mehr, als gleich darauf die kaiserliche Kammer, die Bank und die Münze versiegelt und die kaiserlichen Gelder in der Stadt mit Beschlag belegt wurden. In dem Amtslocal der vertriebenen österreichischen Räthe

---

[1]) Auf Fürbitte einer Deputation des Raths und der Kaufmannschaft wurde dem Grafen Schaffgotsch gestattet, noch einen Tag länger zu bleiben. Ueber alle diese Vorgänge cf. Grünhagen 86 flgde.

richtete sich das preußische Feldkriegscommissariat ein ¹). Mit absichtlicher Milde und Zuvorkommenheit behandelte der König die katholische Geistlichkeit und die Vorsteher der Klöster, welche am 5. Januar ihre Aufwartung machten. Seltsamer Weise lud er sie alle zu einem Balle ein, den er für denselben Abend veranstaltet hatte. Er werde, fügte er hinzu, keine Entschuldigung annehmen, sie müßten kommen. Der König selbst erschien zu dieser Festlichkeit bereits um 6 Uhr und tanzte mit mehreren vornehmen Damen. Viele der Gäste waren schweren Herzens der Einladung gefolgt, weil sie den üblen Eindruck fürchteten, den es in Wien machen mußte, wenn der hoffähige Adel, noch dazu während der Landestrauer um Carl VI., auf einem Balle tanzte, den der Usurpator gab! Bereits um 10 Uhr Abends hatte Friedrich sich durch einen Adjutanten abrufen lassen, um noch einige Anordnungen für morgen zu treffen; denn bereits in der Frühe des nächsten Tages zog er mit seinen Truppen nach Ohlau, dessen kleine Besatzung sofort capitulirte. Die Stadt wurde in Besitz genommen und preußische Magazine daselbst angelegt.

Inzwischen war auch Schwerin mit seinem Corps unaufhaltsam am Fuß des Eulengebirges und der Sudeten vorgerückt, hatte am 28. December Liegnitz ohne Widerstand besetzt und befand sich am 7. Januar in Frankenstein. Von da nach Ottmachau weiter vor-

---
¹) Stenzel IV. 96.

104 Erstes Gefecht. Glatz. Neisse. (1741.)

dringend, traf seine Avantgarde bei dem Dorfe Ellguth mit einem Theile der österreichischen Truppen zusammen, welche General Browne an sich gezogen hatte, um die Preußen abzuwehren. Es kam zu einem kleinen Gefechte, in welchem die Oesterreicher über die Neisse zurückgeworfen wurden. Bei dieser Gelegenheit sind die ersten Schüsse zwischen den beiderseitigen Truppen gefallen.

Die Besatzung von Ottmachau leistete tapferen Widerstand. Sie vertheidigte das feste Schloß und ergab sich erst am 7. Januar 1741, als Friedrich selbst mit dem Belagerungsgeschütze herbeigeeilt war. Er hatte Brieg durch 5 Bataillone und 5 Schwadronen unter General Kleist's Befehl einschließen lassen und zog dann weiter gegen Neisse.

Schwerin machte den Versuch, sich der schlecht verwahrten Festung Glatz durch einen Handstreich zu bemächtigen. Obrist Camas wurde dahin detachirt. Nur wenige reguläre Truppen bildeten mit zwei Bürger-Compagnien und 800 Invaliden und bewaffneten Bauern die Besatzung. Doch war der enge Paß, welcher nach Glatz führt, durch Verhaue so wohl vertheidigt, daß die Unternehmung scheiterte[1]). Auch Neisse konnte nicht genommen werden. Der Commandant, Obrist Roth, ein geborener Schlesier, vertheidigte sich auf's Beste. Er brannte die Vorstädte ab und wies

---
[1]) Stenzel IV. 97. v. Arneth 143.

des Königs Aufforderung, die Festung zu übergeben, trotzig zurück. Nun wurde dieselbe vom 13. bis zum 21. Januar heftig bombardirt und die Stadt fast ganz in Asche gelegt, ohne daß die Festungswerke wesentlich litten. Eine förmliche Belagerung konnte bei der eingetretenen strengen Kälte nicht durchgeführt werden. Auch diesen Platz ließ der König deßhalb durch einen Theil seiner Truppen bis auf Weiteres einschließen. Er legte die übrige unter seinem Befehl stehende Mannschaft am linken Ufer der Neisse in die Winterquartiere, übergab den Oberbefehl der ganzen Armee dem Grafen Schwerin und kehrte dann selbst nach Berlin zurück.

Schwerin drang während der Zeit mit größter Energie gegen Süden vor. Am 19. Januar war er in Neustadt, am 21. in Jägerndorf. General Browne konnte keinen wirksamen Widerstand entgegen setzen, da er noch immer kaum 7000 Mann unter seinen Befehlen hatte[1]). So waren die Preußen im Stande, das ganze Oberschlesien bis an den Jablunkau=Paß in Besitz zu nehmen. Die Schanze, welche diesen hochwichtigen Grenzpaß versperrt, befand sich in solchem Verfall, daß man an vielen Stellen zu Wagen darüber hinwegfahren

---

[1]) Charakteristisch für das ganze österreichische Verfahren ist ein Brief des tapferen Roth an den Feldmarschall Lentulus vom 4. Febr. 1741: „Bei uns geschieht Alles mit zu großer Langsamkeit. Man beeilt sich niemals das zu thun, was das Allernothwendigste ist." v. Arneth 147.

konnte. Kein Thor war verschließbar, keine Zugbrücke im Stande. Schnee und Frost hinderten jetzt die Ausbesserung. 100 Soldaten und 100 Bauern bildeten die Besatzung, 8 Kanonen das ganze Feldgeschütz. Als am 8. Februar General Fouqué mit 2000 Preußen anrückte, liefen die Bauern davon, und der Commandant räumte den Platz, froh, daß er freien Abzug nach Ungarn erhielt.

So war mit Ausnahme von Glatz, Glogau, Brieg und Neisse binnen zwei Monaten ganz Schlesien in den Händen des Königs von Preußen. Hätte er bis Wien vordringen wollen, er würde kaum auf Widerstand gestoßen sein. Von der übersprudelnden Freude bei solchen Erfolgen giebt Friedrich's bekannter Brief an Jordan (Ottmachau, den 17. Januar 1741) Zeugniß[1]: „Mein lieber Herr Jordan, mein süßer Herr Jordan, mein sanfter, guter, friedfertiger, humaner Herr Jordan! — Ich melde Deiner Heiterkeit, daß Schlesien erobert ist. Bald wirst Du hören, wie ich Neisse bombardire, und Du kannst Dich auf noch größere Dinge gefaßt machen. Nie hat Fortuna größere Erfolge zur Welt geboren. Das genüge für heut. — Sei Du mein Cicero, wenn es gilt, unsere gerechte Sache zu vertheidigen. Ich will als Dein Cäsar die großen Thaten vollbringen. Lebe wohl! Du weißt

---

[1] Oeuvres XVII. 84.

selbst, ob ich mit der herzlichsten Liebe Dein treuer Freund bin. F."

Diese Zuversicht auf sein Glück ist wohl begreiflich. Dennoch aber hatten die übergroßen, fast mühelosen Erfolge des Königs etwas Unheimliches. Niemand konnte glauben, daß so leicht Errungenes ihm dauernd bleiben sollte. Die Nachricht von dem Unglaublichen, was sich zugetragen, setzte ganz Europa in Bewegung; es war der Beginn von Ereignissen, deren Verlauf und Ende sich nicht absehen ließ. Vielfach wurde die gewaltsame Eigenmächtigkeit des Unternehmens verdammt. „Der Mensch ist toll," rief Ludwig XV. aus, als er die überraschende Kunde empfing[1]). Bald genug aber sollte klar werden, daß Friedrich nicht bloß den wehrlosen Nebenbuhler zu überfallen, sondern auch den bewaffneten zu besiegen verstand. Mit großem Ernste benützte er einen kurzen Aufenthalt in Berlin, um sich auf das, was da kommen sollte, vorzubereiten. Viele Stunden widmete er täglich der Besichtigung und Einübung seiner Truppen mit einer Ausdauer und Strenge, welche in Erstaunen setzte[2]). Der alte Dessauer leistete dabei die besten Dienste, und mit diesem bewährten Feldherrn wurden die Maßregeln ver-

---

[1]) Raumer's Beiträge I. c. p. 73.
[2]) Valori I. 99.

abredet, welche man gegenüber den beiden Nachbarn in Dresden und Hannover zu ergreifen hätte, da der König von England sowohl als August III. von Sachsen noch immer an der pragmatischen Sanktion festzuhalten entschlossen schienen. England und Oesterreich waren natürliche Bundesgenossen, welche beiderseitig durch uralte Feindschaft gegen Frankreich auf einander angewiesen schienen. Den Kurfürsten von Sachsen hatte Maria Theresia für den Augenblick dadurch gewonnen, daß man ihm die Erwerbung des Herzogthums Krossen, behufs der Verbindung seines Kurlandes mit dem Königreich Polen, in Aussicht stellte. Unter diesen Umständen fand Friedrich II. es dringend geboten, sich durch ein Beobachtungscorps gegen einen plötzlichen Angriff sicher zu stellen, und die dazu nöthigen Maßregeln waren es, welche er mit dem Fürsten Leopold verabredete, bevor er sich zu seiner Armee nach Schlesien zurückbegab. Auch andere nicht minder gewichtige Erwägungen beschäftigten ihn. Der Ausbruch eines Krieges zwischen Preußen und Oesterreich machte es für die sämmtlichen europäischen Mächte zur Nothwendigkeit, sich über die Stellung zu entscheiden, die sie einnehmen wollten. Mit Ausnahme von Baiern hatten alle regierenden Häupter mehr oder weniger unbedingt die pragmatische Sanktion anerkannt und sogar gewährleistet, — sicherlich durften sie nicht gegen Maria Theresia Partei ergreifen, wenn es galt, ihr einen Theil der Erblande zu entreißen. Das hätte vor allen der französische Hof zu bedenken gehabt, allein die Feindschaft und Nebenbuhlerschaft zwischen den Bourbonen und den Habsburgern bewirkte, daß man in Paris nach einem Vorwande suchte, um der eingegangenen Verpflichtungen entledigt zu sein, besonders weil der Gemahl der Königin von Ungarn, den man von vielen Seiten bereits als den zukünftigen deutschen Kaiser betrachtete, für einen entschiedenen Gegner Frankreichs galt, zu dessen Gunsten er auf seine lothringische Herrschaft hatte verzichten müssen. Wenn man diesem gegenüber die baierischen Erbansprüche unterstützte und dem Kurfürsten Carl Albert zur Kaiserkrone verhalf, so fand dabei zugleich der Wunsch, sich den Einfluß auf die deutschen Angelegenheiten zu sichern, volle Befriedigung, und man erwarb einen treuen Verbündeten, mittelst dessen Hilfe man diesen Einfluß allezeit auf's Bequemste geltend machen konnte. Da kam es denn dem alten Cardinal Fleury sehr zu statten, daß er die Verträge zum Vorwand nehmen konnte, welche während des spanischen Erbfolgekrieges zwischen Frankreich und Baiern geschlossen waren, wo die Wittelsbacher viel nähere und unbestreitbarere Rechtsansprüche auf Spanien geltend zu machen hatten, als diejenigen, welche sie jetzt gegen Oesterreich erhoben. Die Gewährleistung der pragmatischen Sanktion schien eine directe Unterstützung Baierns zu verbieten, deshalb berief der schlaue Carbinal sich darauf, daß diese Gewährleistung nur unter Vorbehalt der Rechte dritter Personen geleistet worden, und daß der Kurfürst von Baiern eine solche dritte Person sei. So wollte er vor sich selbst die Treulosigkeit und Wortbrüchigkeit beschönigen, welche man ihm vorwerfen konnte, wenn er jetzt mit Vorschlägen zu einem Bündnisse an Friedrich II. herantrat, nachdem er bereits am 17. December 1740 dem Kurfürsten von Baiern zugesagt hatte, dessen Ansprüche an die österreichischen Erblande anzuerkennen und ihm noch überdies zur Erlangung der Kaiserkrone behilflich zu sein. Der König war kaum aus Schlesien nach Berlin zurückgekehrt, als ihm der französische Gesandte Marquis Valori den Antrag zu einer Allianz mit Frankreich machte. Friedrich nahm indessen einen solchen Vorschlag sehr kühl auf und äußerte sich in einer Art und Weise, welche seiner Klugheit und Umsicht eben so viel Ehre machte, wie seiner deutschen Gesinnung. „Ihr müßt wissen," sagte er [1]), „daß dem Kurfürsten von Baiern in der Meinung aller Deutschen Nichts so viel Schaden thut, als sein Verhältniß zu dem französischen Hofe. Bevor ich nicht übersehen kann, inwiefern Ihr Baiern in streitfertigen Stand setzen und mir den Besitz von Schlesien garantiren

---

[1]) Ranke II. 212.

wollt, kann ich mich überhaupt auf Nichts einlassen ¹)." Wenn es wunderbar bleibt, daß der König eine so gewichtige Bundesgenossenschaft nicht mit beiden Händen ergriff, so kommt dabei in Betracht, daß die planlosen Maßregeln der Oesterreicher ihn mit großer Geringschätzung gegen diese Macht erfüllt hatten, und er kaum glaubte, daß Maria Theresia im Stande sein würde, ihm einen achtunggebietenden Widerstand entgegenzusetzen, wie er denn überhaupt von seiner großen Feindin eine ebenso unrichtige Vorstellung hatte, als diese von ihm. Es standen hier zwei Persönlichkeiten einander gegenüber, welche zu entschiedenen Widersachern von der Natur geschaffen schienen.

Maria Theresia, am 13. Mai 1717 geboren, war fünf Jahre jünger als Friedrich und hatte, kaum 23 Jahre alt, die Regierung angetreten. Bereits vier Jahre vorher, 12. Februar 1736, war die viel umworbene Erbtochter des Hauses Habsburg mit Franz von Lothringen verlobt worden, den sie zärtlich liebte, und dem sie die treueste und hingebendste Gattin gewesen ist. Wir wissen, daß einst in den Köpfen der Diplomaten der Plan aufgetaucht war, die Erzherzogin mit dem preu-

---

¹) Interessant ist die Darlegung der Art und Weise, in welcher der König durch den ebenso braven als einsichtsvollen Podewils in dieser Gesinnung bestärkt und festgehalten wurde. Ranke 213.

tischen Kronprinzen zu vermählen, um auf solche Weise den alten Groll und die alte Nebenbuhlerschaft der beiden mächtigsten deutschen Fürstenhäuser auf ewig auszulöschen. An die Verwirklichung eines solchen in seinen Folgen unberechenbaren Planes konnte im Ernst nicht gedacht werden, weil die Eifersucht der europäischen Höfe die Vereinigung so gewaltiger Ländermassen ebenso wenig gestatten konnte, als Maria Theresia sich hätte bewegen lassen, einen Ketzer zu heirathen, oder Friedrich Wilhelm I., eine katholische Schwiegertochter anzunehmen. Trotz der Unausführbarkeit des ganzen Planes wurde derselbe aber dennoch in Wien besprochen und gab Veranlassung, daß Maria Theresia bei ihren Umgebungen sich nach der Persönlichkeit des jungen Prinzen erkundigte, den man ihr zugedacht hatte. Was sie da erfuhr, war wenig geeignet, ihr den Kronprinzen von Preußen als einen wünschenswerthen Gemahl erscheinen zu lassen. Man schilderte ihr einen kleinen hageren Mann, von dürftiger Figur, mit steifer Körperhaltung, nachlässig und unsauber in seiner Kleidung, von sarkastisch ironischem Wesen, ohne Achtung für das weibliche Geschlecht, ohne Fähigkeit zu lieben. Dabei wäre er ein Religionsspötter, ein ungehorsamer und widerspänstiger Sohn und ein undankbarer Bruder gegenüber seiner Schwester, die kein Opfer, keine persönliche Gefahr gescheut hatte, um ihn vor seines Vaters Wuthausbrüchen zu schützen.

Solche Darstellung mußte auf eine edle weibliche Natur den abschreckendsten Eindruck hervorbringen, was man nicht vergessen darf, um zu begreifen, wie Maria Theresia's Widerwillen gegen Friedrich II. sich bald zum bittersten Hasse steigerte. Mit welcher scheinbaren Aufrichtigkeit hatte ihr dieser Mann nach Carl's VI. Tode die wärmsten Versicherungen der Freundschaft und Treue entgegengebracht, der sich gleich darauf nicht entblödete, die schönste Provinz der österreichischen Erblande als Belohnung für solche Dienste in Anspruch zu nehmen, zu denen er durch die feierlichen, mit seinem Vater abgeschlossenen Verträge ohne Weiteres verpflichtet schien. Nun war er gar mit Waffengewalt in das wehrlose Schlesien eingebrochen unter dem Vorwande, daß Interesse der Königin von Ungarn daselbst zu schützen und zu sichern! Da ist es nicht schwer, sich vorzustellen, in welchem Lichte Maria Theresia eine solche Handlungsweise erblickte. Müssen doch sogar die preußischen Geschichtsschreiber, wenn sie unparteiisch sein wollen, das Verfahren des Königs für völkerrechtswidrig erklären und sich darauf beschränken, dasselbe aus dem Gesichtspunkte höherer geschichtlicher Nothwendigkeit zu vertheidigen.

Wie empörte sich nun vollends der Stolz einer Tochter aus dem Hause Oesterreich bei dem Gedanken, daß ein Fürst, der seinen Königstitel der Gnade ihres Vaters schuldig war, dessen Vorfahren Jahrhunderte lang die Oberhoheit der Habsburger anerkannt hatten, und der, wie man in Wien zu glauben sich den Anschein gab, seine Rettung von dem Tode auf dem Schaffot hauptsächlich der Verwendung Carl's VI. zu verdanken hatte, nunmehr auf eine Weise in ihr Land einbrach, wie man sich das sonst nur von den Türken versehen hatte [1]).

Vergegenwärtigen wir uns zu mehrerer Anschaulichkeit das Bild der edlen Königin selbst, welche dazu bestimmt war, die größere Hälfte ihrer Regierungszeit im Kampfe mit diesem tiefverhaßten Gegner hinzubringen.

Nach dem übereinstimmenden Zeugniß aller Mitlebenden und nach dem ebenso übereinstimmenden der Künstler, welche ihr Bildniß auf die Nachwelt gebracht haben, war Maria Theresia eine der schönsten und liebenswürdigsten Erscheinungen des achtzehnten Jahrhunderts. Offnen, edlen Angesichts, mit freundlichem und zugleich gebietendem Wesen, bezauberte sie die Herzen Aller, die ihr nahen durften. In tiefster Ehrfurcht vor den Dogmen der katholischen Kirche erzogen, war sie zugleich von Herzen fromm und tugendhaft. Rein und keusch in ihrem Lebenswandel, gab sie als treue Gattin und Mutter der Welt ein erhebendes

---

[1]) Ueber diese Anschauungen des Wiener Hofes vergleiche v. Arneth p. 79.

(1741.) **Maria Therefia's Perſönlichkeit.** 115

Beiſpiel von einer damals ſo ſeltenen Sitteneinfalt. Schnell erregbar, voll weicher Empfindung, leicht in Thränen überfließend, beſaß ſie zu gleicher Zeit unbeugſame Ausdauer und Beharrlichkeit, wo es galt, ihr verletztes Recht und ihre königliche Würde aufrecht zu erhalten. Das alte Kaiſerhaus, deſſen Mannsſtamm nun erloſchen war, ſollte in ſeiner letzten weiblichen Blüthe das ſchönſte Ideal der deutſchen Frau auf dem Throne verwirklicht ſehen. Daß Friedrich II. eine ſolche Erſcheinung nicht nach ihrem vollen Werthe und ihrer Bedeutung zu würdigen verſtand, iſt ſicherlich nicht ohne Einfluß auf die Geſchicke Europa's geblieben.

Fünftes Kapitel.

Fortſetzung. Schlacht bei Mollwitz. Vertrag zu Klein-Schnellendorf.

Es kam jetzt darauf an, die leicht gewonnene Provinz Schleſien zu behaupten und vor dem erwarteten Angriff der Oeſterreicher zu ſchützen. Neiſſe, Glogau und Brieg waren bisher nur eingeſchloſſen und mußten erobert werden. Damit der Feind dieſen Plätzen nicht zu Hilfe eilen konnte, war vor allen Dingen eine ſtrenge Bewachung der Grenzen geboten.

Als Friedrich Ende Februar 1741 in dem Haupt-

8*

quartier Frankenstein eingetroffen war, begab er sich deshalb schon am 27. nach Silberberg und Wartha, um die beiden wichtigen Posten zu besichtigen, welche die dort aus der Grafschaft Glatz führenden Thäler zu decken hatten.

Er fand Alles in bester Ordnung und saß mit seinem Gefolge in fröhlicher Unterhaltung in Wartha bei Tische, nicht ahnend, daß er einer großen ihm drohenden Gefahr nur eben entronnen war. Die Oesterreicher hatten nämlich von des Königs Bewegungen Kunde erhalten und schlossen aus der Stellung verschiedener kleiner Bedeckungsposten, daß er nach dem unfern gelegenen Dorfe Baumgarten unter Weges sei. Hier hoffte ein Trupp ungarischer Husaren ihn gefangen zu nehmen, griff aber statt seiner den Obristlieutenant v. Diesfordt an, der ein Piquet von Schulenburg's Dragonern bei sich hatte. Diese konnten der Uebermacht nicht widerstehen, sondern wurden mit Zurücklassung von Todten und Gefangenen aus einander gesprengt. Glücklicherweise verfolgten die Husaren ihren Vortheil nicht, sondern eilten mit ihrer Beute, einem Paar Pauken und einer Standarte, nach Reisse zurück. Eine andere kleine Schaar war allerdings gegen Wartha vorgedrungen, doch der König, davon benachrichtigt, brach mit seinem Gefolge und einigen eilig zusammengerafften Mannschaften gegen sie auf und trieb sie über den Reissefluß zurück. Bei Baumgarten fand er die Leichen der getödteten Dragoner und ward nun inne, wie leicht er hätte in Gefangenschaft gerathen können. Er zog aus diesem Vorfalle die Lehre, sich künftighin nicht mehr in solcher Weise persönlich zu exponiren.

Diese Baumgartener Begebenheit hat eine große Berühmtheit erlangt, indem man in weitesten Kreisen die Folgen besprach, welche eine Gefangennehmung des Königs für den Ausfall des Krieges, ja für die Verhältnisse von Deutschland und Europa nach sich ziehen konnte. Im Munde der Leute wurde die Erzählung ausgesponnen und nahm bald einen abenteuerlichen Charakter an, bis sie sich allmählich zu der Sage gestaltete, daß der König in's Kloster Camenz habe flüchten müssen, wo der Abt Tusche ihn in eine Mönchskutte gesteckt habe und dem vor den eiligst zusammenberufenen Klosterbrüdern celebrirten Hochamte beiwohnen ließ, wodurch er den nachfolgenden Husaren, welche die Kirche durchsuchen wollten, entging [1]).

Das Lebenszeichen, welches die österreichischen Truppen bei der eben erwähnten Gelegenheit von sich gegeben, war eine Mahnung für den König, daß ihm nunmehr ein ernster Kampf bevorstehe. Er wünschte des-

---

[1]) Um die Sonderung des Wahren von dem Falschen in vielen ähnlichen Begebenheiten aus dem Leben Friedrich's des Großen haben sich meine verehrten Freunde Kutzen und Grünhagen besonderes Verdienst erworben.

halb die Truppen an sich ziehen zu können, die noch mit Einschließung der Festungen beschäftigt waren. Vor allen Dingen mußte Glogau genommen werden, dessen Kommandant Wallis sich mit seiner kleinen Besatzung tapfer hielt und jede Aufforderung zur Uebergabe abwies. Der König durfte diesen Platz um so weniger in österreichischen Händen lassen, als man ihn von hier aus leicht im Rücken angreifen konnte. Er schrieb Briefe über Briefe an Leopold von Dessau, der die Belagerung leitete, und schickte endlich am 6. März durch den Generaladjutanten Golz den bestimmten Befehl, nun ohne Weiteres den Angriff zu beginnen, weil die Oesterreicher sich an der böhmisch-mährischen Grenze sammelten, um von da aus den Entsatz der Festung zu versuchen. Leopold gehorchte. Für die Nacht vom 8. zum 9. wurde der Angriff von drei Seiten her befohlen, in der Art, daß um Mitternacht bei dem ersten Glockenschlage die verschiedenen Colonnen sich in Bewegung setzen sollten. Bei Todesstrafe war verboten zu feuern, bevor man die Stadt betrat, und bei derselben Strafe untersagte der Prinz die Plünderung nach erfolgter Erstürmung[1]). Die Dispositionen des Prinzen wurden mit solcher Pünktlichkeit und Stille ausgeführt, daß die Besatzung den Angriff nicht eher gewahr wurde, als bis die ersten Preußen die Wälle erstiegen hatten.

---

[1]) Heldengeschichte I. 823. II. 165. Journal de Berlin No. 38.

Vier Grenadiere vom Regiment Glasenapp sollen unerwartet oben auf dem Wall 52 Oesterreicher in Reih und Glied getroffen und zur Uebergabe aufgefordert haben. Die Ueberraschten glaubten sich in der finstern Nacht von einer überlegenen Zahl Preußen bedroht und streckten das Gewehr. Inzwischen hatte Leopold die Thore gesprengt und rückte mit seiner Colonne in die Stadt. Es kam zum Kampf in den Straßen, doch die Ueberraschung und Bestürzung der Garnison bewirkte, daß bereits nach anderthalb Stunden die Festung genommen war. 900 Mann von der Besatzung wurden gefangen, 62 Geschütze erbeutet. Der König war glücklich über das gelungene Unternehmen und belohnte den Feldherrn und die Mannschaften reichlich. Dem alten Dessauer gratulirte er eigenhändig, daß er einen so tapferen und kriegsgeschickten Sohn habe. Jene vier Grenadiere wurden zu Unterofficieren, Einer von ihnen zum Fähnrich gemacht, und den tapferen Mannschaften erließ er die Strafe, die ihnen wegen der Plünderung einiger Judenhäuser und der Jesuiten-Apotheke gebührt hätte [1]).

Die Gefahr eines Angriffs von österreichischer Seite rückte nun immer näher, weßhalb Friedrich auch den durch die nächtliche Erstürmung Glogau's ziemlich ermatteten Truppen keinen Augenblick Ruhe gewähren

---

[1]) Stenzel IV. 128. Note 3. Heldengeschichte II. 115.

konnte, sondern dieselben sofort zu sich nach Schweidnitz beorderte. So verstärkt zog er nach Oberschlesien, um sich mit dem daselbst aufgestellten Schwerin'schen Corps zu vereinigen, was am 30. März in Neustadt geschah. Ueber die Stellung, die Anzahl und die Absicht der anrückenden Feinde war der Feldmarschall völlig im Unklaren; er glaubte, daß der eben gefallene tiefe Schnee dieselben für jetzt von jedem Angriffe abhalten mußte. Inzwischen hatten sich ungefähr 15,000 Mann der verschiedensten österreichischen Truppen, durch freiwillige Zuzüge der Gebirgsschützen und durch einige ungarische Regimenter verstärkt, auf den beschwerlichsten Wegen durch Eis und Schnee der schlesischen Grenze genähert. Den Oberbefehl führte General Neipperg, der trotz aller Mißerfolge, die er bisher den Türken gegenüber gehabt, doch voll Zuversicht dem König von Preußen entgegenzog, den er „bald nach Berlin zu Apoll und den Musen zurückzuschicken" hoffte[1]. Von den Preußen unbemerkt rückte er in der Richtung nach Neiße vor und gelangte am 5. April in diese Festung, welche Friedrich selbst eben einzuschließen gedachte. Da erfuhr der König durch Ueberläufer, wie nahe er daran war, ganz unvorbereitet auf das feindliche Heer zu stoßen, während merkwürdiger Weise Neipperg seinerseits von der Stellung der Preußen ebensowenig wußte, als diese von der

---

[1] Geständnisse eines österreichischen Veteranen II. 52.

seinigen. Friedrich hatte kaum die drohende Gefahr seiner Stellung erkannt, als er sich beeilte, die einzelnen zerstreut aufgestellten Corps, namentlich aus Grottkau und Frankenstein, an sich zu ziehen; allein Neipperg hatte inzwischen bereits Grottkau besetzt, auch die 2500 Mann, welche Brieg einschließen sollten, zum Rückzuge genöthigt, glücklicher Weise aber versäumt, sich Ohlau's zu bemächtigen, wo große Kriegsvorräthe der Preußen in seine Hände gefallen wären. Er ließ vielmehr seine Truppen in dem zwischen Brieg und Ohlau gelegenen Dorfe Mollwitz einen Tag lang rasten. Friedrich, durch die Stellung der Oesterreicher verhindert, den Neisseefluß zu überschreiten, war auf diese Art völlig von der Verbindung mit Niederschlesien abgeschnitten. Nach sehr anstrengendem Marsche gelang es, bei Löwen an das jenseitige Ufer zu kommen und bis zum Dorfe Pogarell, $\frac{5}{4}$ Stunden von Mollwitz, vorzubringen. Am 9. April mußte er die ermatteten Truppen ruhen lassen und beschloß am 10. die Oesterreicher anzugreifen, weil eine Schlacht das einzige Mittel war, um aus seiner höchst ungünstigen Position sich zu befreien [1]).

Der starke Schneefall während der letzten Tage war mit daran Schuld, daß Neipperg sich über die Stellung der Preußen immer noch nicht hatte unterrichten können; erst am 10., als der Himmel sich

---

[1]) Ranke II. 256.

aufklärte, wurde er gewahr, wie nahe ihm der Feind gekommen. Friedrich, noch befangen in der wissenschaftlichen Theorie der Kriegskunst, die er so eifrig studirt hatte, beschloß seine Schaaren vollkommen regelrecht zu formiren, ehe er zum Angriff schritte. Dadurch gewann Neipperg Muße, seine in den nahe liegenden Dörfern zerstreuten Truppen zu sammeln und in Schlachtordnung zu stellen, welche der vollständigen Vernichtung nicht hätten entrinnen können, wenn der König unaufhaltsam vorgedrungen wäre. Allein er verlor die kostbare Zeit, indem er die Seinigen in fünf Colonnen aufstellte, in der Mitte die Artillerie, rechts und links das Fußvolk und an den beiden äußersten Flügeln die Reiterei. Die Gesammtzahl des Heeres bestand aus etwas mehr als 20,000 Mann. Ungefähr gleich stark waren die Oesterreicher, doch hatten die Preußen mehr Fußvolk und Geschütze, während ihre ganze Reiterei nur 3200 Mann stark war, denen 8000 österreichische Cavalleristen gegenüberstanden.

Um zwei Uhr Nachmittags begann das Feuer der preußischen Kanonen. Noch standen die Oesterreicher nicht in voller Schlachtordnung, allein ihre vom General Römer befehligte Cavallerie wurde durch den auf sie fallenden Kugelregen in solche Wuth versetzt, daß die Reiter ohne Commando auf die preußischen Dragoner stürzten und dieselben zurücktrieben, bis Freund und Feind in wildem Getümmel an die Reihen der preußischen Grena-

biere gelangte, die in ihrer eisernen Mannszucht den An=
prall fest wie eine Mauer aushielten, ohne zu weichen.
Der König versuchte die fliehenden Reiter wieder
zum Stehen zu bringen. Er führte ein neues Caval=
lerie-Regiment dem zersprengten Flügel zu, doch auch
dies wurde zurückgedrängt. Die Verwirrung stieg noch,
als die Oesterreicher viele der preußischen Kanoniere
getödtet hatten, die Geschütze derselben fortnahmen
und rückwärts gegen die feindlichen Linien richteten.
Auch der linke Flügel der Preußen, nachdem er fünf
Stunden im Feuer gestanden und fast kein Pulver
mehr hatte, fing an zurückzuweichen. Der König selbst
wurde mit in die Flucht verwickelt. Er schickte einen
Adjutanten an den alten Dessauer, damit dieser seine
Maßregeln treffe, so gut er könne [1]). Schwerin sah
die Lage noch nicht für verzweifelt an, doch wünschte er
dringend, den König in Sicherheit zu wissen, um als=
dann desto ungestörter seine ganze Kraft der ferneren
Leitung der Schlacht widmen zu können. Friedrich ließ
sich überreden, nach Oppeln zu eilen, wohin man sich
wegen der dort befindlichen Magazine im schlimmsten
Falle zurückzuziehen dachte [2]). Mit kleinem Gefolge
gelangte er nach wildem Ritte bis vor die Thore dieser

---

[1]) Stenzel IV. 133.
[2]) So stellt es Ranke dar II. 245 und erklärt sich dadurch
manches sonst Unbegreifliche bei dem ganzen Vorgang.

Stadt, fand aber hier zu seiner größten Ueberraschung nicht mehr die eigene daselbst zurückgelassene Besatzung, sondern statt derselben eine Schwadron österreichischer Husaren, welche am vorigen Tage sich des Platzes bemächtigt hatten und die Einlaß begehrenden Preußen mit Flintenschüssen begrüßten. Schleunig mußte man sich auf's Neue zur Flucht bequemen, und in solcher Hast sprengte Friedrich voran, daß nur Wenige aus dem Gefolge ihm zur Seite bleiben konnten. Aeußerst erschöpft gelangte er am Morgen in die kleine Stadt Löwen, wo er von einem Adjutanten des Prinzen Leopold von Dessau zu freudigster Ueberraschung die Botschaft empfing, daß die Schlacht gewonnen sei[1].

Nach des Königs Entfernung war Schwerin im Stande gewesen, noch ein Mal die Ordnung herzustellen und den rechten Flügel, der von dem übrigen Heere abgeschnitten unter Winterfeld's Commando für sich allein fechten mußte, heranzuziehen, so daß nun die Gesammtarmee dem Feinde gegenüberstand. Die un=

---

[1] Die näheren Umstände der Flucht des Königs sind nicht aufgeklärt. Er selbst erwähnt den Vorfall in seinen Schriften nicht, auch durfte in seiner Gegenwart niemals davon gesprochen werden. Desto mehr wurde natürlich im Publikum davon gefabelt, so daß eine Reihe widersprechender, oft bis in's Kleinste ausgeführter Berichte in Umlauf kam. Dr. Grünhagen hat in den Abhandlungen der schlesischen Gesellschaft für vaterländische Cultur hierüber Untersuchungen angestellt.

(1741.) Schlacht bei Mollwitz.

besiegbare Standhaftigkeit des preußischen Fußvolkes hatte das ermöglicht. Fünf Mal wiesen sie die feindlichen Angriffe mit ihren Gewehrsalven und ihren Bajonnetten zurück. Mit so wunderbarer Ruhe führten diese maschinenmäßig gedrillten Truppen jedes Commando ihrer Officiere aus, daß in einem Augenblicke, wo General Römer's Cavallerie die Reihen durchbrochen hatte und bis hinter das zweite Treffen gekommen war, die Preußen wie auf dem Exerzierplatze Kehrt machten und Feuer gaben¹). Der tapfere Römer wurde erschossen. Seine Truppen geriethen in Verwirrung, und als Schwerin schließlich noch ein Mal seine ganze Front mit klingendem Spiel vorwärts rücken ließ, richtete das schnelle und wohlgezielte Gewehrfeuer derselben so große Verheerung unter den Oesterreichern an, daß Neipperg seine Truppen nicht mehr zum Stehen bringen konnte. Fünf Mal feuerten die Preußen mit Hilfe ihrer eisernen Ladestöcke in derselben Zeit, wo die Oesterreicher ein Mal schossen. Bald

---

¹) In den „Nachrichten, so die Geschichte der Feldzüge der Preußen von 1740—1779 erläutern" I. 38, findet sich die Aeußerung eines österreichischen Officiers: „Ich kann wohl sagen, meine Lebtage nichts Schöneres gesehen zu haben. Die Preußen marschirten mit der größten Contenance und so schnurgleich, als wenn es auf dem Paradeplatz wäre. Das blanke Gewehr machte in der Sonne den schönsten Effekt, und das Feuern ging nicht anders als fortwährendes Donnerwetter."

war die Schlacht entschieden. Neipperg mußte den Rückzug antreten, um nicht völlig vernichtet zu werden. Er ging über Grottkau nach Neisse, nur kurze Zeit von den Siegern verfolgt, welche wahrscheinlich der eingetretenen Dunkelheit wegen bald auf das Schlachtfeld zurückkehrten.

Der Kampf hatte auf beiden Seiten fast gleich viel Menschenleben gekostet. Die Oesterreicher zählten 800 Todte, darunter die Generale Römer und Göldi, über 2000 Verwundete und 1500 Vermißte. Die Preußen 900 Todte, unter denen die Generale v. Schulenburg und Markgraf Friedrich, 3000 Verwundete und 700 Vermißte, also an Todten und Verwundeten mehr als die Oesterreicher. Dagegen hatten sie 10 Geschütze und 4 Standarten erobert [1]).

Die Folgen des Sieges waren unberechenbar. Fortan konnten die europäischen Höfe den jugendlichen König nicht mehr wie einen unbesonnenen Abenteurer betrachten, welcher sich leichtsinnig in ein Unternehmen gestürzt, dem er nicht gewachsen war. Die Berliner Wachtparade hatte bewiesen, daß sie dem Feinde gegenüber nicht minder fest und unerschütterlich da stand, als auf dem Exerzierplatze, und die Oesterreicher wurden inne, daß sie zu voreilig sich vermessen, „den naseweisen Schneekönig mit seinen Putzsoldaten nach

---

[1]) Stenzel IV. 135. Oeuvres XXVII. l. p. 100.

Hause zu jagen und Riemen aus ihrer Haut zu schneiden ¹)."

Friedrich versäumte nicht, den errungenen Erfolg bestens zu benutzen. Niederschlesien stand ihm nun wieder offen, und er schritt sofort zur Belagerung von Brieg ²), welches der österreichische Commandant Graf Piccolomini in möglichst guten Vertheidigungszustand versetzt hatte. Terrainschwierigkeiten und die eingetretene ungünstige Witterung verzögerten die Arbeiten der Belagerer, so daß erst mit Anfang Mai das Bombardement beginnen konnte, welches aber gleich mit solchem Nachdruck geschah, daß schon am 4. Nachmittags die Unterhandlungen wegen der Uebergabe eröffnet wurden. Am 5. zog der König in die eroberte Festung ein. Die Officiere der Besatzung erhielten gegen das Versprechen, zwei Jahre lang nicht gegen Preußen zu dienen, freien Abzug. Bei der Beschießung der Stadt war leider das alte Piastenschloß in Flammen aufgegangen, dessen Trümmer noch jetzt die einstige Pracht des Baues erkennen lassen. Merkwürdiger Weise hatte Neipperg, der mit seinem Heere ganz in der Nähe stand, nicht die mindesten Schritte zum Entsatz der Festung gethan.

Im Verlauf der Schlacht bei Mollwitz war es klar

---

¹) Ranke II. 247.
²) Heldengeschichte I. 812. II. 127. Oeuvres 30 p. 39.

geworden, wie weit die preußische Reiterei der österreichischen an Tüchtigkeit nachstand. Sofort ging der König daran, diesem Mangel abzuhelfen. Während der sechs Wochen, welche er im Lager zu Mollwitz stehen blieb, um abzuwarten, was Neipperg vornehmen würde, benutzte er jeden freien Augenblick dazu, seine Cavallerie besser einzuüben und nach und nach mit zweckmäßigeren Pferden zu versehen. Der Umstand, daß Friedrich Wilhelm I., gerade so wie bei den Rekruten, auch bei den Pferden hauptsächlich auf deren Größe sah, hatte bewirkt, daß die Reiter mit ihren starken Thieren viel zu schwer beweglich waren, auch hatte man sie bisher mehr auf den Gebrauch der Schußwaffe als des Säbels einexercirt. Das sollte nun sich ändern, und die vielen neuen Mannschaften, die man heranziehen mußte, um die durch die Schlacht entstandenen Lücken in den Regimentern auszufüllen, wurden alsbald nach dieser Richtung hin geschult. Außer dem Rathe des alten Dessauer hatte Friedrich bei diesem Geschäft einen trefflichen Gehilfen an Hans Joachim von Zietben, einem von den Männern, wie sie die Natur für einen bestimmten Beruf ganz besonders zu erschaffen liebt. Nach einer ziemlich wilden Jugend hatte dieser Mann bei verschiedenen Truppentheilen gestanden, war wegen Rauferei auf Festung gekommen, sogar ein Mal kassirt worden, doch bald wieder angestellt diente er zur Zeit der Schlacht bei Mollwitz

(1741.) Ziethen.

als Obristlieutenant im Leibhusarenregiment. Tapfer bis zur Verwegenheit, voll Geistesgegenwart in jeder Gefahr, ein Reitersmann ohne Gleichen, besaß er alle die Eigenschaften, welche man den ungarischen Husaren vorzugsweise beilegt. Die fromme Einfalt seines Gemüthes flößte selbst dem freigeistigen Könige Ehrfurcht ein. Mit Leib und Seele widmete er sich der Erfüllung seiner Dienstpflichten und verschaffte den durch ihn herangebildeten Reiterschaaren bald eine solche Berühmtheit, daß der Name Ziethen bis auf den heutigen Tag einen beliebten Klang im Volke hat. Friedrich erkannte mit seinem Scharfblick sogleich eine solche Befähigung, und fast ein halbes Jahrhundert lang haben Beide in gegenseitiger Verehrung mit und neben einander gewirkt. Wir werden diesem Manne noch oft begegnen [1]).

Während Friedrich in seinem Lager bei Mollwitz blieb, welches er gegen die Angriffe der umherschwärmenden feindlichen Reiterei möglichst befestigt hatte, bezog Neipperg unfern von Neisse ein festes Lager, für welches er den Ort so gut auswählte, daß die Preußen ihn nicht anzugreifen wagten, sondern ihm Zeit lassen mußten, sein geschlagenes Heer wieder in Ordnung zu bringen und Verstärkungen an sich zu ziehen. Der

---

[1]) Ziethen ist 1699 geboren und 1786 gestorben. Seine Biographie von Blumenthal. Berlin 1797. 3. Ausgabe 1806.

König wünschte ihn aus dieser vortheilhaften Stellung zu locken und zu einer zweiten Schlacht zu reizen. Er verschanzte sich deßhalb bei Grottkau, allein Nelpperg, der sich da, wo er war, mit Recht für unangreifbar hielt, hütete sich wohl, seine Position aufzugeben. Friedrich mußte sich für's Erste gedulden und bezog bei Strehlen ein neues festes Lager, in welchem er keineswegs müßig blieb, sondern mit allem Eifer an der fortwährenden Ausbildung der Truppen, namentlich der Reiterei, arbeitete und zugleich die Befestigungen von Glogau und Brieg nach seinen Plänen und Anordnungen verstärken ließ.

Hier in Strehlen sollte er bald gewahr werden, daß der Sieg, den er errungen, in seinen politischen Folgen für ihn noch weit bedeutsamer war, als in den militärischen. Schon in Mollwitz hatte der französische Marschall Belle-Isle sich bei ihm eingefunden, um zu unterhandeln. In das Lager zu Strehlen kam bald auch der englische Gesandte Lord Hyndford, und diplomatische Agenten aller europäischen Hauptstaaten strömten hier zusammen, so daß sich um den König ein förmlicher Congreß zu bilden begann.

Um die hier angeknüpften Verhandlungen zu begreifen, bedarf es eines kurzen Ueberblickes der damaligen politischen Verhältnisse. Diese beruhten wesentlich auf der uralten Gegnerschaft zwischen Frankreich und England einerseits und Frankreich und Oesterreich andererseits. Die beiden Feinde Frankreichs mußten von selbst sich als natürliche Bundesgenossen betrachten, und England durfte deshalb nicht gestatten, daß Oesterreich durch die preußischen Eroberungsgelüste geschwächt würde. Es war nur zwei Tage vor der Mollwitzer Schlacht, den 8. April 1741, als König Georg II. persönlich im Parlamente erschien, um die Mittel zu kräftiger Unterstützung der bedrohten Königin Maria Theresia zu erbitten. Mit eindringlichen Worten stellte er vor [1]), wie Frankreich darauf ausgehe, die ganze Welt zu knechten, und wie daher das gesammte Menschengeschlecht die Pflicht habe, eine Macht zu unterstützen, welche jenem ehrsüchtigen Reiche das Gegengewicht halte. — Die Lords und Gemeinen aller Parteien stimmten dieser Ansicht bei und bewilligten sofort der Königin von Ungarn .300,000 Pfund Subsidien. Man verdammte das Unternehmen des Königs von Preußen, welches nur dazu dienen könnte, die französische Uebermacht zu verstärken.

Aehnlichen Anschauungen begegnete man bei den Holländern, die sich noch überdies in ihrem Geldinteresse bedroht sahen, weil die Zinsen einer Schuld, für welche Kaiser Carl VI. ihnen die Provinz Schlesien verpfändet hatte, seit der preußischen Besitznahme nicht bezahlt wurden. Sie beschlossen, in Gemeinschaft mit England

---

[1]) Ranke p. 251.

den König aufzufordern, seine Truppen aus Schlesien zurückzuziehen, und versprachen der Königin von Ungarn „nach Kräften" Unterstützung zu gewähren.

Von den deutschen Fürsten war Sachsen am unentschlossensten. Der Kurfürst, der, wie wir wissen, seine Gemahlin für die eigentliche Erbin der österreichischen Länder ansah, hatte anfangs nicht übel Lust, sich mit Friedrich zu verbinden, als dieser durch seinen Gesandten in Dresden andeuten ließ, er beabsichtige, im Falle sein Unternehmen gelänge, auch für Sachsen erhebliche Vortheile zu stipuliren. Allein die österreichischen Diplomaten wußten bald eine entgegengesetzte Stimmung hervorzurufen, indem sie bei dem bigotten Könige von Polen die Gefährdung der katholischen Religion in Schlesien hervorhoben und zugleich einen Theil der Länder versprachen, welche man dem Preußenkönig abzunehmen gedachte. Das Fürstenthum Crossen, welches einst zu Schlesien gehört und auf der Verbindungsstraße zwischen Sachsen und Polen liegt, war eine gut gewählte Lockspeise.

Von allen diesen Zettelungen war Friedrich durch die Agenten, die er in den Hauptstädten Europa's hielt, zeitig in Kenntniß gesetzt. Ueberzeugt, daß ein großes Bündniß wider ihn im Werke sei, nicht nur um Schlesien der Königin von Ungarn zurückzugewähren, sondern ihn selbst als einen gefährlichen Störer der europäischen Ruhe so zu schwächen, daß Preußen wieder zu der alten Machtlosigkeit des brandenburgischen Kurfürstenthums herabgedrückt würde, mußte er darauf denken, auch seinerseits Verbindungen anzuknüpfen, um der drohenden Uebermacht entgegenzutreten. War doch davon die Rede, auch Schweden durch Verheißung der Wiedererwerbung Stettins gegen ihn aufzuregen. Daß in der That ein so weit reichender Vertrag zwischen allen diesen Mächten vorbereitet wurde, ist gegenwärtig nicht mehr zweifelhaft[1]). Die Oesterreicher sollten gegen Schlesien vorgehen, und gleichzeitig Hannover und Sachsen im Westen, die Russen von Osten her sich auf Friedrich's Besitzungen werfen. Da war es denn eine wohldurchdachte Maßregel, daß der König noch vor seiner Abreise nach Schlesien den alten Dessauer mit einem Beobachtungscorps im Magdeburgischen aufstellte, um Sachsen und Hannover in Schach zu halten.

Einen vollständigen Umschwung aller dieser einander durchkreuzenden Pläne brachte der Sieg bei Mollwitz hervor. Es handelte sich plötzlich nicht mehr darum, Preußen zu vernichten, sondern dessen Freundschaft und Bundesgenossenschaft zu erwerben. Lord Hyndford, der mit persönlicher Liebenswürdigkeit ein hohes Maß von Rechtlichkeit und Klugheit verband, war von Georg II. ausdrücklich zu dem Zwecke in das Strehlener Lager geschickt worden, um eine gütliche Einigung zwi-

---

[1]) Ranke II. 268.

schen Friedrich II. und Maria Theresia anzubahnen, weil es den Engländern darauf ankam, von der österreichischen Monarchie die Gefahren abzuwenden, welche eine gegen dieselbe gerichtete Verbindung Preußens und Frankreichs zur Folge haben mußte. Robinson, der englische Gesandte in Wien, war angewiesen, an diesem Vermittelungswerke sich zu betheiligen, und die englischen Bemühungen hatten einige Aussicht auf Erfolg, als Friedrich erklärte, er beanspruche keineswegs die ganze Provinz Schlesien, sondern würde sich mit einem Theile derselben begnügen. Ja, es schien zuweilen, als ob er auf die ziemlich bescheidenen, anfänglich von Gotter nach Wien überbrachten Vorschläge zurückkäme. Gegen Abtretung einiger Herzogthümer wollte er überdies die angebotene Geldsumme auf 3 Millionen erhöhen. Die Königin von Ungarn, welche die ihr von Frankreich drohende Gefahr sehr wohl durchschaute, schwankte hin und her. Ihre Minister wollten sich an den Gedanken nicht gewöhnen, daß der alte friedliebende Cardinal Fleury noch am Schlusse seiner Laufbahn zu kriegerischen Entschlüssen gebracht werden könnte. In anderen Augenblicken, wo der Zweifel an der Zuverlässigkeit ihrer angeblichen Verbündeten, namentlich Sachsens, überwog, war Maria Theresia zu Abtretungen an Preußen geneigt, wofür auch ihr Gemahl, der Großherzog von Toscana, stimmte. Vorwiegend aber blieb im Geiste der Königin das gewiß wohlbegründete

(1741.) Ihre Vorschläge von Friedrich II verworfen. 135

Bedenken, daß die Gewährleister der pragmatischen Sanktion nicht ohne einen Schein von Recht die Hinfälligkeit ihrer eingegangenen Verpflichtungen für den Fall behaupten konnten, wenn sie selbst sich dazu verstand, ihre Erblande durch eine Abtretung an Preußen zu zerstückeln. Ein solcher Vorgang schien die anderen Mächte zur Aufstellung ähnlicher Forderungen zu reizen. Als sie zuletzt trotz aller dieser Bedenken sich entschloß, den englischen Gesandten mit Vergleichsvorschlägen zu betrauen, so war das Zugeständniß, zu welchem sie sich bequemte, allzu gering, um dem Könige von Preußen zu genügen. Es lief im Wesentlichen darauf hinaus, Glogau mit Grüneberg nebst dem Schwiebuser Kreise, und auch diese Gebiete nur pfandweise auf gewisse Jahre an Preußen zu überlassen. Darauf konnte der König natürlich nicht eingehen. Er glaubte, daß die Engländer, welche ihm solche Anträge unterbreiteten, ihn nur hinhalten wollten, bis sie selbst mit ihren Parteigängern gehörig gerüstet wären, über ihn herzufallen. Wie sehr er sich bisher gegen das ihm von Ludwig XV. angebotene Bündniß gesträubt hatte, weil er nicht zum Vortheil Frankreichs und zum Schaden von Deutschland die österreichische Monarchie geschwächt sehen wollte, sondern nur die Vergrößerung seiner eignen Macht und seines eigenen Gebietes beabsichtigte, — so glaubte er doch, daß nunmehr der Augenblick gekommen sei, wo er die Anerbietungen des Cardinals Fleury ergreifen müßte, um nicht den größten Gefahren von der anderen Seite ausgesetzt zu sein.

Ohne sich das Geringste von seinem Entschlusse merken zu lassen, befahl er Anfang Juni 1741 seinem in Breslau verweilenden Minister Podewils, mit dem ebendaselbst anwesenden französischen Gesandten Valori unter Bewahrung des strengsten Geheimnisses das Bündniß mit Frankreich abzuschließen, was, da alle Vorbereitungen dazu bereits in der Stille getroffen waren, sofort geschehen konnte. Denn man hatte nicht erst nöthig, die Bedingungen von Neuem aufzustellen und auszuarbeiten, weil es sich dem Wesen der Sache nach nur um Preußens Beitritt zu dem bereits Ende Mai zwischen Frankreich und Baiern ebenfalls im größten Geheimnisse abgeschlossenen Nymphenburger Vertrage handelte.

Nach dem Tode des letzten habsburgischen Kaisers hatte sich nämlich in Frankreich eine Kriegspartei gebildet, welche jetzt den Augenblick gekommen glaubte, um die alten ehrsüchtigen Pläne der Bourbons gegen das Haus Oesterreich zu verwirklichen und den Franzosen nach Zerstückelung des habsburgischen Erbes ein für alle Mal das Uebergewicht in Deutschland und in ganz Europa zu sichern. An der Spitze dieser Partei stand der Marquis v. Belle=Isle, ein Mann von glänzenden kriegerischen und diplomatischen Talenten, durch welche

es ihm gelang, die Friedenspolitik des alten Cardinal
Fleury zu beseitigen. Mit Hilfe der Herzogin von Cha=
teauroux und ihrer Schwester, die sich seit 1732 in die
Gunst Ludwig's XV. theilten, gelang es, den König zu
gewinnen, und Fleury besaß bei seinen hohen Jahren
nicht mehr die Geisteskraft, um einer so mächtigen Ver=
bindung zu widerstehen.

Belle=Isle setzte es durch, daß man ihn mit einer
Gesandtschaft an die deutschen Höfe betraute, um deren,
so viel er konnte, in das französische Bündniß zu locken.
Baiern hatte die pragmatische Sanktion niemals an=
erkannt, vielmehr betrachtete sich Kurfürst Carl Albert
als rechtmäßigen Erben der habsburgischen Länder und
strebte danach, mit Frankreichs Hilfe auch die Kaiser=
krone zu erlangen. Sachsen, damals schon unter dem
Einflusse des erbärmlichen Grafen Brühl, schwankte
zwischen der Pflicht der Treue gegen Maria Theresia
und der Lust, wo möglich auch ein Stückchen von
Oesterreich an sich zu reißen, hin und her. Diese beiden
Höfe standen also den französischen Intriguen am leich=
testen offen. Von weit größerer Bedeutung aber wäre
es gewesen, auch den König von Preußen für Frankreichs
Pläne zu gewinnen. Alles das sollte Belle=Isle in's
Werk setzen. Mit größtem Glanze, gefolgt von
30 Edelleuten und 110 Dienern, reiste der zum Mar=
schall von Frankreich ernannte Marquis nach Deutsch=

land ab¹) und begab sich zuerst zum Könige von Preußen in das Mollwitzer, dann in das Strehlener Lager. Von hier aus machte er Ausflüge nach Dresden und München und schloß am 18. Mai 1741 mit dem Kurfürsten von Baiern zu Nymphenburg einen geheimen Vertrag ab, welchem auch Spanien beitrat, weil die spanischen Habsburger aus alten Familienverbindungen ebenfalls Ansprüche auf die österreichischen Erbländer herleiteten. Nach diesem Nymphenburger Vertrage sollte Böhmen, Oberösterreich, Tyrol und das Breisgau an Baiern fallen, Mähren und Oberschlesien an Sachsen, Niederschlesien aber mit der Grafschaft Glatz dem Könige von Preußen überlassen werden. Für Spanien wurden die italienischen Besitzungen des Kaisers bestimmt; der König von Sardinien, welcher sich ebenfalls als Theilnehmer meldete, sollte anderweit abgefunden werden. Frankreich versprach überdies, durch seine guten Dienste und nöthigenfalls mit Waffengewalt dafür zu sorgen, daß Carl Albert von dem Kurfürstencollegium zum Kaiser erwählt würde. Die Franzosen selbst sollten für ihre Mühe alles dasjenige behalten, was sie während der kriegerischen Unterstützung Baierns in Deutschland und den Niederlanden erobern würden. Carl Albert verpflichtete sich aus-

---

¹) Der Tourist v. Loën, der den Aufzug desselben gesehen hat, beschreibt ihn in seinen kleinen Schriften.

drücklich, später auch in seiner Eigenschaft als deutscher Kaiser hiergegen keine Einwendungen zu erheben. Der Wortlaut dieses schmählichen Vertrages [1]), durch welchen die deutschen Fürsten, und ganz besonders Baiern, ihr Vaterland an Frankreich verriethen, um persönlichen Ehrgeiz und persönliche Habsucht zu befriedigen, ist aus wohlerklärlichem Schamgefühl von den Theilnehmern und deren Erben bis auf den heutigen Tag nicht veröffentlicht worden. Dessenungeachtet wurde sehr bald der wesentliche Inhalt der Verabredungen bekannt, und auch Friedrich II. war darüber schwerlich im Unklaren. Obgleich er jetzt entschlossen war, die französischen Vorschläge anzunehmen, so mochte er sich doch nicht geradezu als Theilnehmer an diesem Nymphenburger Vaterlandsverrath bekennen, sondern beauftragte, wie gesagt, seinen Minister mit dem Abschlusse eines besonderen Vertrages, welcher am 4. Juni 1741 in Breslau zu Stande kam. Der Wortlaut desselben klang in der Hauptsache unverfänglich genug [2]). Beide Mächte schließen für die Dauer von fünfzehn Jahren eine Defensivallianz, versprechen einander in allgemeinen Ausdrücken Kriegshilfe, wenn sie angegrif-

---

[1] Adelung, Pragmatische Staatsgeschichte der Höfe Europa's seit dem Tode Carl's VI. II. 357. III. 39. Schlosser, Geschichte des 18. Jahrhunderts II. 24.

[2] Ranke II. 277.

sen werden, und gewährleisten jede der anderen ihre Besitzungen innerhalb Europa's. Der Beistand muß so lange geleistet werden, bis dem beleidigten Theile Genugthuung verschafft worden. Die Hauptsache, derentwegen der ganze Vertrag geschlossen war, fand Raum in den geheimen Artikeln desselben. Hier versprach Friedrich, bei der Kaiserwahl seine Stimme dem Kurfürsten von Baiern zu geben, wogegen Frankreich diesen Fürsten durch Hilfstruppen so kräftig unterstützen sollte, daß er sich in dieser Würde gegen alle seine Feinde behaupten könnte. Der König verzichtete ferner ein für alle Mal zu Gunsten des Hauses Pfalz-Sulzbach auf die alten Ansprüche seines Hauses an die jülich'sche Erbschaft und genügte so den Wünschen Frankreichs, welches nur kleine, ohnmächtige Fürsten an seiner deutschen Grenze sehen wollte¹). Das Alles gewährte Friedrich damals gern, weil er vor allen Dingen darauf bedacht war, seine schlesischen Eroberungen gesichert zu wissen, er erreichte dies durch einen ferneren Artikel, kraft dessen

---

¹) Ranke II, 278. behauptet, daß man auf diesen Verzicht im Weigerungsfalle französischerseits nicht bestanden hätte, daß Friedrich aber sich freiwillig entschloß, Alles zu beseitigen, was künftig die Eifersucht des neuen Verbündeten erregen könnte. Das ist denn doch nicht wahrscheinlich, und müssen dabei wohl noch andere nicht aufgeklärte Beweggründe mitgewirkt haben. Valori I. 108. sqq.

Ludwig XV. für sich und seine Nachfolger dem Könige von Preußen auf ewige Zeiten den Besitz von Niederschlesien, mit Einschluß der Stadt Breslau, gewährleistete, mit aller Macht, gegen Jedermann, wer es auch sei; ja, der Verzicht auf die jülich'sche Erbschaft sollte nur dann Giltigkeit haben, wenn der Besitz Schlesiens auch von Seiten des Hauses Oesterreich anerkannt und gewährleistet würde. Die Nymphenburger Bestimmung, daß die Franzosen alle Eroberungen, die sie während des Krieges in Deutschland machen würden, behalten sollten, ist in diesen Vertrag nicht aufgenommen, indessen versteht es sich von selbst, daß sie diesen Lohn für ihre Bemühungen nicht aufgaben und sich der Zustimmung des Königs versichert hielten. Noch im Monat August wollten sie in's Feld rücken.

Man darf bei Beurtheilung dieser gesammten Verhandlungen nicht die heutige Anschauung von den politischen Verhältnissen als Maßstab anlegen. Damals war nur die Frage, ob Frankreich, oder ob die Seemächte, England und Holland, das gebietende Wort in Europa reden sollten. Den Kampf dieser Hauptmächte und die durch denselben entstehenden Verwickelungen wollte Friedrich ausnutzen, um sich zwischen denselben eine möglichst selbstständige Stellung zu schaffen und seinen Staat bis zu einem achtunggebietenden Umfange zu erweitern. Einer solchen klar erkannten Absicht gegenüber verschwanden vor seinen Augen alle anderen

Rücksichten. „Dieser Krieg," schreibt er an Algarotti [1]), „betrifft die Gesammtinteressen des in zwei Lager getheilten Europa. Der Sieg wird über die Zukunft des Hauses Oesterreich und über die Antheile der Verbündeten entscheiden. Es wird sich zeigen, ob Frankreich oder die Seemächte gebieten sollen. Die Folgen werden sich von Finnlands Gletschern bis zu den sonnigen Küsten Neapels fühlbar machen." Man sieht, daß er an eine Macht Deutschlands als eines Ganzen dabei nicht dachte. Dieses ohnmächtige, zerrissene Reich mußte erst vollständig in sich zerfallen, bevor von einem Wiederaufbau aus den Trümmern die Rede sein konnte.

Für Maria Theresia rückte inzwischen die Gefahr immer näher. Allmählich mußten ihre Rathgeber doch zu der Ueberzeugung kommen, daß ein Bündniß zwischen Frankreich und Friedrich II. im Werke, oder gar schon abgeschlossen sei. Vergebens rechnete sie auf Englands sofortigen Beistand. Georg II. ließ ihr unumwunden erklären, daß er nicht früher thätig eingreifen könnte, als bis sie sich mit dem Könige von Preußen abgefunden. Zögernd und im heftigsten Kampfe mit ihrem Stolze entschloß sie sich hierauf, den Gesandten Robinson

---

[1]) Oeuvres XVIII. 35. Dies ist der Sinn. Die Worte lauten ein wenig anders, weil der Brief am 20. März 1742 geschrieben ist.

mit neuen Vorschlägen in das Strehlener Lager zu
schicken; allein was sie bot, zeigte nur zu deutlich, daß
sie sich in ihrem vollen Rechte fühlte gegenüber einem
unbefugten Angreifer und Friedensstörer. Sie wollte
auf Ersatz für den von Friedrich in Schlesien angerich=
teten Schaden verzichten und ließ ihm zuerst den öster=
reichischen Antheil an Geldern, dann Limburg anbieten.
„Das ist Bettelkram," antwortete der König [1]).
Als man ihm noch einige Millionen Thaler zu zah=
len versprach, versetzte er sich in moralische Entrüstung [2]):
„Nur ehrlose Fürsten verkaufen ihre Rechte um Geld!"
Da Robinson zuletzt, und zwar ohne ausdrückliche Er=
mächtigung der Königin von Ungarn, noch Glogau
anbot, rückte der König mit der Erklärung heraus: daß
er ganz Niederschlesien mit Breslau verlange. „Ich
habe es bereits inne und werde es behaupten, man soll

---

[1] Ueber diese Strehlener Unterhandlungen liegen außer dem,
was Friedrich selbst Oeuvres II. 84. aufgezeichnet hat, noch die
Mittheilungen aus dem englischen Archive, in Raumer's Beiträ=
gen p. 106, und ein Précis des propositions du Sr. Robinson
au camp de Strehlen etc. vor. Alle drei Berichte stimmen im
Wesentlichen überein. Ranke II. 324.

[2] Oeuvres II. 84. „Der Minister," sagt Friedrich, „decla=
mirte pathetisch, als wenn er vor den Bänken des Unterhauses
stände." Das kam dem Könige so lächerlich vor, daß er ihm in
demselben Tone antwortete.

sich nicht schmeicheln, daß ich es je aufgeben werde. Ich will es haben oder darüber untergehen! Ich und alle meine Truppen!"

Wie fest er das beschlossen hatte, zeigte die in derselben Zeit erfolgte förmliche Besitznahme von Breslau. In dieser Hauptstadt des Landes gefielen sich Magistrat und Bürgerschaft noch darin, jenen ihnen bewilligten Neutralitätsvertrag vom 3. Januar sehr ernsthaft zu nehmen, während die Worte desselben ihnen doch die Augen darüber öffnen mußten, daß Friedrich das Zugeständniß in jedem Augenblicke zurücknehmen konnte. Nur so lange die „gegenwärtigen Conjuncturen" dauern, hatte er die Parteilosigkeit versprochen, daß diese Conjuncturen sich in Folge der Schlacht bei Mollwitz gänzlich geändert, wollten die guten Breslauer nicht begreifen.

Im Innern der Stadt standen die evangelische und die katholische Partei, oder, was ziemlich dasselbe war, die Preußisch- und Oesterreichisch-Gesinnten einander feindlich gegenüber. Jeder erwartete, daß sehr bald die Truppen der von ihm begünstigten Macht ihren Einzug halten und die Gegner unterdrücken würden. Friedrich glaubte zu wissen, daß man Einverständnisse mit Neipperg unterhalte, um denselben herbeizuziehen und die Preußen von Breslau abzuschneiden, und daß man den Oesterreichern willig die Thore geöffnet hätte, wenn

(1741.) Besitznahme von Breslau.

der Tag von Mollwitz anders verlaufen wäre[1]). Am schlimmsten aber war es, daß der Magistrat mit Berufung auf die Neutralität die geforderten 500,000 Fl. nicht zahlen wollte und sich sogar sträubte, den gewöhnlichen Steuerbetrag von 106,000 Gulden für das erste Halbjahr 1741 an ihn abzuführen. (13. Juni.) Da er nun überdies erfuhr, daß Neipperg von Neisse ausgerückt sei und auf Umwegen der preußischen Armee den Zugang nach Breslau abzuschneiden drohte, so entschloß er sich, dem zuvorzukommen[2]). „Es ist außer allem Zweifel," schreibt er an Schwerin, „daß die Occupation von Breslau noch beständig das but der Oesterreicher ist, und dieselben mich bei allen Gelegenheiten zu alarmiren und in allen Entreprisen zu behindern suchen. — —Ich bin also dieses beständigen Cabalirens müde und daher determinirt, solchem ein Ende zu machen, meinen Feinden das Prävenire zu spielen und durch eine Surprise und coup de main mich der Stadt Breslau zu bemächtigen." Zur Ausführung ward der 10. August, der Tag Laurentius, bestimmt, oder, wie ihn die Oesterreichisch=Gesinnten später aus Aerger nannten: der krumme Lorenz. Das Unternehmen war

---

[1]) Alles auf die Einnahme Breslau's Bezügliche ausführlich bei Grünhagen: Friedrich der Große und die Breslauer. — Stenzel IV. 151.

[2]) Ranke II. 290. Grünhagen 164.

auf's Beste vorbereitet und glich in seiner Ausführung so ziemlich einem Lustspiel.

Um bei etwaigen Unruhen die fremden Gesandten, welche zum Theil in Breslau Wohnung genommen hatten, in Sicherheit zu wissen, lud der König dieselben zu sich in's Hauptquartier. Bereits einige Tage vorher war ein Corps von 8000 Mann unter Schwerin und dem Erbprinzen Leopold von Dessau bis in die Breslauer Vorstädte gerückt, angeblich um von da aus weiter nach Leubus zu ziehen. Am 9ten wurde dem Magistrat angezeigt, daß den 10ten früh 6 Uhr 2000 Mann vom Nikolaithor durch die Stadt zum Oberthor marschiren würden, um dann auf dem rechten Ufer des Stromes ihren Weg fortzusetzen. Nicht am Nicolaithor, sondern am Schweidnitzer Thore traf der Stadtcommandant am nächsten Morgen die Preußen, aber weit mehr als 2000 Mann. Er wollte mit seiner Stadtmiliz zum Führer dienen und setzte sich an der Spitze des Zuges in Marsch. Hinter ihm kam eine Schaar Soldaten, welche die Officierpferde führte, dann das preußische Militär. Den Beschluß bildete eine große Anzahl Bagagewagen. Auf der Zugbrücke am Thore zerbrach, scheinbar zufällig, einer dieser Wagen und machte das Aufziehen der Brücke unmöglich. Ueber dieselbe sprengten nun eine Menge Reiter in die Stadt, die sich ohne Weiteres des Zeughauses bemächtigten. Der Stadtcommandant war gravitätisch weiter geritten, bis er, sich umwendend, zu seinem Schrecken bemerkte, daß nur seine eigene Miliz und die Officier=pferde gefolgt waren, während die Preußen bereits nach allen Seiten hin die Straßen besetzt hielten. Als er sich, um Aufklärung zu erhalten, an den Prinzen Leopold wandte, kam Schwerin herangesprengt und befahl ihm, sich nach Hause zu begeben, was er auch that. Durch alle Thore drangen nun Soldatenabthei=lungen in die Stadt, Artilleristen mit brennenden Lun=ten postirten sich neben ihren Kanonen an den Straßen=ecken. Niemand widersetzte sich, es war zu keiner Ge=waltsamkeit irgend welche Veranlassung, mit Ausnahme von ein paar Ohrfeigen, die ein Stadtsoldat am Ohlauer Thore erhalten haben soll, weil er ungebühr=liche Reden ausstieß. Um halb 8 Uhr war Breslau erobert, und durch die Schüsse von stationsweise aufge=stellten Böllern erfuhr der König den glücklichen Erfolg in seinem Lager.

Schwerin und der zum Commandanten von Breslau ernannte General Marwitz ergriffen im Ver=ein mit den Geheimräthen v. Münchow und Reinhardt alsbald mit fester Hand die Zügel des preußischen Re=giments. Die Kriegsvorräthe wurden in Besitz genom=men, und schon um 9 Uhr Vormittags trat Schwerin vor den in den Fürstensaal zusammenberufenen Magi=strat mit der Erklärung, daß die Neutralität nun zu Ende sei. Der König wolle wegen alles inzwischen

Vorgefallenen Amnestie ertheilen, verlange aber dagegen sofortige Huldigung durch den Eid der Treue. Die Formel wurde verlesen, und der Magistrat nebst den gleichfalls erschienenen Aeltesten der Kaufmannschaft und der Zünfte sprachen dieselbe nach und brachten dem Könige von Preußen ein Lebehoch. Mittags 1 Uhr wurden auf dem Salzringe die 750 Stadtsoldaten mit ihren Officieren vereidigt, die Kriegsartikel vorgelesen und die Gemeinen jeder mit einem Geschenk von 5 Sgr. entlassen, um auf die Gesundheit des neuen Monarchen zu trinken.

Sodann nahm man die evangelische Geistlichkeit und die Bürgerschaft in Pflicht. Ein Herold ritt zwei Mal um den großen Ring und warf für 15,000 Gulden Gold-, Silber- und Kupfermünzen unter das Volk, wodurch die bei solchen Gelegenheiten üblichen Pöbelscenen hervorgerufen wurden. Die ganze Einwohnerschaft hatte sich somit widerstandslos dem Könige unterworfen. Ein Theil der katholischen Geistlichkeit, namentlich das Domstift, suchte allein sich unter allerhand Vorbehalten und Ausflüchten dem Huldigungseid zu entziehen. Es kam so weit, daß die Domherrn aus der Stadt verwiesen und ihr Vermögen unter Administration gesetzt wurde. Als aber nicht lange nachher der König in Person die Landeshuldigung empfing, fügten sich auch die Prälaten und wurden, wenigstens

(1741.) Die Prälaten. Der Magistrat in Breslau. 149

äußerlich, gute preußische Unterthanen[1]). Der König hatte in den andern schlesischen Städten in die fast überall katholischen Magistratscollegien je zwei evangelische Mitglieder eingesetzt. Als er in Bezug auf Breslau eine gleiche Verfügung erlassen wollte, erfuhr er zu seiner Ueberraschung, daß daselbst der Magistrat und alle städtischen Beamten evangelisch wären. Er begnügte sich deshalb damit, den küstrin'schen Regierungsrath Blochmann, einen gebornen Schlesier, zum Magistratsdirector zu ernennen, und wurde derselbe denn auch mit aller Zuvorkommenheit und Devotion aufgenommen und in sein Amt eingeführt.

Ein höchst unwillkommenes Geschenk war den Breslauern die brandenburgische Accise und die Umgestaltung des gesammten Steuerwesens nach dem Muster der alten Provinzen. Handel und Wandel erlitten dadurch einen empfindlichen Stoß, die alte Verkehrsgemeinschaft mit Oesterreich war abgeschnitten, und man mußte sich nach neuen Absatzwegen umsehen. An die Stelle des gemüthlichen Schlendrians der früheren Verwaltung trat das straffe preußische Beamtenwesen; bis hinab zu den Pflasterern auf der Straße machte sich der ungewohnte Antrieb zu ernsterer Thätigkeit fühlbar. Dazu kam die Einquartierungslast und die Rücksichtslosigkeit, mit welcher der Commandant verfuhr, um

[1]) Die Details sehr genau bei Grünhagen, 180 sqq.

seinen Soldaten in der Stadt für Paraden und Exercitien Platz zu machen. Ein militairisches Regiment verdrängte das Patriarchenthum der alten reichsstädtischen Verwaltung, — man klagte, daß die neuen brandenburgischen Hosen doch viel enger wären, als die alten bequemen böhmischen. Während der König durch alle diese Maßregeln zu erkennen gab, daß er Schlesien jetzt ohne Weiteres wie eine Provinz seines Landes betrachte, mußte sich dadurch sein Verhältniß zu Oesterreich noch schroffer gestalten. Maria Theresia sah sich von allen Seiten auf's Aeußerste bedroht. Der sogenannte österreichische Erbfolgekrieg, die Frucht des Nymphenburger Bündnisses, kam zum Ausbruch. Ohne alle Bundesgenossen stand die Königin ihren zahlreichen Feinden gegenüber, seitdem die letzte Hoffnung, von den Russen Beistand zu erlangen, dadurch vereitelt war, daß Schweden auf Frankreichs Veranlassung der Czarin den Krieg erklärte, und diese nun genöthigt war, ihre ganze Kraft und Aufmerksamkeit dem Norden ihres Reiches zuzuwenden.

Jetzt schritt Baiern zum Angriff. Am 31. Juli rückte ein Corps kurfürstlicher Truppen ohne jede vorherige Ankündigung gegen die bischöfliche Stadt Passau vor und bemächtigte sich durch eine Kriegslist der Thore¹). Dem Fürstbischof blieb Nichts übrig, als

---

¹) General ~~Mengzi~~ Keß ein Postsignal blasen, und als der Pförtner öffnete, drangen die Soldaten ein.

das unter Protest geschehen zu lassen. Bereits setzten sich 40,000 Mann Franzosen unter Belle-Isle als Hilfstruppen in Bewegung (sie trugen das weißblaue baierische Feldzeichen am Hute), während eine zweite Armee von 15,000 Franzosen unter Maillebois mit 15,000 Kurpfälzern und Kölnern im Verein mit dem unter dem alten Dessauer stehenden preußischen Beobachtungsheer Hannover bedrohten, um den König von England zur Neutralität zu zwingen. Deutschland füllte sich bis zur Elbe mit französischem Kriegsvolke. Durch solchen Rückhalt sicher gemacht, brach Carl Albert in Oesterreich ein und hatte schon am 15. September Linz besetzt. Er geberdete sich ohne Weiteres als rechtmäßiger Erbe der habsburgischen Länder und nahm den Titel eines Erzherzogs an. Die österreichischen Provinzen standen seinen Angriffen gegenüber ebenso wehrlos, wie Schlesien wenige Monate früher den Preußen. Es fehlte überall an Truppen und Geld, selbst die geringen Vertheidigungsmaßregeln, die man hatte treffen wollen, waren an dem Widerstande der Stände gescheitert, welche in beschränktestem Egoismus jede militairische Vorsichtsmaßregel aus Furcht vor der Einquartierungslast vereitelt hatten. Die Bevölkerung kam dem Kurfürsten beinahe freudig entgegen [1]). Carl's VI. schlechte Finanzwirthschaft,

---

[1]) v. Arneth I. 248.

die drückenden Abgaben, seine grausamen Jagdgesetze und viele den gemeinen Mann belästigenden Mißbräuche ließen den einrückenden Prätendenten fast wie einen Befreier erscheinen. Auch der Adel drängte sich zur Huldigung, nur wenige Magnaten, welche persönlich von der Königin größere Vortheile zu hoffen hatten, als von dem baierischen Kurfürsten, blieben fern. Der Abfall des ganzen Landes schien sich vollziehen zu wollen, man konnte glauben, das Ende der österreichischen Monarchie nahe heran. Da flüchtete auch Sachsen aus dem sinkenden Schiffe und ging in das andere Lager über. Auf die Stücke, welche bei der gegehofften Theilung des preußischen Staates für das Haus Wettin abfallen sollten, war nicht mehr zu rechnen, es schien sicherer, von Frankreich sich Mähren und Oberschlesien versprechen zu lassen. Gegen Zusicherung dieser Belohnung trat Graf Brühl mit seinem König August am 19. September 1741 dem Nymphenburger Bündnisse bei. Friedrich hielt den Augenblick für günstig, um Oesterreich nunmehr zur Annahme des Friedens unter jeder ihm auferlegten Bedingung zu zwingen. Er versuchte den Kurfürsten von Baiern dahin zu bringen, daß er mit seinen französischen Freunden direct auf Wien losginge und die Stadt, welche sich in ungenügendstem Vertheidigungszustande befand, durch Ueberraschung einzunehmen versuchte. Diesen Rath zu ertheilen, sandte der König einen Grafen

Schmettau, der jüngst aus österreichischen Diensten, die er wegen allerlei Vergehen und Unregelmäßigkeiten in seiner Dienst- und Kassenführung hatte verlassen müssen, zu ihm übergetreten war, an den Kurfürsten von Baiern, den er auf dem Zuge nach Linz begleitete. Carl Albert schien nicht abgeneigt, Schmettau's Rath zu befolgen, allein er verweilte so lange in Linz und rückte auch dann (5. October) so langsam vor, daß der günstige Augenblick darüber versäumt wurde¹). Unterdessen war der König nicht müssig, sondern suchte durch geschickt angeordnete Märsche, die leider nicht ganz seinen Befehlen gemäß ausgeführt wurden²), die Neipperg'sche Armee von der Festung Neisse abzuschnelben. Nun entschloß sich Maria Theresia in ihrer Bedrängniß zu einem nochmaligen Versuche, den König von Preußen zu gewinnen. Sie ließ ihm durch Lord Hyndford ganz Niederschlesien, wie er es verlangt hatte, anbieten, wenn er dafür ein Vertheidigungsbündniß gegen die Baiern und Franzosen mit ihr abschließen wolle. Das wurde rund abgeschlagen. Nie könne er darein willigen, so getreue Bundesgenossen zu verlassen. „Es ist nicht mehr Zeit," schrieb er, „die Königin zu unterstützen, sie muß sich der ganzen Schwere ihres Geschicks unterwerfen — —³)." Da versuchte die Kaiserin

---

¹) v. Arneth I. 324. 325.   ²) Oeuvres II. 86.
³) Stenzel p. 158. Raumer's Beiträge p. 146.

Mutter, ihre Verwandtschaft mit dem preußischen General Ferdinand von Braunschweig zu benutzen, um den König zum Mitleid zu bewegen. Friedrich kam dadurch zu der Ueberzeugung, daß er an dem Punkt angelangt sei, wo er Alles erhalten konnte, was er wünschte, und daß ein Vergleich mit Oesterreich ihn sicherer zum Ziele führen würde, als der Beistand seiner Verbündeten, denen er mit Recht eben so sehr mißtraute, wie diese ihm. Als daher Hyndford nunmehr noch weitergehende Zugeständnisse überbrachte und sogar die Festung Neisse anbot, wenn der König nur mündlich versichern wollte, von einem ferneren Angriffe gegen Oesterreich abzustehen, so beschloß er, darauf einzugehen. Eine Zusammenkunft zu mündlicher Besprechung wurde verabredet. Der König begab sich am 9. October 1741, nur von seinem Adjutanten Golz begleitet, auf das Stahrenbergische Schloß zu Klein-Schnellendorf, wohin sich auch Lord Hyndford mit den Generalen Neipperg und Lentulus verfügt hatten. Im Auftrage Maria Theresia's trat Neipperg hier ganz Niederschlesien mit Einschluß der Festung Neisse bis an den Neisseflsuß und auf der anderen Seite bis zu den Grenzen des Herzogthums Oppeln mit voller Souverainetät an Preußen ab. Dagegen versprach der König, die Oesterreicher nicht anzugreifen, sondern das Neipperg'sche Heer ungehindert gegen die Baiern und Franzosen weiterrücken zu lassen. Natürlich mußte dieser Vertrag, den man absichtlich ganz formlos hielt, und der weder vom Könige noch von Neipperg, sondern nur von Lord Hyndford, als unparteiischem Zeugen, unterschrieben und besiegelt wurde, auf's Strengste vor den Verbündeten des Königs geheim gehalten werden, gegen welche nun die österreichische Armee angreifend vorrücken konnte. Auch ließ sich Friedrich die strengste Verschwiegenheit nicht nur von den Anwesenden auf Ehrenwort angeloben, sondern erklärte ausdrücklich, daß er den ganzen Vertrag in dem Augenblick für null und nichtig ansehen und vollständig ableugnen würde, wo seine Verbündeten von demselben Kenntniß erhielten. Neisse sollte, um das Geheimniß aufrecht zu erhalten, nicht sofort, sondern erst nach einer kurzen Schein= belagerung übergeben werden, auch wollte man aus demselben Grunde den kleinen Krieg noch eine Weile fortzuführen sich den Anschein geben. Bis Ende Decem= ber sollte ein förmlicher Friedensvertrag zu Stande kommen.

Daß dieses Abkommen für beide Theile vortheil= haft war, ist klar. Maria Theresia konnte über Neip= perg's Heer zur Rettung von Wien verfügen, und um solchen Preis gab sie mit schwerem Herzen die Festung Neisse hin. Friedrich dagegen erhielt ohne Schwert= streich den Besitz dieses Platzes, der wahrscheinlich noch große Opfer erfordert hätte, und sah überdies Schlesien von dem feindlichen Heere geräumt. Die Treulosigkeit

gegen seine Verbündeten ist allerdings von der Art, daß
sie kaum größer gedacht werden kann, indem er nicht
nur hinter ihrem Rücken mit dem gemeinschaftlichen
Feinde sich zu eigenem Vortheil verständigte, sondern,
wie gesagt, auch die ganze österreichische Armee gegen
sie losließ. Aber er hatte auch nicht ein Mal die
Absicht, in Zukunft jedem Angriff gegen Maria Theresia
zu entsagen, sondern berechnete im Voraus, daß ein
Geheimniß, welches fünf Personen bekannt ist, niemals
verschwiegen bleibt, ja, daß die Möglichkeit, den Samen
des Mißtrauens durch Veröffentlichung des Vertrages
unter die Alliirten zu streuen, den österreichischen Hof
dahin bringen werde, denselben bekannt zu machen.
Er selbst [1]) war über die Motive seiner Handlungsweise
vollständig im Klaren und schrieb dieselben mit folgenden Worten nieder: „Ich hatte Ursache, dem Wiener
Hofe zu mißtrauen, dessen Gesinnungen mir bekannt
waren. Daher glaubte ich klug zu handeln, wenn ich
von den Oesterreichern ein unverbrüchliches Stillschweigen über diesen Vertrag verlangte, indem ich voraussah, daß sie doch nicht schweigen, sondern die Kunde
davon verbreiten würden, um Mißtrauen unter die
Verbündeten zu säen, wodurch ich dann meinerseits das
Recht erhielt, diese mündliche Uebereinkunft zu brechen."
Die Oesterreicher erfüllten pünktlich die Festsetzungen

---

[1]) Ranke 339. Note, und Oeuvres II. 91.

des Vertrages. Neisse wurde 12 Tage lang zum Schein belagert und selbst heftig beschossen, aber die preußischen Pioniere arbeiteten bereits an der von Friedrich befohlenen Verstärkung der Festungswerke, noch bevor die Besatzung abgezogen war (30. Oct. 1741). Neipperg konnte ungehindert sein Heer gegen die Alliirten des Königs von Preußen führen.

So fest glaubte man am Hofe der Königin von Ungarn nunmehr mit Preußen auf dem besten Fuße zu stehen, daß der Großherzog von Toscana um die Kurstimme des Königs bei der bevorstehenden Kaiserwahl bat. Friedrich II. fand das sehr belustigend. Er sagt darüber [1]: „Der Großherzog schmeichelte sich, daß ich die Schnellendorfer Besprechung als Friedenspräliminarien betrachten würde, und schrieb mir in diesem Sinne — —. Meine Antwort war verbindlich, aber in so dunklen und verwickelten Ausdrücken abgefaßt, daß ich selbst Nichts davon verstand." Um die Franzosen und Baiern, falls sie von den heimlichen Verträgen mit Oesterreich etwa Kunde erhalten hätten, zu täuschen, mußte Lord Hyndford dem Könige schreiben, daß seine Bemühungen, die Königin von Ungarn zur Nachgiebigkeit zu bewegen, fruchtlos wären. Diesen Brief zeigte Friedrich alsdann dem französischen Gesandten [2].

---

[1] Oeuvres II. 92.   [2] Raumer's Beiträge p. 149.

Es kann Niemandem im Ernste einfallen, das Verfahren des Königs in dieser ganzen Angelegenheit vom moralischen Gesichtspunkte aus rechtfertigen oder auch nur entschuldigen zu wollen. Mit vollem Bewußtsein hatte er seine Verbündeten hintergangen, einem feindlichen Heere die Möglichkeit verschafft, sich gegen seine Freunde und Kampfgenossen zu wenden. Noch mehr! Er war seinem eigenen Bekenntnisse nach fest entschlossen, auch den Oesterreichern gegenüber sein Wort zu brechen, wenn das absolute Geheimniß nicht gewahrt wurde, in welches diese Verhandlungen verhüllt bleiben sollten, und doch hatte er diese Bedingung deshalb aufgestellt, weil er voraussah, daß sie unerfüllbar sei und ihm dadurch der Vorwand geboten würde, den Vertrag, aus dem er mindestens eben so viel Nutzen gezogen wie die Gegner, für unverbindlich zu erklären. In ganz anderem Lichte aber erscheint der Vorgang, wenn wir denselben als einen Akt der Politik anschauen. Gesteht man die Voraussetzung zu, auf welche der König die Rechtfertigung seines Verfahrens zu gründen sucht, nämlich daß es ihm erlaubt war, Schlesien zu erobern und sich die Eroberung dieser Provinz auf jede Art zu sichern, so wird man ihm beistimmen können, wenn er, wie folgt, weiter argumentirt: „Ich selbst," sagt er [1]), „habe mich mit Frankreich und Baiern nur verbündet,

---

[1]) Oeuvres II. 93.

(1741.) La liberté germanique.

um Schlesien zu bekommen. Die Franzosen dagegen hatten die Absicht, das Haus Habsburg gänzlich und für immer zu Grunde zu richten. Auf den Trümmern dieses Reiches wollten sie dann vier Mittelstaaten errichten, die einander das Gleichgewicht hielten. Maria Theresia nämlich sollte Ungarn, Steiermark, Kärnthen und Krain, — der Kurfürst von Baiern Böhmen, Tyrol und das Breisgau, Preußen die Provinz Niederschlesien, und Sachsen endlich Mähren und Oberschlesien zu ihren bisherigen Besitzungen als Zuwachs erhalten. Da diese vier Reiche voraussichtlich bald unter einander in Haber gerathen wären, so wollte Frankreich dann als gebietender Schiedsrichter in Deutschland auftreten. Zu einem solchen Plane konnte ich nicht mitwirken. Ich wollte die Macht meines Hauses vergrößern, aber keineswegs mein Heer dazu verwenden, um mir Nebenbuhler zu schaffen und die Unabhängigkeit[1] Deutschlands zerstören zu helfen."

Als Ergebniß dieser Betrachtungen möchten folgende Sätze sich herausstellen: Sämmtlichen Gegnern Maria Theresia's war der Wunsch gemeinsam, auf

---

[1] Oeuvres II. 91. Das ist der Sinn des Ausdruckes liberté germanique, der in den Staatsschriften des 17. und 18. Jahrhunderts eine so große Rolle spielt. Oft bedeutet es auch nur: Unabhängigkeit der teutschen Fürsten vom Hause Oesterreich. In diesem Sinne finden sich die Worte wiederholt in Friedrich's Correspondenz mit der Herzogin von Gotha.

Kosten der habsburgischen Erbschaft sich zu vergrößern. Jeder griff zu den Mitteln, die ihm am zweckmäßigsten schienen, ohne dabei auf Recht und Gerechtigkeit besondere Rücksicht zu nehmen. Friedrich II. überlistete seine Genossen, weil er klüger war als sie, denn sicherlich lag es nicht an ihrem guten Willen, daß er nicht von ihnen überlistet wurde. Er war aber zugleich fern davon, sich vor sich selbst oder vor den Anderen die Rolle eines ritterlichen Tugendhelden zuzuertheilen. Er hielt rücksichtslos an dem Satze fest: Wer den Zweck will, muß auch die Mittel wollen. Darin glich seine Handlungsweise auffallend dem Verfahren des großen Kurfürsten, welcher ebenfalls das Feld der Diplomatie ganz und gar wie ein Schlachtfeld ansah, auf welchem jede Kriegslist für erlaubt gilt. Wenn er dadurch das Vertrauen der anderen Fürsten verscherzte und sich sagen mußte, daß diese fortan stets ebenso vor ihm auf der Hut sein würden, wie er vor ihnen, so machte ihn das nicht irre. Der Erfolg hat gezeigt, daß er an Kraft und Klugheit sie Alle weit überragte und gegen die ganze Welt sich mit einer Ausdauer zu behaupten vermochte, die in der Geschichte ohne Beispiel dasteht. Wir, die wir nach einem Jahrhundert uns im Besitze dessen befinden, was er erreicht hat, werden um so weniger geneigt sein, die Wege zu verdammen, auf denen er einherschritt, als wir ohne ihn sicherlich niemals die Stelle in Europa einnehmen könnten, welche Preußen sich erkämpft hat. Wurde Deutschland durch Preußen zerrissen, so wird Preußen das überreichlich vergüten, wenn einst Deutschland durch dasselbe Preußen wieder geeinigt dasteht.

Sechstes Kapitel.

Fortsetzung des Krieges. Schlacht bei Czaslau.
Friede zu Breslau.

Am 30. October 1741 erfolgte die Uebergabe von Neisse, mit welcher die Eroberung Schlesiens abgeschlossen schien. Sich in diesem Besitze noch mehr zu befestigen, schloß Friedrich am 1. November den geheimen Frankfurter Vertrag mit Baiern und Sachsen, durch welchen diese drei Mächte einander gegenseitig diejenigen Stücke der habsburgischen Erblande gewährleisteten, welche einem Jeden von ihnen bei der Theilung zufallen sollten. Damit noch nicht genug, erklärte der König am 4. November in aller Form seinen Beitritt zu dem Nymphenburger Vertrage, entsagte nochmals ausdrücklich den Ansprüchen auf Jülich und Berg und kaufte von dem Kurfürsten von Baiern, den er als König von Böhmen anerkannte, für 400,000 Thaler

Huldigung in Breslau. (1741.)

die Grafschaft Glatz, welche dieser niemals besessen hatte¹).

Nunmehr wollte Friedrich die Huldigung aller Stände seiner neuen Provinz in Breslau entgegennehmen. Am 4. November traf er ein²). Feierlich von den Einwohnern empfangen, fuhr er Nachmittags in einer mit acht Falben bespannten Chaise in die Stadt. In einem zweiten Wagen folgte mit anderen Generalen der alte Fürst von Dessau, der mit dem Könige unterwegs zusammengetroffen war.

Am 7ten fand die Huldigung statt. Auf einem Thronsessel im Fürstensaale des Rathhauses empfing

---

¹) Friedrich's eigene Worte. Oeuvres II. 85. Der Frankfurter Tractat ist noch nicht veröffentlicht. Ueber das Bestehen desselben kann kein Zweifel sein. Außer den bei Stenzel 170 angeführten Orten findet sich im Dresdner Archiv vielfache Erwähnung desselben. So berichtet der Gesandte Bülow über eine Audienz am 6. Januar 1742, in welcher er gebeten, man möge die für Sachsen stipulirten Bedingungen verbessern. Der König erwiederte: Das sei jetzt zu spät, nachdem der Frankfurter Vertrag bereits ratificirt sei. „Ich hütete mich wohl," fährt Bülow fort, „das argumentum ad hominem zu gebrauchen, daß ja der König selbst noch nach Abschluß des Vertrages die Grafschaft Glatz erhalten habe."

²) Grünhagen 210, wo wieder manche Einzelheiten, die namentlich aus Bielefeld's Briefen in die Geschichtsbücher übergegangen waren, als unglaublich zurückgewiesen werden. Daselbst Note 2. ferner: 216. 217.

der König die Stände, welche nach einer Anrede des Ministers Podewils in althergebrachter Weise das Gelöbniß der Treue leisteten. Auch das Domstift hatte sich nunmehr zur Nachgiebigkeit bequemt. Knieend leisteten Namens des Bischofs der Dompropst und der Dechant das Homagium. Das ihm angebotene übliche Huldigungsgeschenk von 100,000 Thalern lehnte der König ab.

Unter den Festlichkeiten wird besonders die Illumination der Stadt hervorgehoben, dergleichen an Pracht und Glanz Breslau weder vorher, noch nachher wieder gesehen haben soll. Von den Transparenten waren viele mit Unterschriften versehen, welche um Erleichterung der Einquartierungslast baten [1]).

Der König ernannte als Ausfluß der nunmehr übernommenen Souverainetät die Grafen Haßfeld und Carolath zu Fürsten und nahm noch mehrere Standeserhöhungen vor. Festlichkeiten aller Art beschlossen diesen merkwürdigen Huldigungsakt.

Am Tage nach demselben gab der König vor mehreren zu dem Ende berufenen geistlichen und weltlichen Standespersonen eine offene Erklärung über die Art und Weise ab, wie er in Zukunft zu regieren beabsichtige. Er versprach ausgedehnteste Toleranz und vollständige Gleichberechtigung der evangelischen und katholischen Confession, unparteiische Rechtspflege durch

---

[1]) Grünhagen 221. Wörtlich aus dem Landesblarium 182.

zwei in Breslau und Glogau zu errichtende Justiz=
collegien, die nur mit Schlesiern besetzt werden sollten.
Dagegen müsse die Finanzverwaltung ganz auf mär=
kischen Fuß eingerichtet und von Beamten aus den alten
Provinzen geleitet werden, bis die Einwohner mit den
neuen Zuständen hinlänglich vertraut wären. Eine
neue Steuerverfassung werde vollkommen gleiche Ver=
theilung aller Lasten binnen Jahresfrist in's Leben
rufen. An die Stelle der Accise werde eine Verbrauchs=
steuer treten. Den vielfachen nicht ungerechten Klagen
über Gewaltsamkeiten der Werber solle abgeholfen wer=
den. Vieles, was bei diesen neuen Einrichtungen im
Anfange drückend erscheine, würde sich bald als heilsam
ausweisen.

Die alten Rechte der Stände respektirte der König
hier so wenig, wie er es in Preußen gethan. Schon in
einem Erlasse vom 12. September hatte er von dem
„ehemaligen" conventus publicus gesprochen. Am
29. October wurde derselbe für aufgelöst erklärt, und
jede Mitwirkung der Stände bei der Steuerverwaltung
ein für alle Mal beseitigt. Mit wunderbarer Ergebung
fügten dieselben sich in diese Maßregeln, von irgend
welchem Widerstande, oder auch nur von ernsten Gegen=
vorstellungen ist nirgends die Rede[1]).

---

[1]) Das Nähere aus dem handschriftlichen Landesdiarium bei
Stenzel IV. 164.

Am 9. November verließ der König die Stadt Breslau und kehrte nach Berlin zurück, wo er den 12ten anlangte und „mit allerhand Festivitäten und Freudenbezeigungen" empfangen wurde ¹).

Während das Glück dem Könige von Preußen von allen Seiten zu lächeln schien, stand Maria Theresia, verlassen von ihren Freunden und Bundesgenossen, einer zahlreichen Feindesschaar gegenüber. „Ich bin eine arme Königin," soll sie gesagt haben, „ich weiß nicht, wo mir eine Stadt für mein Wochenbett bleiben wird." Bei der Annäherung der Baiern und Franzosen hatte sie sich mit ihrem Hofe nach Preßburg zurückgezogen. Zahlreiche Flüchtlinge aus Wien folgten ihr dahin. Aber ihr Muth war nicht gebrochen, und wenn sie ein ander Mal den Ruf wiederholte: „Ich bin nur eine arme Königin," so setzte sie selbstbewußt hinzu: „Allein ich habe das Herz eines Königs!" Bereits mehrere Monate früher, im Juni, war sie in Ungarn gewesen, um die Krone des heiligen Stephan auf ihr Haupt zu setzen; da hatte ihre liebenswürdige Persönlichkeit schnell die Herzen des leicht erregbaren Volkes gewonnen. Dennoch fand sie bei ihrer zweiten Anwesenheit den jetzt versammelten Landtag keineswegs ohne Weiteres zur Hilfe bereit. Wohl hatte man sie mit dem begeisterten Zurufe empfangen: Wir weihen

---

¹) Heldenleben II. 320.

Blut und Leben für unsere Königin[1])! Allein der
Adel nahm, trotz aller Begeisterung, diese Gelegenheit
dennoch bestens wahr, um für seinen Stand der
Monarchin allerlei Zugeständnisse abzubringen, die sie
nach langen heftigen Debatten mit schwerem Herzen
bewilligen mußte. Erst nachdem die Magnaten ihre
Forderungen mit großer Hartnäckigkeit durchgesetzt[2])
hatten, bewilligten sie die beiden Punkte, welche ihrer
Königin vor allem am Herzen lagen: Anerkennung
der Mitregentschaft des Großherzogs von Toscana (und
auch das mit solchen Beschränkungen, daß diese Mit=
regentschaft ein leerer Titel war) und Zusage der In=
surrection, d. h. des gewaffneten Aufgebots zur Abwehr
der feindlichen Heere. Dieser Erfolg gegenüber von
Männern, die noch eben die heftigste Opposition ge=
macht hatten, erregte das größte Aufsehen im Lande,
ja in ganz Europa. Man erkannte die Gewalt, welche
Maria Theresia's Persönlichkeit auf die Herzen übte.
Vor Allem waren die Franzosen bestürzt, welche bisher
bei jeder Gelegenheit, wo sie gegen Oesterreich vor=

---

[1] v. Arneth 300. Daß sie den kleinen Erzherzog Joseph auf
dem Arme gehabt, um durch dessen Anblick die Versammlung zu
rühren, ist eine Fabel. Der sechs Monate alte Prinz war in Wien
zurückgeblieben.

[2] Die Wünsche der nicht Adeligen wurden ebensowenig be=
rücksichtigt als die der Protestanten, welche Religionsfreiheit for=
derten. Ranke II. 364.

gingen, an den aufständischen Ungarn willkommene Bundesgenossen gefunden. Der österreichische Erbfolgekrieg nahm jetzt eine andere Wendung. Maria Theresia hatte über eine ansehnliche Kriegsmacht zu gebieten, indem ihr nicht nur das Neipperg'sche Heer zur Verfügung stand, sondern auch die ungarischen Reiter-Regimenter nach und nach eintrafen. Weit größeren Nutzen aber, als die Verstärkung der eigenen Macht, brachte ihr die Thorheit der Feinde.

Der Kurfürst von Baiern, statt nach Friedrich's Rath auf Wien los zu gehen, wandte sich gegen Böhmen, um Prag zu erobern und sich die heißersehnte Königskrone auf's Haupt zu setzen. Am 1. October ging er mit seinen französischen Verbündeten über die Donau in der Richtung nach Budweis, während die andere bairisch-französische Armee aus der Oberpfalz nach Pilsen eilte, und die Sachsen, das Erzgebirge übersteigend, fast 20,000 Mann stark, direct auf Prag zueilten[1]). Diese wichtige Stadt zu retten, welche über den Besitz von Böhmen entschied, sollte Neipperg versuchen, den Kurfürsten von dort unter Wegs abzuschneiden; allein sein Marsch ging so langsam, daß er erst am 7. November mit dem Bruder des Großherzogs von Toscana, dem Herzoge Carl von Lothringen, zusammentraf, welcher den Oberbefehl erhalten hatte.

---

[1]) v. Arneth. 309.

So mangelhaft waren die Magazine angelegt, und so sehr fehlte es an Transportmitteln, daß die Verbündeten bereits in der Nacht vom 25./26. November Prag erstürmt hatten, bevor die Ersatzarmee heranrücken konnte. Zu dem schnellen Erfolge des Unternehmens trug die tollkühne Tapferkeit des Grafen von Sachsen[1]) wesentlich bei, welcher einen Scheinangriff, der ihm von Belle-Jsle übertragen war, in einen wirklichen Angriff verwandelte und, nachdem seine Soldaten auf Leitern die Wälle überstiegen hatten, das Thor der Neustadt sprengte und in die Stadt eindrang. Nach einem kurzen, aber blutigen Straßenkampfe war Prag genommen.

Die Trauerkunde von diesem Unglück, welches den Verlust von Böhmen nach sich ziehen mußte, empfing Maria Theresia zu Preßburg in der Kirche, wo sie eben einen feierlichen Gottesdienst veranstaltet hatte, um die Errettung Prags vom Himmel zu erflehen[2]). Thränen entstürzten ihren Augen, die ganze versammelte Gemeinde wurde von inniger Rührung ergriffen. Aber bald raffte die edle Frau sich zu männlicher Entschlossenheit zusammen. "Prag ist verloren," schrieb sie an

---

[1]) Moritz, ein Sohn August des Starken und der Aurora von Königsmark. Derselbe, welcher als Marschall von Frankreich so berühmt geworden ist.

[2]) v. Arneth. 345.

Philipp Kinsky¹), „die Folgen werden schrecklich sein, wenn man nicht auf drei Monate für den Unterhalt der Truppen zu sorgen vermag. Jetzt, Kinsky, ist der Augenblick gekommen, wo man Muth zeigen muß. Mein Entschluß ist gefaßt, Alles auf's Spiel zu setzen und zu verlieren, um Böhmen zu retten. Alle meine Heere sollen eher vernichtet werden, ehe ich Etwas abtrete. Der kritische Augenblick ist da. Schont das Land nicht, um es zu erhalten. Ihr werdet sagen, daß ich grausam bin. Es ist wahr, aber ich weiß auch, daß ich alle Grausamkeiten, die ich jetzt begehen lasse, um mir das Land zu erhalten, hundertfach zu vergüten im Stande sein werde. Jetzt aber verschließe ich mein Herz dem Mitleid. Daß ich Euch unglücklich machen muß, ist mein größter Schmerz, aber Ihr werdet wenigstens immer in mir ein dankbares Herz finden."

Noch tiefer als der Verlust der böhmischen Hauptstadt, mußte die Königin sich durch die Art und Weise gekränkt fühlen, wie dem Kurfürsten von Baiern sich der böhmische Adel huldigend entgegen drängte. Die Häupter der ersten Familien des Landes bewarben sich um Aemter und Hofbedienungen bei dem Eroberer. Kaum finden sich einzelne Beispiele der Treue gegen

---

¹) Oberstburggraf von Böhmen. Der ganze französisch geschriebene Brief aus: Folkmann, die gefürstete Linie der Grafen Kinsky p. 59. bei Arneth 415.

das alte Herrscherhaus unter der knechtischen Junker=
schaar¹). Am 7. December wurde Carl Albert zum
Könige von Böhmen ausgerufen.

Inzwischen hatte sich, wie das nicht anders zu er=
warten war, und wie Friedrich II. es gar wohl voraus=
gesehen und vorausberechnet hatte, die Kunde von dem
Schnellendorfer Vertrage an allen Höfen Europa's
zuerst als Gerücht, dann mit allen Einzelheiten ver=
breitet. Wer daran schuld war, ließ sich natürlich nicht
ermitteln, am wenigsten ist nachzuweisen, daß, wie der
König behauptet, Maria Theresia selbst das Versprechen
der Verschwiegenheit absichtlich gebrochen habe, um die
Baiern und Franzosen gegen Preußen mißtrauisch zu
machen. Friedrich zeigte sich sehr entrüstet über einen
solchen Bruch des Vertrauens, wie er es nannte, und
verlangte, man sollte in Wien den ganzen Vertrag ab=
leugnen, oder auf Grund der Bedingungen desselben
mit ihm einen förmlichen Frieden schließen.

In einem Circular an alle Höfe²) forderte er die
Königin heraus, irgend einen Vertrag vorzuzeigen, den
sie mit ihm selbst oder mit einem von ihm bevollmäch=
tigten Minister abgeschlossen habe. Die ganze Sache
war ihm um so unangenehmer, als er selbst jetzt Ver=

---

¹) Ebendaselbst 345.
²) Eine Abschrift desselben in dem Gesandtschaftsbericht des
Dresdener Archivs von 1742.

rath Seitens der Franzosen fürchtete, die er im Verdacht hatte, sie wollten eine Verbindung der nordischen Mächte gegen ihn zu Stande zu bringen und namentlich die Schweden aufstacheln, ihre alten Ansprüche an Pommern wieder geltend zu machen. Seine Mißstimmung wuchs, als Ludwig XV. den Marschall Belle-Isle behufs einer diplomatischen Mission von der Armee abberief und an dessen Stelle jenen selbigen Herzog von Broglie setzte, der den König bei seinem Ausfluge nach Straßburg durch unpassendes Benehmen beleidigt hatte. Daß er unter solchen Umständen sich nicht beflissen zeigte, diesem Verbündeten wesentliche Hilfe zu leisten, ist erklärlich. Es kam ihm ausschließlich darauf an, sich in Schlesien zu behaupten. Deshalb ordnete er auch die Besitznahme der ihm von Carl Albert verkauften Grafschaft Glatz an und ließ sich schon jetzt von den Beamten und Einwohnern daselbst huldigen, obgleich die eigentliche Festung des Landes erst im April 1742 sich an Leopold von Dessau ergab. Um seine Armee nicht zu weit von der schlesischen Grenze zu entfernen und zugleich in den Winterquartieren hinlängliche Vorräthe für die Truppen zu finden, ließ er Schwerin mit seinem Corps in Mähren einrücken, wo Olmütz ohne Widerstand genommen wurde. Prinz Leopold richtete sich in einigen böhmischen Kreisen ein, und beide Heerführer schrieben so übermäßige Lieferungen an Lebensmitteln und Geld aus, daß sowohl Carl Albert als auch der Kurfürst von Sachsen heftige Beschwerden führten, Letzterer, weil die Preußen das ihm im Frankfurter Vertrage zugesicherte Königreich Mähren gänzlich ruinirten [1]). Der König war zu keiner Nachsicht zu bewegen. Ironisch fragte er, ob der Kurfürst nicht bald den Titel eines Königs von Mähren annehmen würde. Er versprach die Gewaltthätigkeiten seiner Werber, über die man geklagt, zu verbieten, womit es aber auch nicht ernst gemeint war, denn, sagte er zu seinen Generalen, es muß Alles mit Methode geschehen, man muß das Hühnchen rupfen können, ohne daß es schreit [2]).

Friedrich II. hielt sich in Berlin nicht länger auf, als er zu seiner Erholung von der Anstrengung des Feldzuges bedurfte. Schon am 19. Januar 1742 begab er sich nach Dresden, um die Mitwirkung der Sachsen für seinen Feldzugsplan zu erlangen. Er hatte eine Conferenz mit König August, an welcher Brühl, Moritz von Sachsen und verschiedene Generale, so wie der französische Gesandte Valori, den Friedrich

---

[1]) Bülow's Bericht über seine Audienz bei Friedrich II. am 6. Januar 1742. Brühl schickt 1000 Dukaten zur Bestechung der preußischen Beamten, damit sie eine Entschädigung für Sachsen erwirken, welches sich auch durch die Grenzregulirung in Schlesien verletzt glaubte. — Auch der Fürst von Lichtenstein klagt heftig über die preußischen Truppen. Dresdener Archiv.

[2]) v. Orlich aus dem Dessauer Archiv, bei Stenzel 172.

vorausgeschickt hatte, um die Gemüther zu bearbeiten, sich betheiligten. Auf einer Karte von Mähren entwickelte er seine Ideen. König August sagte zu Allem Ja. Brühl aber, dem man, wie Friedrich erzählt¹), von Wien aus gedroht hatte, eine von ihm begangene Verrätherei zu offenbaren, suchte die ganze Angelegenheit zu hintertreiben, und als man nahe daran war, sich zu verständigen, meldete er, daß die Oper eben anfange. „Nun wäre König August nicht durch zehn Königreiche zu bewegen gewesen, eine Minute länger zu bleiben." Am andern Tage erlangte Friedrich jedoch, durch den Einfluß des königlichen Beichtvaters Guarini, die Zusage der Unterstützung seiner Pläne und konnte dann wirklich einen Theil der sächsischen Armee mit sich führen.

Ueber Prag, wo er es durchsetzte, daß Broglie ihm 5000 Mann Franzosen überließ, eilte er nach Olmütz zu Schwerin und traf daselbst am 30. Januar ein. Hier erfuhr er, daß an seinem Geburtstage, den 24. Januar, Carl Albert zu Frankfurt unter dem Namen Carl VII. zum Kaiser gewählt worden war.

Noch ein Mal stellten sich nun Unterhändler von Seiten des Wiener Hofes ein, um wo möglich einen Vergleich zu vermitteln. Da aber Friedrich verlangte, daß Maria Theresia Böhmen und Mähren an die

---

1) Oeuvres II. 108.

Verbündeten abtreten sollte, so zerschlug sich die Sache.

Dieser ganze mährische Feldzug war ein verfehlter und führte, trotz einzelner tapferer Thaten, durch welche verschiedene preußische Generale sich auszeichneten, zu keinem Ergebniß. Hätte der König den unbeschränkten Befehl über die ihm beigegebenen sächsischen und französischen Truppen gehabt, so wären die Dinge anders verlaufen. War doch der kühne Ziethen mit seinen Husaren auf einem Streifzuge bis Stockerau, vier Meilen von Wien, vorgedrungen! Aber die Sachsen, welche geheime Instructionen von Brühl hatten, konnten zu energischen Schritten gegen Oesterreich nicht gebracht werden. Auch die 5000 Franzosen mußten zu Broglie zurückkehren, und Friedrich hatte nur 30,000 Mann übrig, mit denen er gegen die von Ungarn aus bedeutend verstärkte Macht Maria Theresia's allein Nichts ausrichten konnte. Der böse Wille der Sachsen trat immer klarer hervor. Als es sich um die Belagerung von Brünn handelte, schlug König August, angeblich wegen Geldmangel, die Sendung des nöthigen Geschützes ab, und doch hatte er kurz vorher einen großen grünen Diamant für 400,000 Thaler gekauft. Als nun gar Broglie meldete, er bedürfe des sächsischen Armeecorps zu seiner Unterstützung, weil er in Gefahr stehe, von dem herbeieilenden Herzoge von Lothringen in Prag angegriffen zu werden, da war Friedrich entschlossen, mit diesen unzuverlässigen Bundesgenossen Nichts weiter zu thun zu haben. Er ließ die Sachsen ziehen, sah sich aber nun auch selbst genöthigt, aus Mähren, wo er sich nicht länger halten konnte, seinen Marsch nach Böhmen zu richten. Diese Erfahrungen brachten ihn zu dem Entschlusse, künftighin nur solche Truppen zu commandiren, die ihm als Feldherrn allein und unbedingt zu gehorchen hätten[1]). Der sächsische Minister Bülow, welcher sich im Lager des Königs befand, war naiv genug zu fragen: „Aber wer wird jetzt meinem Herrn die mährische Krone aufsetzen?" Friedrich antwortete: „Kronen gewinnt man nur mit Kanonen, und Eure Schuld ist es, wenn ich keine gehabt habe, um Brünn zu belagern."

Mit vielen Beschwerden und unter beständigen Angriffen der umherschwärmenden ungarischen Husaren wurde der Rückzug bewerkstelligt[2]); auch das Landvolk griff zu den Waffen, um sich an den abziehenden Preußen für die unerträglichen Lasten zu rächen, welche die Anwesenheit derselben ihnen verursacht hatte. Die mährischen Wallachen kamen sogar mit Kanonen aus den Grenzgebirgen in die Ebene herunter. Nicht ohne die äußerste Vorsicht durften die Mannschaften sich Nachts der Ruhe überlassen. Olmütz war wegen

---
1) Oeuvres II. 114.
2) Ueber die einzelnen Scharmützel: Heldenleben II. 534. Ranke 397. 403.

gänzlichen Mangels an Lebensmitteln nicht zu halten, — vor dem anrückenden Prinzen Carl von Lothringen mußten die Preußen am 25. April die Festung räumen.

Da das ganze Heer des Königs jetzt nur aus 28,000 Mann bestand, so hatte er den alten Dessauer aufgefordert, ihm die an der sächsischen Grenze nicht mehr nöthigen, unter seinem Befehle stehenden Truppen zuzuführen. Viel zu langsam für Friedrich's Ungeduld gehorchte der Fürst, und als er sich endlich einfand, gab der König das Commando dem Sohne desselben und übertrug dem alten Herrn die Deckung von Oberschlesien, welcher grollend, aber als Soldat wie immer gehorchend, auf seinen Posten ging.

Mit großer Freude vernahm Maria Theresia die Kunde von dem Rückzuge der Preußen, da sie jetzt hoffen durfte, den König zu einer Verständigung bereit zu finden. Noch ein Mal mußte sich Lord Hyndford mit Anerbietungen beauftragen lassen, die in der That groß genug waren. Außer Niederschlesien sollte der König entweder die Grafschaft Glatz oder den Theil von Oberschlesien behalten, der ihm zu den Winterquartieren eingeräumt worden, jedoch unter der ausdrücklichen Bedingung, daß er sich nun zum Angriffe gegen ihre anderen Feinde mit ihr verbinde. Diese Zumuthung, welche offen zu erkennen gab, daß man ihn für fähig halte, ohne Weiteres von einer Partei zur anderen überzutreten, machte den allerschlimmsten

(1742.) Schlacht bei Chotusitz 17. Mai. 177

Eindruck. Niemals hatte des Königs vertrautester Cabinetsrath Eichel ihn in solcher Aufregung gesehen. Er glaubte sich verachtet und athmete nichts als Rache. An Vermittelung, sagte er, sei nun nicht mehr zu denken, es müsse zum Kampfe kommen [1]).

Die Armee war in drei Abtheilungen zwischen der Elbe und der Sazawa gelagert, um sich von den Anstrengungen des Marsches zu erholen, in Leutomischl, in Chrudim (wo sich der König befand) und in der Gegend zwischen Czaslau und Kuttenberg. Am Pfingstsonntag, den 17. Mai, sammelte der König seine Truppen um sich auf der Höhe von Chrudim, um daselbst die Verstärkung zu erwarten, die er aus Oberschlesien beordert hatte. Als er aber erfuhr, der Feind sei auf dem Wege über Czaslau nach Prag und wolle ihn von den Franzosen und Sachsen abschneiden, so zog er auf demselben Wege den Oesterreichern entgegen, um sie zur Schlacht zu nöthigen. Der Herzog von Lothringen hatte Czaslau erreicht und mit seinen Truppen besetzt. Von Wien aus war ihm befohlen, angreifend zu verfahren und nicht in Neipperg's Fehler zu verfallen, welcher durch sein Zaudern die Schlacht bei Mollwitz verloren. Der König befand sich auf der Höhe von Neukirchen, als ein Adjutant des Prinzen

---

[1]) Ranke II. 415. Ohne Zweifel aus Notizen im Berliner Archive.

Schlacht bei Chotusitz 17. Mai. (1742.)

Leopold von Dessau zu melden kam, man habe bereits die anrückenden feindlichen Colonnen erblickt. In größter Eile wurde nun die Verbindung zwischen den preußischen Heeresabtheilungen bewerkstelligt. Sie standen, 28,000 Mann stark mit 28 leichten Geschützen, den Oesterreichern gegenüber, welche 30,000 Mann und 40 Kanonen hatten. Die Preußen eröffneten das Feuer. Der Reiterkampf wogte hin und her. Auf dem rechten Flügel wurden zuerst die Oesterreicher geworfen, doch umhüllte bald so dichter Staub die Kämpfenden, daß Freunde und Feinde in Verwirrung kamen. Auf dem linken Flügel konnte die preußische Cavallerie nicht Stand halten. Ganze Schwadronen geriethen in Unordnung und wandten sich schon zur Flucht. Da stürzte sich der wackere Feldprediger Seegebarth mit größter Unerschrockenheit zwischen die Reiter, von denen er die meisten als ihr Seelsorger persönlich kannte [1]), und brachte durch seine begeisterte

---

[1]) Tagebuch des Feldpredigers Seegebarth, herausgegeben von Fickert in Breslau, p. 61. Der Bericht dieses glaubwürdigen Augenzeugen ist von großem Interesse. Seegebarth's Tapferkeit wurde auf dem Schlachtfelde selbst anerkannt. Der König ließ ihm durch den Prinzen Leopold die beste Pfarrstelle im ganzen Lande versprechen, und der Prinz setzte hinzu: „Wenn das nicht geschieht, so gebe ich ihm die beste Pfarre in Dessau." Er bekam später eine gute Pfarre unweit Brandenburg. Dessenungeachtet wollte Friedrich später von der ganzen Sache Nichts wissen. In seiner

(1742.) Schlacht bei Chotusitz 17. Mai.

Ansprache an Officiere und Gemeine wohl 20 Escadrons wieder zum Angriff. Doch wurden dadurch nur augenblickliche Erfolge an einzelnen Punkten erzielt, und es war ein Glück, daß die Oesterreicher hier, wie bei jeder Gelegenheit, nicht abzuhalten waren, sich plündernd auf das preußische Lager zu werfen und darüber die kostbare Zeit zu versäumen. Zudem thaten sie sich selbst den größten Schaden, als sie das in der Mitte der Schlachtordnung gelegene Dorf Chotusitz in Brand steckten und sich dadurch den Weg zum Vorbringen versperrten. — Vier Stunden lang hatte der Kampf hin und her geschwankt, als der König mit bewundernswürdigem Scharfblick den Moment erfaßte, wo er selbst entscheidend eingreifen konnte. Mit dem

---

Geschichte des Krieges nennt er Seegebarth so wenig, wie in der von ihm verfaßten Relation über die Schlacht. Gegen Jordan (Corresp. vom 27. Mai und 5. Juni 1742. Oeuvres XVII. 212.) leugnete er alle darauf bezüglichen Gerüchte ab, die sofort in Berlin sich verbreitet hatten. Es ist das ein Beispiel der oft hervortretenden Eigenthümlichkeit des Königs, daß er die besten Dienste, die einer seiner Unterthanen dem Staate leistete, scheinbar mit schroffem Undank belohnte, weil es ihm zuwider war, daß irgend Jemand selbstständig und ohne seinen Befehl Etwas für das Allgemeine that. Er betrachtete das wie einen Eingriff in seine unumschränkte Gewalt. Wie er in vollstem Maße die Pflicht übernommen hatte, für das Land zu sorgen, so nahm er auch für sich ausschließlich das Recht in Anspruch, das allein zu thun, und jede fremde Mitwirkung erschien ihm anmaßlich.

ganzen rechten Flügel der Infanterie rückte er vor, besetzte eine gegenüberliegende Höhe und griff von da aus das feindliche Fußvolk in der Flanke an. Da zu gleicher Zeit die Artillerie den linken Flügel lebhaft beschoß, so war dies Manöver entscheidend. Die Oesterreicher ergriffen die Flucht und verließen das Schlachtfeld[1]). Der Verlust an Menschenleben, mit welchem dieser Sieg erkauft wurde, war sehr groß, größer als der der Oesterreicher. Ueber 4000 an Todten und Verwundeten verloren die Preußen. Von den 1400 Mann des anhaltischen Regimentes, dem Seegebarth angehörte, waren nach der Schlacht nur 400 übrig. Die Rekruten, die man in Mähren und Böhmen größtentheils mit Gewalt ausgehoben, entliefen sämmtlich. Das Reiterregiment Baireuth hatte 456 Todte, unter den Generalen hatte sich Rothenburg und Geßler besonders hervorgethan[2]).

Hätte der König nach strategischen Rücksichten seinen Sieg ausnutzen wollen, so würde er den fliehenden Feind eifrig verfolgt und ihm noch großen Schaden zugefügt

---

[1]) Oeuvres II. 149. steht die zwei Tage nach dem Siege abgefaßte Relation über die Schlacht, wie sie bald darauf in den Berliner Zeitungen erschien. An Voltaire, Jordan und Algarotti schickte er Exemplare und bemerkte dabei, daß er sich auf's Strengste an die Wahrheit gehalten habe.

[2]) Stenzel 184. Heldenleben II. 517. Daselbst auch die Parole, welche der König nach der Schlacht ausgeben ließ.

haben. Allein er hatte alsbald den Entschluß gefaßt, die abgebrochenen Friedensunterhandlungen mit Maria Theresia wieder anzuknüpfen. Deshalb ließ er den Herzog von Lothringen abziehen, der sich mit Lobkowitz vereinigte, um gemeinschaftlich die Franzosen anzugreifen. Diese riefen deshalb den König zu Hilfe, allein derselbe zeigte sich jetzt eben so wenig beeifert, seine Verbündeten zu unterstützen, wie diese es früher gegen ihn gezeigt hatten. Das gegenseitige Mißtrauen soll noch dadurch gesteigert worden sein, daß Friedrich von einem verwundeten österreichischen General benachrichtigt worden, die Franzosen hätten ebenfalls die Absicht, hinterlistig mit Oesterreich zu seinem Schaden zu unterhandeln [1]). Doch bedurfte es solcher besonderen Veranlassung nicht. Franzosen, Sachsen und Preußen hatten ohnehin nur zu gerechten Anlaß, einander für unzuverlässig zu halten. Friedrich selbst befahl schon am Tage nach der Schlacht seinem in Breslau verweilenden Minister Podewils, sich mit Lord Hyndford ganz im Geheimen in Verbindung zu setzen. Die Verhandlungen nahmen einen überraschend schnellen Gang, weil Maria Theresia, durch die Nachricht von einem neuen gegen sie heranziehenden französischen Heere in Schrecken gesetzt, nunmehr auf Englands Andrängen sich ernstlich entschloß, wenigstens eines ihrer Feinde,

---

[1]) Heldenleben II. 520.

und zwar des gefährlichsten, ledig zu werden. Mit schwerem Herzen willigte sie in die Abtretung von ganz Schlesien und der Grafschaft Glatz.

Auch Friedrich hatte allen Grund, auf schleunigsten Abschluß der Friedenspräliminarien zu bringen, weil er erfuhr, daß die Franzosen eine Vereinigung der beiden österreichischen Heere nicht verhindert hatten, was er einer böswilligen Versäumniß des Marschall Broglie zuschrieb. Er fürchtete, Herzog Carl werde sich nun Prags bemächtigen. Ohne Zeitverlust befahl er seinem Minister, sofort mit Lord Hyndford abzuschließen und wegen etwa noch streitiger Punkte gar nicht mehr anzufragen [1]).

Das geschah. Am 11. Juni wurden in Breslau die Präliminarien des Friedens unterzeichnet. Die wesentlichste Bestimmung betraf die Abtretung der vollen Souverainetät von Nieder- und Oberschlesien nebst der Grafschaft Glatz an Preußen. Nur Troppau, Teschen und Jägerndorf blieben bei Oesterreich. Der alte Abhängigkeitsverband zwischen Böhmen und Schlesien wurde gelöst. Der König verzichtete auf alle Ansprüche an Maria Theresia, welcher Art dieselben auch sein möchten. Den Sachsen war der Beitritt zum Vertrage unter der Bedingung offen erhalten, daß sie binnen 16 Tagen Böhmen räumten, wozu sie sich auch alsbald bereit erklärten. (28. Juli.) Von der mährischen Krone für

---

[1]) Ranke 437.

August III. war eben so wenig die Rede, als von der Erwerbung Böhmens für den Kurfürsten von Baiern, dem dieses Königreich nach dem Frankfurter Tractate zufallen sollte, und von welchem Friedrich die Grafschaft Glatz in ihrer Eigenschaft als böhmisches Lehen gekauft hatte. Preußen übernahm, obgleich erst nach langem Widerstreben, die Schuldsumme, wegen deren Schlesien an England und Holland als Unterpfand bestellt war. Der König versprach, die katholische Religion überall in ihrem gegenwärtigen Bestande zu lassen, wogegen selbstverständlich den Protestanten volle Gewissensfreiheit gewahrt wurde.

Schon am 15. theilte er seinen im Lager versammelten Generalen bei Tafel den Abschluß des Friedens mit. Nachdem er die Glückwünsche derselben empfangen, erhob er das Glas und trank auf die Gesundheit der Königin von Ungarn Majestät, und auf die glückliche Versöhnung mit derselben. Auch den Großherzog von Toscana und den tapferen Erzherzog Carl ließ er hoch leben [1]).

Am 21. Juni wurden die Präliminarien ratificirt. Am 28. Juli erfolgte zu Berlin die Unterzeichnung des Friedensinstrumentes selbst [2]).

---

[1]) Heldenleben II. 548.

[2]) Sehr interessante Einzelheiten über die Verhandlungen zwischen der Unterzeichnung der Präliminarien und dem förmlichen Friedensschluß bei v. Arneth Bd. II. 81. sequ.

Der König durfte mit vollem Rechte sich des erlangten Erfolges freuen. Zwei Schlachten während eines kurzen Krieges hatten ihm eine der blühendsten deutschen Provinzen erworben. Der Umfang seines Staates, die Einwohnerzahl und die Streitkräfte desselben wurden dadurch um ein gutes Drittheil vermehret [1]).

Vielleicht wäre noch Größeres zu erreichen gewesen, namentlich eine günstigere Abgrenzung im Süden wodurch Jägerndorf, einst brandenburgischer Besitz und Hauptgegenstand jener „unbestreitbaren Rechte", wieder an Preußen gekommen wäre. Allein der König war weise genug, sich zu bescheiden. „Man muß verstehen, zur richtigen Zeit inne zu halten," schreibt er an Podewils. „Das Glück erzwingen wollen, heißt es verlieren. Wer nur immer mehr verlangt, kann sich nie befriedigt fühlen." In demselben Sinne an Jordan [2]): „Man rühmt die Klugheit eines Spielers, der den grünen Tisch verläßt, nachdem er einen großen Coup gemacht hat. Verdient der Feldherr nicht noch größeren Ruhm, wenn er nach einer Reihe von glänzenden Erfolgen sich den Wechselfällen des Krieges entzieht?!" Derselbe Brief läßt aber zugleich durchblicken, daß der König sich durch das Bewußtsein beunruhigt fühlte,

---

[1]) Genauere Berechnungen bei Ranke 457 Anmerkung. Danach lebten in Schlesien ungefähr 1,200,000 Einwohner in 150 Städten und 5000 Dörfern und Vorwerken.

[2]) Den 15. Juni 1742. Oeuvres XVII. 296.

seine Bundesgenossen heimlich im Stich gelassen zu haben. „Kein Professor des Rechts oder der politischen Moral," sagte er, „wird von mir verlangen, bei einer Allianz auszuharren, wenn der eine der Verbündeten (Sachsen) gar Nichts thut, der andere (Frankreich) Alles verkehrt anfängt, und ich außerdem Ursache habe zu fürchten, daß der Mächtigere von Beiden mich sofort in Stich läßt und ohne mich Frieden schließt, wenn mir ein Unglück begegnet. — — Ich frage, ob in solchem Falle nicht jeder Souverain das Recht hat, der drohenden Gefahr durch einen Rückzug aus dem Wege zu gehen?"

Bei Gelegenheit des Schnellendorfer Vertrages ist bereits ausgesprochen, was sich für und wider eine solche Auffassung sagen läßt. Es braucht das also weder hier, noch bei vielen ähnlichen Gelegenheiten in Zukunft wiederholt zu werden.

Der Abschluß des Friedens war von tiefeingreifender Wirkung auf die Verhältnisse fast aller Großstaaten. Durch die Abtretung von Schlesien hatte Maria Theresia sich die Möglichkeit erkauft, ihre Länder nunmehr von den Franzosen und Baiern zu säubern. Aber schmerzlich empfand sie das Opfer, welches ihr auferlegt war. Mit der verlorenen Provinz schien die schönste Perle aus ihrer Krone gebrochen. „Wie schwer sie sich von dieser Landschaft trennte," schreibt Robinson an Hyndford, „kann nur Der beurtheilen, der, wie ich, den ganzen Kampf mit angesehen hat. Wer einer so schweren Operation beiwohnt, leidet mit dem Patienten, oft durch ihn."

Am Versailler Hofe und bei der französischen Armee in Böhmen wirkte die Nachricht von dem Friedensschluß wie ein Donnerschlag. Belle-Isle soll geradezu in Ohnmacht gefallen sein, und der Cardinal Fleury, der sich am Ende seiner langen Laufbahn von einem jungen Anfänger überlistet sah, vergoß Thränen vor Aerger. So sicher hatte er bereits auf die Zerstückelung der Habsburgischen Monarchie gerechnet, daß er sich nicht scheute, dem österreichischen Gesandten ein Mal in's Gesicht zu sagen: Es gäbe kein Haus Oesterreich mehr; — eine Beleidigung, die Maria Theresia ihm nie vergessen konnte. Wie ganz anders standen nun plötzlich die Sachen! In dem Antwortschreiben an Friedrich II. auf die Anzeige von dem Friedensschlusse soll der Cardinal die Worte gebraucht haben: „Ew. Majestät sind jetzt der Schiedsrichter von Europa! Das ist die glänzendste Rolle, die Sie je übernehmen können." Sehnlich wünschte er, daß Friedrich nun auch zwischen Frankreich und Oesterreich den Frieden vermittele. Wie empört auch die Franzosen über die Treulosigkeit waren, die sie dem Könige von Preußen vorwarfen, so mußten sie dennoch darauf denken, ihn nicht zu reizen; denn jetzt war er noch neutral, aber gar leicht konnte er sich mit Oesterreich zu gemeinsamem Angriff verbinden. Daran

(1742.) Gedanken und Entwürfe des Königs.

aber dachte Friedrich in diesem Augenblicke nicht. Er bedurfte vor allen Dingen des Friedens, um die Verluste zu ersetzen, die der Krieg zur Folge gehabt. Der Schatz Friedrich Wilhelm's I. war bis auf 150,000 Thlr. erschöpft. Die Lücken in den Regimentern mußten ausgefüllt, die neue Provinz Schlesien organisirt, die Festungen daselbst verstärkt werden, und bevor nicht durch strenge Sparsamkeit ein neuer Schatz zusammengebracht war, konnte nach den Grundsätzen, die Friedrich in Geldsachen unabänderlich verfolgte, von einer kriegerischen Unternehmung nicht die Rede sein. Dagegen liegt es in der menschlichen Natur, daß ein junger, ehrgeiziger Fürst, dem sein erster kühner Streich so trefflich gelungen war, dabei nicht stehen bleiben wollte, sondern auf fernere Eroberungen dachte. Das Feldherrntalent, dessen er sich bewußt geworden, und welches sich in der Schlacht bei Czaslau so glänzend bewährt hatte, mußte für ihn zum unwiderstehlichen inneren Antriebe werden, sich noch weitere Bahnen zu suchen, auf denen er seine Befähigung bewähren konnte.

Siebentes Kapitel.

Die Zeit bis zum Ausbruche des zweiten schlesischen Krieges.

In der gehobensten Stimmung kehrte der König nach Berlin zurück. Nicht nur die glänzenden Erfolge seiner Kriegsthaten, sondern auch seine Ueberlegenheit in den Künsten der Diplomatie, durch welche er sogar den Altmeister Fleury außer Fassung gebracht, steigerte die geniale Elasticität seines Geistes. Mitten im Lager, unter den Vorbereitungen zu einer blutigen Schlacht, konnte er jeden freien Augenblick selbstvergessen sich der Beschäftigung mit den Wissenschaften und der Dichtkunst hingeben und sein Gemüth an den Werken des classischen Alterthums erfrischen, deren Schönheit ihm durch den trüben Schleier der französischen Uebersetzung dennoch klar in's Herz strahlte. Am 19. März 1742 schreibt er aus dem Lager von Selowitz an Jordan[1]): „Eine Schlacht steht uns bevor, vielleicht gerade am Jahrestage von Mollwitz — — ich glaube meiner Sache sicher zu sein, so weit das in menschlichen Dingen möglich ist. Schicke mir Boileau's Werke, auch Cicero's Briefe, den 3. und die folgenden Bände, die Tuscu=

---

[1]) Oeuvres XVII. 159.

lanen und die Philippischen Reden, auch Cäsar's Commentarien."

Ueber die schwere Entscheidung der Waffen, die so nahe bevorstand, schreitet er in Gedanken schon hinweg zu den friedlichen Erheiterungen, denen er sich bald hinzugeben denkt. Stets wird Knobelsdorf gemahnt, den Anbau und die Ausmalung des Charlottenburger Schlosses zu beeilen. Unter den herrlichen Linden daselbst will er mit Jordan philosophiren. Das Opernhaus soll so schnell wie möglich vollendet werden, von den neu angeschafften Meubles, von den Tänzern, die man engagirt, soll man ihm schreiben, viel und ausführlich, damit die Briefe ihn desto länger von den Sorgen abziehen, die seinen Geist erfüllen. Besonders aber von seinen Gärten will er hören: „In diesem Punkte bin ich ein Kind, das sind die Puppen, mit denen ich spiele [1]."

Kaum waren die Friedenspräliminarien geschlossen, so eilte er nach Schlesien, revidirte die Festungen [2] und ordnete und änderte schnell und bestimmt die verschiedensten

---

[1] Oeuvres XVII. 216.

[2] Bekannt ist, daß Friedrich in Glatz einen Thurm erbauen ließ, auf welchem der heilige Nepomuk als Schutzpatron aufgestellt wurde. Als der König später wieder nach Glatz kam und bemerkte, daß der Heilige das Gesicht nach Schlesien wende, befahl er, die Statue umzudrehen, damit er nach Böhmen schaue, dessen Schutzpatron er sei.

Dinge, die seinem Scharfblick unterweges nicht entgangen waren. Schon am 5. Juli schreibt er aus Breslau: „Ich habe Alles ausgeführt, was mir oblag, und kehre mit dem Bewußtsein in mein Vaterland zurück, daß ich mir in Beziehung auf dasselbe keinen Vorwurf zu machen habe."

Es war durchaus weise, daß er die gesammte innere Verwaltung des eroberten Schlesiens dem Generaldirectorio in Berlin nicht unterordnete, sondern eine Art von Statthalterschaft errichtete. Münchow[1]), ein Sohn des Küstriner Präsidenten, erhielt unter dem Titel eines Ministers die Oberleitung der in Breslau und Glogau errichteten Kammerbehörden. Mit großer Umsicht und Energie betrieb dieser Mann das Hauptwerk der gleichmäßigen Steuerveranlagung des Landes. Durch richtige Abschätzung und Belastung von Grund und Boden, wobei die alten österreichischen Tabellen als treffliche Vorarbeiten dienten, gelangte er binnen wenigen Monaten zu einem Resultat, welches die kaiserliche Verwaltung niemals hatte erreichen können. Das Land brachte mehr ein als vorher, und doch wurde Jedermann zufriedengestellt, weil die Vertheilung gerecht war[2]). Eine in Breslau errichtete Classifications=

---

[1]) Gestorben 1753 als Graf Münchow.
[2]) Ranke II. 473. Alle Einzelheiten sind in den statistischen Schriften des G. Rath v. Thile enthalten, eines Hauptmitarbeiters von Münchow.

hauptcommission leitete diese Geschäfte. Man hatte allerdings die Procentsätze des Reinertrages, welche von den verschiedenen Klassen der Grundbesitzer gezahlt werden sollten, im Anfange zu hoch gegriffen, und erst nach mancherlei Beschwerden und Revisionen wurde festgesetzt, daß der Fürstbischof von seinen Gütern $33\frac{2}{3}$, die übrige katholische Geistlichkeit $50\frac{2}{3}$ und die ritterlichen Commenden $40\frac{1}{2}$ Procent tragen sollten. Die eigentlichen Rittergüter, die evangelischen Pfarr- und Schuläcker wurden mit $28\frac{1}{2}$, die Bauern und Büdner mit $34\frac{2}{3}$ belastet, immer noch weniger, als die hartbedrückten Landbewohner in den alten Provinzen aufzubringen hatten.

Seit länger als einem Jahrhundert waren in Schlesien Adel und Geistlichkeit zu den Abgaben mit herangezogen werden. Nicht ohne einen Schein von Recht glaubte der Adel, nachdem Schlesien in den preußischen Staatsverband aufgenommen war, Anspruch auf Gleichstellung mit den steuerfreien Standesgenossen der alten Provinzen erheben zu können. Der König wies das ab, weil sonst die vom Adel bisher getragenen Lasten den Bauern aufgebürdet werden müßten, — zahle er doch selbst die Steuern von seinen Domainen.

Die Städte hatten keine directen Abgaben zu tragen, sondern brachten durch die Accise ihre Quoten auf. Aus der ganzen Provinz betrugen die Einnahmen etwa 3,300,000 Thaler, was durch fünfundzwanzig Jahre ziemlich feststehend blieb, weil der König bei der Besitzergreifung versprochen hatte, in Ewigkeit keine Erhöhung vorzunehmen. Für seine eigene Person erhielt er von diesem Betrage nur 16 bis 17,000 Thaler. Der ganze Ueberrest wurde für die Hebung der Provinz, für die Unterhaltung der Truppen und zur Ansammlung eines neuen Kriegsschatzes verwendet. Schon 1744 hatte er wieder 6,200,000 Thaler aufgespeichert[1]).

Mit größter Gewissenhaftigkeit erfüllte Friedrich II. sein Versprechen, die katholische Bevölkerung in der Verfassung zu belassen, wie er sie vorgefunden. Nicht eine von den unzähligen ihnen entrissenen Kirchen erhielten die Protestanten zurück. Auch die Reformirten wurden in keiner Weise, wie man befürchtet hatte, bevorzugt. In Breslau mußten sie sich selbst die jetzt noch bestehende Hofkirche erbauen. Die Jesuiten durften ruhig ihr Wesen forttreiben, weil der König sie als Jugendlehrer schätzte, sogar als 1773 der Orden durch den Papst aufgehoben war, ließ er sie weiter bestehen. „Ich bin ein Ketzer," schrieb er an die Kurfürstin von Sachsen[2]), „also kann mich Papst Ganganelli nicht von meinem bei dem Friedensabschluß geleisteten Versprechen entbinden, die katholische Kirche in statu quo zu erhalten."

---

1) Ranke III. 417.
2) Oeuvres XXIV. 258.

(1742.) Cardinal Sinzendorf.

Für Friedrich's Bemühungen auf dem kirchlichen Gebiete war es sehr förderlich, daß damals gerade Benedict XIV., einer der mildest denkenden Päpste, auf dem Stuhle Petri saß, und daß der Fürstbischof von Breslau, Cardinal Sinzendorf, ein aufgeklärter und toleranter Mann, sich bemühte, Friede und Eintracht zwischen den Confessionen zu erhalten. Er verbot, daß man die Evangelischen als Ketzer bezeichne, und setzte sich überhaupt bei dem Könige in solche Gunst, daß dieser vom Papste die Ernennung Sinzendorf's zum Generalvikar und obersten geistlichen Richter über die Katholiken in sämmtlichen preußischen Staaten erwirkte. Obgleich der Breslauer Sprengel sich über das österreichisch gebliebene Schlesien und einen Theil von Mähren erstreckte, so erklärte Sinzendorf dennoch, daß er ausschließlich preußischer Unterthan sein wollte, was der Wiener Hof, der ihn selbst und sein ganzes Haus mit Wohlthaten überhäuft hatte, nicht ohne Grund als schwarzen Undank betrachtete [1]).

Daß der König die militärischen Angelegenheiten in Schlesien nicht vernachlässigte, versteht sich von selbst. Die Cantons- und Werbeeinrichtung wurde so geordnet, daß die neue Provinz eine sehr beträchtliche Anzahl von Mannschaften zur Verstärkung der preußischen Armee lieferte, an deren Ausbildung der König persönlich unablässig arbeitete

[1]) v. Arneth II. 84.

und namentlich fortfuhr, seine Kavallerie der gefürchte=
ten ungarischen Reiterei vollständig ebenbürtig zu
machen. Denn an eine lange Dauer des Friedens war
bei den damaligen politischen Verwickelungen nicht zu
denken; auch hatte der König in den ersten Jahren sei=
ner Regierung stets weit aussehende Eroberungspläne
im Auge; und aus manchen Anzeichen kann man schlie=
ßen, daß er nur auf eine Gelegenheit wartete, entweder
einen Theil von Böhmen oder auch von Sachsen sich
zuzueignen. Schon während jener ersten Reise nach
Baireuth hatte Algarotti, neben dem Könige im Wagen
sitzend, bei der Abfahrt von Leipzig ihn darauf aufmerk=
sam gemacht, wie wünschenswerth die Eroberung eines
solchen Landes sei¹). Der König soll geantwortet
haben: „Für jetzt denke er nicht an dergleichen. Erst
müßten ein paar Augen sich schließen!" womit wohl der
alte kinderlose Pfalzgraf und die jülich'sche Erbschaft
gemeint war. Er konnte damals nicht ahnen, daß bald
zwei andere Augen brechen und ihm weit größere Aus=
sichten eröffnen würden. Allein im Hinblick auf künf=
tige Kriegsfälle wäre es sträfliche Sicherheit gewesen,
nicht allezeit gerüstet zu sein, zumal die Lage der preu=
ßischen Provinzen derartig war, daß jeder Nachbar wie
ein Feind erschien. Damit das Heer ein brauchbares
Werkzeug in der Hand des Feldherrn bleibe, müsse es,

---

¹) Manteuffel an Brühl.

so sagte der König, auf den drei Grundtugenden: Ordnung, Gehorsam und Tapferkeit beruhen[1]). Aus solchen Principien flossen die unabläßigen Arbeiten des Königs zur Vermehrung und Verbesserung seiner Truppen, deren Stärke er in einigen Jahren auf 136,000 Mann zu bringen wußte.

Aus Schlesien nach Berlin zurückgekehrt, wendete Friedrich seine Gedanken alsbald auf die Hebung von Kunst und Wissenschaft, von Handel und Gewerbe. Den finanziellen Grundsätzen seines Vaters getreu, schwebte ihm durch die ganze lange Regierungszeit als Ideal Dasjenige vor, was man einen geschlossenen Handelsstaat genannt hat. Alles sollte im Lande erzeugt werden, kein Geld für Waaren nach außerhalb gehen, dagegen so viel wie möglich in's Ausland verkauft werden, um Gold und Silber dafür hereinzubringen. Das galt auch ihm für den lapis philosophorum! Vom ersten Tage an suchte er deshalb Ackerbauer und Handwerker gegen Versprechungen von allerlei Freiheiten und Vortheilen anzulocken, besonders solche, die im Preußischen neue oder wenig ausgebreitete Fabrikzweige einführen könnten. Aus demselben Grundsatz verbot er seinen Vasallen und Beamten bei Verlust des Vermögens, in's Ausland zu reisen, declarirte dies indessen bald darauf für Schlesien

---

[1]) Oeuvres XXVIII. 4. Die letzten Worte hat Preuß fortgelassen. Vergleiche Ranke III. 421.

dahin, daß er kurze Reisen in Privatgeschäften nicht ge‑
meint, sondern nur verhüten wolle, daß sie gänzlich
außer Landes gehen oder auswärts Dienste nehmen¹).
Den Verkehr zu beleben wurde schon damals der Bau
des Plauen'schen Kanals zur Verbindung der Havel
und Elbe begonnen, der Hafen von Stettin vertieft und
der Swinekanal schiffbar gemacht. Es waren das für
jetzt nur Anfänge, welche der bald ausbrechende Krieg
erst später zur Entwickelung gelangen ließ.

Die Bauten, die er vom Feldlager aus stets im
Auge behielt, beschleunigte er mit solchem Eifer, daß
das neue Opernhaus²), zu welchem am 5. Sept. 1741
der Grundstein gelegt worden, bereits am 7. Decbr. 1742
durch die Graun'sche Oper Cleopatra eingeweiht werden
konnte. Das Charlottenburger Schloß wurde erwei‑
tert und zum Schmuck desselben die berühmte Antiken‑
sammlung des Cardinal Polignac aus dessen Nachlaß
angekauft, als Ersatz für die Kunstwerke, welche damals
durch den Brand im Akademiegebäude unter den Linden
vernichtet waren. Der neubelebten Akademie der Wis‑
senschaften überwies der König ein Zimmer im Schlosse,
wo die Mitglieder alle Donnerstage unter Maupertuis'
Präsidentschaft sich versammelten. Die Zahl der hoch‑

---

¹) Myl. Cont. II. p. 170. 180.

²) Die Inschrift: Friedericus Rex Apollini et Musis hat
Algarotti angegeben. Oeuvres XVIII. 48.

gestellten Dilettanten war größer, als die der eigentlich gelehrten Mitglieder. Unter diesen war der bedeutendste unstreitig der Mathematiker Leonhard Euler, dessen große Genialität sich auf allen Gebieten seines Faches schöpferisch erwiesen hat [1]). Auch die Namen des Botaniker Gleditsch und des Chemiker Marggraf [2]) sind noch heute den Fachgenossen wohl bekannt. Der König schickte selbst von Zeit zu Zeit Aufsätze ein, welche vorgelesen werden mußten, philosophische Abhandlungen, Lobreden auf verdienstvolle Generale und Staatsmänner, später auch abschnittsweise seine Memoiren zur brandenburgischen Geschichte. Die Sprache der Akademie war die französische. Deutsche Arbeiten mußten erst übersetzt werden, um zum Vortrage zu gelangen.

---

[1]) Euler, geb. 1707, gest. 1783. Von Friedrich auf's Schmeichelhafteste nach Berlin berufen, fühlte er sich in seiner Stellung daselbst nicht behaglich, und nachdem er mehrfach um seine Entlassung gebeten, wurde ihm dieselbe 1766, obgleich sehr ungern, vom Könige bewilligt. Oeuvres XX. 210. Doch blieb er auch von Petersburg aus, wohin er sich zurückbegab, bis an seinen Tod mit Friedrich in inniger Verbindung und veranlaßte die Wahl des Königs zum Ehrenmitgliede der Petersburger Academie.

[2]) Marggraf, geb. 1709, gest. 1782, entdeckte unter Anderm den Zuckerstoff in der Runkelrübe. Ranke III. 439 weist darauf hin, in welchem Umfange der König das für sein Finanzsystem ausgenutzt hätte, wenn sich die Folgen der Entdeckung hätten voraussehen lassen.

Es ist nicht zuviel gesagt, daß diese Academie unter Friedrich II. auf die Nation gar keinen Einfluß übte[1]). Da der König an der Wissenschaft nur die ästhetische und die rein praktische Seite schätzte, so hatte er für die eigentlichen theoretischen Untersuchungen der Gelehrten nur ein sehr untergeordnetes Interesse. Als z. B. noch in späteren Jahren der berühmte Berliner Ichthyologe Bloch um Unterstützung des Königs bei seinen Unter: suchungen bat, erhielt er folgenden Bescheid: — — „es ist nicht nöthig von den Kammern eine Liste von Fischen zu erfordern, denn das wissen sie schon allerwegs was es hier im Lande für Fische giebt. Das sind auch durch: gehends dieselben Arten von Fischen, ausgenommen im Glatzischen, da ist eine Art, die man Kaulen nennt, oder wie sie sonst heißen. Die hat man weiter nicht. Sonstens aber sind durchgehends einerlei Fische, die man alle weiß und kennt, und darum ein solches Buch davon zu machen würde unnöthig sein, denn kein Mensch wird solches kaufen — — [2])."

---

[1]) Ranke, Neun Bücher III. 340.
[2]) Oeuvres XXVII. 2. p. 240. In etwas anderer Fassung hat sich dieser Bescheid durch Tradition im Gedächtniß der Berliner erhalten. Dadurch, daß v. Siebold diese ungenaue Ueberlieferung in der Vorrede zu seinem Werke über Süßwasserfische abdrucken ließ, ist eine Dryasbust'sche Erörterung in den Jahrbüchern der Berliner Akademie 1863 p. 474 entstanden. — Uebri-

So erklärt es sich auch, daß Friedrich für die Universitäten seines Landes so gut wie gar nichts gethan hat. Die Professoren waren in seinen Augen ziemlich alle nur steife lächerliche Pedanten, die geschmacklose dicke Bücher über unnütze Dinge schrieben. — Das erscheint nicht eben wunderbar, wenn man die Stufe geselliger Ausbildung kennt, auf welcher diese Herren in der Mitte des vorigen Jahrhunderts sich befanden. Man lese z. B. in Freytag's Bildern aus der deutschen Vergangenheit die Lebens= und Liebesgeschichte des großen Theologen Semmler, eines der Koryphäen seiner Wissenschaft, um einen Begriff von dem Philister= thum zu bekommen, in welchem der Gelehrtenstand befangen war. In tiefster Devotion vor jedem Junker, vor jedem Beamten ersterbend, benahmen sie sich so

---

gens hat der König doch noch die erbetene Ordre an die Kammern für Bloch erlassen, wahrscheinlich weil dieser durch Uebersendung einer wohlschmeckenden neuen Fischart in die königliche Küche den Monarchen überzeugt hatte, daß seine Forschungen einigen prak= tischen Nutzen gewähren. (Ebendaselbst.) Als Kirnberger 1781 seine Grundsätze des Generalbasses dem Könige überreichte, erhielt er folgenden Bescheid: „Sr. Majestät — können sich nicht über= reden, daß das — Werk etwas neues und vorzüglich Nützliches für die Tonkunst und die musikalische Composition enthalten könne, da der Generalbaß bereits vor vielen Jahren zu einer gewissen Vollkommenheit gebracht worden ist, und wollen solches gedachtem Kirnberger hiermit nicht verhalten." Oeuvres XXVII. 2. 238.

eckig und befangen, daß sie in der höheren Gesellschaft lächerlich erschienen. Wie mußten einem Könige, der mit Voltaire correspondirte und selbst die elegante französische Sprache meisterlich beherrschte, die holprigen Zuschriften und Anreden zuwider sein, die er von diesen Leuten entgegenzunehmen hatte. Vermied er doch sogar, wie wir hörten, dem einst von ihm so hochverehrten Wolff persönlich zu begegnen. Voltaire durfte, als er in des Königs Begleitung nach Halle kam, seinen Uebermuth ungestraft an dem deutschen Philosophen auslassen. Er besuchte denselben nicht, sondern beschied ihn zu sich auf's Zimmer. Wolff machte pflichtschuldigst seine Aufwartung, ohne zu merken, wie verächtlich man ihn behandelte.

Der König glaubte, es sei genug, wenn er die Universitäten in ihren hergebrachten Gerechtsamen schützte. Zur Vermehrung ihrer Einkünfte that er nichts, so daß die Hallenser Hochschule sich bis 1786 mit dem kläglichen Stiftungsfonds von 7000 Thalern begnügen mußte, welche Friedrich I. bei der Gründung ausgeworfen hatte. Zwar ergingen mancherlei Verordnungen, um die Studenten zum Fleiße anzuhalten, wesentliches Interesse aber nahm der König nur daran, daß die jungen Leute nicht durch den Besuch fremder Universitäten das Geld aus dem Lande brächten. Deßhalb wurde verordnet, daß Niemand, der auswärts auch nur

eine Zeit lang studirte, eine Anstellung in Preußen er=
halten sollte ¹).

Die Lehrer und Professoren mußten ohne ermuthi=
gende Unterstützung von oben den Antrieb zu eifriger
Forschung und freier Hingabe an die Wissenschaft in
sich selber suchen und finden, was bei der Eigenthüm=
lichkeit des deutschen Charakters durchaus nicht so nie=
derdrückend wirkte, wie man glauben könnte.

Von den Gymnasien wäre ziemlich dasselbe zu sagen
wie von den Universitäten. Wir werden später auf
diese Unterrichtsangelegenheiten zurückkommen. Wenn
Friedrich nach den Anforderungen der heutigen Zeit viel
zu wenig für die Bildung und Hebung des Volkes that,
so nahm er sich mit desto größerem Eifer der persönlichen
Angelegenheiten des gemeinen Mannes an.

Den günstigsten Eindruck machte es im Publikum,
als er 1744 bekannt machen ließ, daß Jedermann, auch
der Geringste, seine Beschwerden und Klagen, seine
Bitten und Gesuche schriftlich bei ihm anbringen und
der genauesten Untersuchung gewiß sein dürfte. Man
überzeugte sich bald zum allgemeinen Erstaunen, wie
ernst er es damit nahm, und mit welcher unglaublichen
Geduld und Pünktlichkeit er selbst auf die unbedeutend=
sten Sachen einging, allerdings oft zum Schrecken und

---

¹) Edict vom 2. Mai 1750. Mylius cont. IV. No. 97.

zu großer Beschwerde der Behörden, die zum Berichte über diese Dinge angehalten wurden.

Das Leben am Hofe, dessen Mittelpunkt der König bildete, war seit seinem Regierungsantritt wie durch einen Zauberschlag umgewandelt. Während die strenge knappe Zucht eines Vierteljahrhunderts den Bürgerstand des ganzen Landes, besonders aber der Hauptstadt, an ein sparsames, fleißiges und äußerlich ehrbares Leben bereits so fest gewöhnt hatte, daß der Thronwechsel keine plötzliche Aenderung hervorrufen konnte, so hatte die vornehme Welt sich dagegen alsbald von den Fesseln befreit, die sie mit unterdrücktem Hohn und Ingrimm so lange getragen. Der junge König liebte in den ersten Jahren seiner Regierung glänzende Feste, und in den bisher so stillen Räumen des königlichen Schlosses wechselten Bälle, Maskeraden, Concerte in bunter Reihe. Die Vermählung des Prinzen August Wilhelm mit einer Schwester der Königin Elisabeth, später (1744) die der Prinzessin Ulrike mit dem schwedischen Thronfolger Adolph Friedrich von Hessen, waren nicht die einzigen Anlässe zur Entfaltung ganz besonderer Pracht. Für die Oper wurden Sänger und Tänzer aus Frankreich und Italien verschrieben, wofür der König sich persönlich auf's Eingehendste interessirte, der Berliner Hof schien nicht minder als die übrigen Höfe in Europa sich durch Glanz und Pracht hervorthun zu wollen. Von der

Sittenstrenge der vorigen Regierung war Nichts mehr zu spüren, da Friedrich die Uebertretungen in dieser Beziehung nicht wie sein Vater mit Abscheu¹), sondern nur mit Spott und Verachtung betrachtete, auch in seiner Unterhaltung es liebte, das Feld der Zweideutigkeiten für seinen allzeit fertigen Witz auszubeuten. Am Hofe machte man sich die neue Freiheit so gut zu Nutze, daß unter den höheren Ständen sehr bald eine Sittenlosigkeit einriß, wie sie kaum in Dresden und Paris größer gefunden werden konnte²).

---

¹) Charakteristisch ist folgende Stelle aus einem Briefe an die Oberhofmeisterin seiner Gemahlin, Frau v. Camas. Oeuvres XVIII. 152. Je ne lapide point les filles d'honneurs qui font des enfants. Elles perpétuent l'éspèce — on n'est pas toujours maitre de soi — — je vous avoüe que j'aime mieux ces temperaments trop tendres, que ces dragons de chasteté qui déchirent leur semblables. Qu'on fasse sans scandale sortir cette pauvre fille de la cour, en ménageant sa réputation autant que possible.

²) Was in dieser Beziehung Graf Manteuffel schon 1740 nach Dresden berichtet, stimmt mit den Aeußerungen des englischen Gesandten (Malmsbury Diary and Corresp. I. 97.) überein. Manteuffel schreibt: Personne ne se donne la peine de sauver les apparences. On prouvrait par mille exemples que jamais le libertinage ne fut poussé aussi loin qu' actuellement à Berlin. — Malmsburo sagt a. a. O.: „In allen Lebensständen herrscht gänzliche moralische Verkommenheit verbunden mit Dürftigkeit. The women prostitute themselves to the best payer,

Das hatte natürlich Friedrich II. weder gewünscht noch vorausgesehen, als er die Zügel lockerte, an denen sein Vater jeden einzelnen Unterthanen bis in das Innerste seines Privatlebens gelenkt hatte. Er hoffte vielmehr, daß die Freiheit des geselligen Verkehrs die Sitten mildern und das Interesse an den höheren und feineren menschlichen Genüssen wecken sollte, welche in dem bisherigen Kasernenthum keinen Platz gefunden. Allein das rohe und rauhe Wesen, an welches die tonangebenden Klassen, Generale und Officiere sich gewöhnt, war um so weniger auszurotten, als das strenge Kriegsrecht mit seinen Stockschlägen, Spießruthenlaufen, Krummschließen u. s. w. nicht abgeschafft wurde, sondern bekanntlich bis in das gegenwärtige Jahrhundert fortgedauert hat. Wer konnte dem alten Dessauer und seinen Genossen zumuthen, plötzlich eine mildere Gesinnung oder minder grausame Behandlung der Untergebenen sich anzueignen? Da dürfen wir uns also nicht wundern, wenn der Feldprediger Segebarth es nach der Schlacht bei Czaslau mit ansah,

---

and all delicacy of manners and sentiment is unknown to them Alles, was ich zu Gunsten der Menschen hier sagen kann, ist, daß das Beispiel der Verachtung aller religiösen Pflichten, welches der König vor ihren Augen giebt, verbunden mit dem glänzenden Erfolge seiner Unternehmungen und dem Respect, den er in Europa genießt, das bessere Urtheil der Menschen verwirrt."

wie zwei Deserteuren Nasen und Ohren abgeschnitten wurden, und ein Paar andere um ihr Leben würfeln mußten.

Hätte eine Reihe von Friedensjahren dem Könige schon jetzt gestattet, die nicht mehr zeitgemäßen Ueberreste eines blutigen Strafrechts bei der Verbesserung der allgemeinen Rechtspflege, die er im Sinne hatte, zu beseitigen, so wären die Abschaffung der Folter und des Sackens der Kindesmörderinnen, welche er gleich nach seinem Regierungsantritt verfügt hatte, nicht lange vereinzelte Beispiele seiner humanen Gesetzgebung geblieben.

Denn nicht minder dringend als das Kriminalrecht bedurfte auch das bürgerliche Recht, und namentlich das Prozeßverfahren einer gründlichen Verbesserung. Ein Bericht[1]), den der König von Cocceji erforderte, zeigt die Größe der Schäden und zugleich die Schwierigkeit, sie zu heilen. Seit fünfundzwanzig Jahren waren die Richter nicht mit Rücksicht auf Kenntnisse und Rechtschaffenheit, sondern nach Maßgabe der Summen angestellt, die sie an die Rekrutenkasse zahlten. Die Mitglieder selbst der höchsten Collegien wurden theils gar nicht, theils so schlecht besoldet, daß sie auf Nebenverdienste, nicht immer auf redliche, denken mußten. Die Advokaten waren durch die lächerliche Kleidung, welche

---

1) Königs Berlin. Jahr 1743.

Friedrich Wilhelm aus Haß gegen ihren Stand für sie erfunden, gewissermaßen zur Ehrlosigkeit privilegirt. Die Aufsicht über alle Justizbeamten sollte der mit dem Staatsrathe verbundene Geheime Justizrath führen, allein da diese Behörde aus den Präsidenten der Gerichtshöfe zusammengesetzt war, so deckte Jeder die Sünden des Andern zu. Als Cocceji, 1737, zum eigentlichen Justizminister ernannt war, konnte er wohl auf diese Mißbräuche hinweisen, aber vom Könige nicht das Geld erhalten, welches eine gute Besetzung der Gerichtshöfe erheischte. Die Prozesse wurden in unglaublicher Weise verschleppt, Stöße von unerledigten Sachen füllten die Registraturen. Nur durch Bestechung der Richter und Advokaten war irgend eine Sache in Gang zu bringen. Leider befand sich für den Augenblick Friedrich II. noch nicht in der Lage, gründlich abhelfen zu können, weil der Kriegsschatz in Anbetracht der kommenden Ereignisse vor allen Dingen gefüllt werden mußte. Was er aber später auf dem Felde der Rechtsverbesserung theils angeregt, theils selbst geleistet, werden wir gehörigen Ortes mit Bewunderung vernehmen.

In diese kurze Friedenszeit, welche der König den inneren Angelegenheiten seines Landes widmen konnte, fällt die Vergrößerung des Staatsgebietes durch die Besitznahme von Ostfriesland. Wir wissen, daß seit den Tagen des großen Kurfürsten Aussicht vorhanden

(1744.) Besitznahme von Ostfriesland. 25. Mai. 207

war, dieses Fürstenthum nach dem Absterben des vorigen Regentenhauses zu erwerben. Friedrich I. erhielt die Anwartschaft von Kaiser und Reich, seinem Nachfolger wurde noch ein Mal die Expectanzurkunde bei Gelegenheit des Besuches in Klabrup als Gastgeschenk in goldenem Kästchen überreicht, womit der Kaiser freilich nur eine Höflichkeitsform zu erfüllen meinte und es übel vermerkte, als Friedrich Wilhelm I. sofort Titel und Wappen von Ostfriesland annahm. Der wirkliche Heimfall schien in ferner Aussicht zu stehen, da der junge Fürst Carl Edzard vermählt war und auf Nachkommenschaft rechnen durfte. Am 25. Mai 1744 starb derselbe jedoch plötzlich, und sofort ordnete Friedrich II. die Besitzergreifung des Landes an, zu der Alles vorbereitet war, indem man sich schon im Voraus die Zustimmung eines Theiles der dortigen Stände und der Hauptstadt Emden verschafft hatte [1]). Noch am Todestage des Fürsten begann man überall dessen Wappen abzureißen und den preußischen Adler anzuheften, am 6. Juni rückten preußische Truppen ein, die Huldigung wurde einem königlichen Commissarius geleistet. Solche Eile war geboten, um den verschiedenen Ansprüchen, welche theils von Verwandten des fürstlichen Hauses, theils von Han-

---

[1]) In Bezug auf das Datum der betreffenden Verhandlungen weichen Stenzel 291, Ranke 373 und Wiarda, Geschichte von Ostfriesland VIII. 115, von einander ab. Jedenfalls fallen die Verhandlungen in den März bis Anfang Mai 1744.

nover und Holland erhoben waren, durch eine vollendete Thatsache zuvorzukommen. Mit großer Klugheit brachte Friedrich die seit jeher auf ihre Rechte eifersüchtigen, mit ihrem Fürsten oft entzweiten Stände auf seine Seite, indem er, Cocceji's Rathe folgend, ihre ausgedehnten Privilegien bestätigte und dem Lande auch die Pflicht, Rekruten zu stellen, erließ, wofür ihm Alles in Allem 40,000 Thaler jährlich bewilligt wurden, während die Fürsten bisher nur 12,000 Thaler bezogen hatten. Der König, der sich gerade damals ganz in der Nähe befand, indem er zur Stärkung seiner Gesundheit das Bad Pyrmont gebrauchte, wußte sehr wohl, daß es ihm bald gelingen werde, die neue Provinz mit seinen Regierungs= und Verwaltungsmaximen in Einklang zu setzen. Es geschah das so allmählich und ohne Gewaltsamkeit, daß die Friesen dem neuen Herrscher mit großer Liebe und Treue anhingen und ihn jubelnd empfingen, als er 1751 zuerst in ihr Land kam. Für Preußen schien sich durch den Besitz der Meeresküste hier wieder die Aussicht zu eröffnen, an dem Welthandel Theil zu nehmen. Eine in Emden gegründete asiatische Compagnie sollte das anbahnen.

In Deutschland hatten seit dem Berliner Friedensschluß die Dinge plötzlich eine andere Wendung genommen. Maria Theresia, die nunmehr ihre ganze Kraft gegen die Baiern und Franzosen wenden konnte, hatte bald ganz Böhmen von diesen Feinden gesäubert.

(1741.) Prag von den Franzosen geräumt. 209

Sie hoffte die französische Besatzung von Prag vollständig vernichtet zu sehen und erließ deßhalb an den Prinzen von Lothringen die gemessensten Befehle. Die ihr von Frankreich in's Geheim gemachten Friedensvorschläge wies sie zurück und ließ dieselben zum Hohne des Cardinals Fleury durch die öffentlichen Blätter bekannt machen. Belle-Isle, welcher den Oberbefehl über die böhmische Armee wieder übernommen hatte, erwartete in Prag mit größter Ungeduld die Hilfe, welche Marschall Maillebois ihm vom Niederrhein zuführen sollte. Allein der Zug desselben lief wegen der Kälte und des Mangels an Lebensmitteln so kläglich ab, daß er fast 12,000 Mann und die meisten seiner Pferde verlor, ehe er die böhmische Grenze erreichte, wohin ihm Prinz Carl, nachdem er 10,000 Mann zur Einschließung von Prag zurückgelassen hatte, entgegengezogen war.

Hier war die französische Armee in solcher Zahl zusammengedrängt und hatte die Vorräthe der Stadt so aufgezehrt, daß vollständige Hungersnoth ausbrach. Nur etwa 14,000 Mann blieben einigermaßen gesund und bei Kräften. Diese führte Belle-Isle heimlich in der Nacht vom 17. December 1742 aus den Thoren und gelangte nach einem elftägigen Marsche bis Eger. Frost und Hunger und die beständigen Angriffe der österreichischen leichten Reiterei vernichteten einen großen Theil dieser unglücklichen Schaar. Es war wie ein

Vorspiel dessen, was 1812 sich in Rußland ereignen sollte! Die Oesterreicher drangen in Baiern vor, vertrieben (8. Juni) den Kaiser Carl VII. aus München, wohin er im April zurückgekehrt war, als die Oesterreicher sich nach Böhmen gewandt hatten, um die Franzosen aus dem Lande zu jagen. Maria Theresia behandelte das Kurfürstenthum wie ein erobertes Land und setzte eine förmliche Regierung daselbst ein, fest entschlossen, sich durch den Besitz von Baiern für das verlorene Schlesien zu entschädigen. Baiern und Franzosen, durch gegenseitige Eifersucht der Feldherren in ihren Operationen gelähmt, ließen das geschehen. Der gänzliche Mißerfolg der französischen Heere brach dem alten Cardinal Fleury das Herz. Fast 90jährig starb er am 29. Januar 1743.

Der König von England, welcher bisher nur durch Subsidien und gute Rathschläge der Königin von Ungarn beigestanden hatte, beschloß nunmehr, auch im Felde ihr gegen die Franzosen Hilfe zu leisten. Er machte beiläufig ein gutes Geschäft, indem er 16,000 Mann seiner eigenen hannöverschen Truppen als Hilfsvölker von England in Sold nehmen ließ, so daß sein eines Reich das Heer des anderen zu bezahlen hatte. Ueber diese sogenannte pragmatische Armee, zu welcher noch ein Corps Hessen und Oesterreicher gestoßen war, übernahm Georg II. in Person mit seinem Sohne, dem Herzog von Cumberland, den Oberbefehl. Bei

(1743.) Schlacht bei Dettingen. 27. Juni. Carl VII.

Dettingen, unweit von Aschaffenburg am Main, kam es am 27. Juni 1743 zu einem Treffen mit der französischen Armee, die unter des Marschall Noailles Anführung über den Mittelrhein vorgedrungen war. Die Verbündeten siegten, Noailles mußte über den Rhein zurückweichen[1]).

Kaiser Carl VII. hatte unterdessen ziemlich still und kümmerlich in Frankfurt am Main von französischen Hilfsgeldern gelebt. Sein ruhmloser Name wäre aus dem Bewußtsein des deutschen Volkes längst gänzlich verschwunden, wenn nicht damals ein junges Mädchen sich für die melancholische Erscheinung des armen Kaisers begeistert hätte. Sie trug diese unschuldige Schwärmerei noch im Herzen, als Carl VII. längst todt war, und vererbte das Andenken desselben auf ihren Sohn Wolfgang Goethe, der die Jugendliebe seiner Mutter in Wahrheit und Dichtung verewigt hat.

Carl Albert hätte nach den wiederholten Niederlagen der mit ihm verbündeten Franzosen gern mit Maria Theresia Frieden geschlossen, doch wollte er ihr in keinem Falle, wie sie es verlangte, sein Erbland Baiern gegen eine in den Niederlanden oder in Italien zu gewährende Entschädigung überlassen. Eben so

---

[1]) Für die Nachwelt ist das herrliche Te deum, welches Händel zur Feier dieses Sieges componirt hat, bei Weitem mehr werth, als der Sieg selbst.

wenig wollte die Königin von Ungarn das Kurfürstenthum zurückgeben. Man mußte deßhalb beiderseits darauf denken, den Krieg mit möglichstem Nachdruck weiter zu führen. Maria Theresia befand sich jetzt wieder im vollen Besitz der Landschaften, welche sie eine Zeit lang an Baiern und Frankreich verloren hatte. Am 12. Mai war sie in Prag als Königin von Böhmen gekrönt worden. Unter den Eindrücken der gleichzeitig aus Baiern eintreffenden Siegesnachrichten befand sie sich in der stolzesten, glücklichsten Stimmung, die sich noch steigerte, als sie die Huldigung der oberösterreichischen Stände entgegennahm. Sie fühlte sich unter der unmittelbaren Obhut des Himmels, überzeugt, daß ein standhaftes Beharren ihren Feinden gegenüber das Haus Oesterreich auf die Höhe seines alten Glanzes zurückführen werde. Der Augenblick schien gekommen, wo man im Bunde mit England dem gedemüthigten Frankreich wieder entreissen könnte, was seit dem dreißigjährigen Kriege verloren war. Elsaß und Lothringen zurückzufordern, den Kaiser Carl VII. zur Niederlegung der Krone zu zwingen und an dessen Stelle ihren Gemahl, den Großherzog Franz, erwählen zu lassen, endlich die Bourbons aus Neapel und allen italienischen Besitzungen zu vertreiben — so hoch verstiegen sich die Hoffnungen und Entwürfe der Königin.

Um für die auf Italien bezüglichen Pläne den Beistand des Königs von Sardinien zu gewinnen, wurde ihm eine Vergrößerung seines Gebietes und 200,000 Pstr. jährlicher englischer Subsidien versprochen, in Anbetracht deren er sich bereit finden ließ, einem Vertrage beizutreten, der am 13. September 1743 zu Worms, im Hauptquartiere Georg's II., abgeschlossen wurde. England, Oesterreich und Sardinien versprachen in demselben, die pragmatische Sanktion ihrem ganzen Inhalte nach aufrecht zu erhalten und (wie in einem bis jetzt nicht vollständig veröffentlichten geheimen Artikel stipulirt war) die Bourbons aus Italien zu vertreiben, wo alsdann Sicilien an den König von Sardinien, Neapel aber und die vormals spanischen Besitzungen an der Küste von Toscana an Maria Theresia fallen sollten[1]). Sardinien versprach 40,000 Mann Fußvolk und 8000 Reiter zu stellen. In einer besonderen Convention vom 14. October 1743 verpflichtete sich England außerdem, der Königin während der Dauer des Krieges jährlich 300,000 Pstr. zu zahlen und ihre sämmtlichen Besitzungen für den Fall zu garantiren, daß Friedrich II., dem man von keiner Seite traute, den Breslauer Frieden brechen sollte, wo ihr alsdann Genugthuung und Sicherheit verschafft werden sollte.

---

[1]) Einiges Nähere hierüber bei Ranke III. p. 81. Eine kurze übersichtliche Zusammenstellung dieser diplomatischen Vorgänge auch in Schäfer's Geschichte des siebenjährigen Krieges I. 33.

Mit den zwischen so vielen Betheiligten hin und wieder geführten Verhandlungen uns näher zu beschäftigen, verlohnt um deswegen nicht, weil dieselben zu keinem Resultat führten, sondern nur die Rathlosigkeit der Parteien offenbarten. In der That konnte die Verwickelung nicht schlimmer gedacht werden. Deutschland war überschwemmt von französischen und englischen Truppen, welche hier den Völkerzwist dieser beiden mächtigen Nationen mit ausfechten und einander verhindern sollten, Bundesgenossen zu erwerben. König Georg II., im Herzen mehr Hannoveraner als Engländer, stand mit den Ansichten seines Parlaments und den brittischen Patrioten im Widerspruch, weil er die Macht und die Geldmittel Englands für die Sicherung und die Erleichterung seines Kurfürstenthums verwenden wollte, dem seiner Ansicht nach von Rechtswegen die Stellung in Deutschland gebührte, welche Friedrich II. für das Haus Brandenburg in Anspruch nahm. Maria Theresia hielt sich zwar durch den Breslauer Frieden gebunden und dachte trotz ihres beleidigten Stolzes augenblicklich keineswegs an die Wiedereroberung Schlesiens. Wohl aber hielt sie sich zu einer reichlichen Entschädigung berechtigt, die auf Kosten des von ihr nicht anerkannten Kaisers Carl VII. bewerkstelligt werden sollte. Indem sie Baiern behalten wollte, mußte für den vertriebenen Landesherrn daselbst ein Ersatz gefunden werden. Da kamen bald die Niederlande, bald italienische Landstriche in Betracht, ja, es war von einer großartigen Säkularisation deutscher Bisthümer die Rede, welche aber wegen der großen Aufregung der Katholiken, die bei diesem Gedanken entstand, wieder aufgegeben wurde [1]).

Friedrich II. endlich hielt es eine Zeit lang für möglich, zwischen den streitenden Mächten eine dritte Partei zu bilden, um mittelst eines deutschen Fürstenbundes die Selbstständigkeit des Reiches zu behaupten und die Engländer und Franzosen aus dem Lande zu entfernen. Er besuchte zu dem Ende im September 1743 unter dem Vorwande, seine Schwester in Anspach und Baireuth wiedersehen zu wollen, einen Theil der süddeutschen Höfe, hatte bei dieser Gelegenheit auch eine Besprechung mit dem alten Seckendorf, der die österreichischen Dienste verlassen und jetzt Oberbefehlshaber der Heere des Kaisers war, allein es ergab sich, daß der Plan nicht durchzuführen war. Ein Theil der Reichsstände hing mit blinder Verehrung an dem Hause Oesterreich, ein anderer Theil wollte seine Mitwirkung so theuer verkaufen, daß die Sache daran scheiterte, und Friedrich konnte bald das Vergebliche seiner Bemühung durch die Worte bezeichnen: „Kein Geld,

---

[1]) Vergleiche über Alles dies außer der in der vorigen Anmerkung angeführten Stelle auch die Auszüge aus den Gesandtschaftsberichten in Raumer's Beiträgen Bd. II. und Heldengeschichte II. 838 squ.

keine deutsche Fürsten," so wie es in dem bekannten Sprüchworte heißt: „Point d'argent, point de Suisses!" Da er nun nicht nur von dem obenerwähnten Wormser Vertrage zwischen England, Oesterreich und Sardinien Kunde erhielt, sondern auch einige Monate nachher erfuhr, daß am 20. December 1743 ein Bündniß zwischen Oesterreich und Sachsen zu Stande gekommen, durch welches der Dresdener Hof sich zu einer unbedingten Garantie der pragmatischen Sanktion verpflichtete, so glaubte er in alledem die Vorbereitungen zu einem gegen Preußen beabsichtigten Angriffe zu erkennen. Denn wenn in diesem Vertrage Sachsen seine Hilfe der Königin Maria Theresia unter der Bedingung zusagte, ihr gegen keine der jetzt im Kriege begriffenen Mächte Hilfe zu leisten, so konnte eine solche Hilfe, die denn doch geleistet werden sollte, nur gegen Preußen gerichtet sein[1]). Dazu kam, daß auch in diesem Vertrage wieder davon die Rede war, eine bessere Verbindung Sachsens und Polens herzustellen, und daß eine solche nur mittelst Gewährung eines von den preußischen Staaten loszureißenden Stückes zu bewerkstelligen war. Wenn endlich die Garantie der pragmatischen Sanktion ganz unbedingt ausgesprochen war, ohne der Eroberung Schlesiens und der Bestimmungen des Breslauer Friedens zu gedenken,

---

[1]) Ranke p. 113.

so ist es erklärlich, daß Friedrich II. in seinem Argwohn bestärkt wurde, die Königin von Ungarn gehe damit um, ihm Schlesien durch Waffengewalt wieder zu entreißen.

Die österreichischen Schriftsteller leugnen das auf das Bestimmteste, behaupten vielmehr, daß Maria Theresia jetzt nur auf eine Entschädigung für ihren Verlust durch die Erwerbung von Baiern bedacht gewesen¹), wogegen man vermuthete, der König von Preußen beabsichtige einen neuen Eroberungszug, dessen Ziel Niemand kenne, der aber vielleicht auf die Erwerbung von Hamburg oder auch von Nürnberg sich richten könnte²). Man sieht, wohin das beiderseitige, nichts weniger als ungerechtfertigte Mißtrauen führte. Friedrich konnte, wenn er nach seiner eigenen Denkungsart urtheilte, nicht annehmen, daß Maria Theresia den Verlust von Schlesien verschmerzen würde, ja er hörte, sie breche jedes Mal in Thränen aus, wenn sie einen Schlesier sähe³), und die Königin von Ungarn hielt in

---

¹) v. Arneth I.

²) ibid. Dergleichen Vermuthungen wurden von den österreichischen Gesandten aus Berlin und auch aus Baireuth berichtet, wo die damals mit ihrem Bruder sehr unzufriedene Markgräfin sich in solchem Sinne geäußert hatte.

³) Er erfuhr auch, daß Georg II. in Bezug auf Schlesien nach Wien geschrieben habe: Ce qui est bon à prendre, est bon à rendre.

Uebereinstimmung mit aller Welt den jungen König von Preußen für einen ränkevollen, unruhigen Kopf, der stets die Gelegenheit erspähe, wo er seinen Nachbarn Etwas entreißen könne. Durch alle diese Betrachtungen war Friedrich II. jetzt wieder auf dem Punkte, eine Maxime des Handelns zur Anwendung zu bringen, die bei allen seinen Unternehmungen für ihn maßgebend geblieben ist: Er wolle lieber überraschen, als sich überraschen lassen, weil es in der Politik ein Kapitalverbrechen sei, einem Feinde zu vertrauen, selbst wenn man sich mit ihm ausgesöhnt hat[1]). Allein auch sonst war es klar, daß Friedrich nicht unthätig abwarten durfte, bis die Wormser Verabredungen sich verwirklichten. Maria Theresia's Macht wäre dann durch die Erwerbungen, welche ihr in Deutschland, Italien und Frankreich verheißen waren, zu einer solchen Höhe erwachsen, daß Preußen nicht widerstehen konnte, wenn es ihr beliebte, Schlesien zurück zu fordern. Auch jetzt schon war die Königin von Ungarn durch ihre kriegerischen Erfolge zu mächtig, um den Kampf gegen sie ohne Bundesgenossen zu beginnen, weßhalb die Blicke des Königs sich vor allen Dingen auf Frankreich richteten. Daß man ihn dort mit offenen Armen aufnehmen würde, wußte er sehr wohl. Schon im September 1743 war Voltaire in Berlin gewesen, nicht zwar als

---

[1]) Oeuvres III. 1.

beglaubigter Unterhändler, wohl aber mit dem Auf=
trage des Ministeriums, das Terrain zu sondiren.
Voltaire, nach diplomatischen Erfolgen seit lange ehr=
geizig strebend¹), schien dies Mal wegen des hohen An=
sehens, welches er bei Friedrich II. genoß, der rechte
Mann. Allein obgleich es dem Könige angenehm sein
mußte, auf diese Art zu erfahren, daß man in Frank=
reich wegen des Streichs, den er dem dortigen Hofe
durch den heimlichen Abschluß des Breslauer Friedens

---

¹) Grade jetzt war er froh, unter einem Vorwande Paris verlassen zu können, weil es ihm trotz der Protection Ludwig's XV.
und seiner Maitresse, der Gräfin von Chateauroux, nicht geglückt
war, den durch Fleury's Tod erledigten Platz in der Akademie
der XL. zu erlangen. Er wurde in Berlin sehr gut aufgenommen und erhielt ein Zimmer neben den Appartements des Königs
im Schlosse; sobald er aber die Unterhaltung auf Politik brachte,
verlachte ihn der König. Höchst interessant sind die witzigen und
beissenden Bemerkungen, welche Friedrich auf die Hälfte des ge-
brochenen Bogens schrieb, auf dem Voltaire neun verschiedene Sätze
aufgezeichnet hatte, die dem König Frankreichs Bundesgenossenschaft empfehlen sollten. Am Schlusse hatte er gebeten, ihn mit
einem Auftrage für den König von Frankreich zu beehren. Darauf antwortete der König: Wenn Sie es wünschen, will ich eine
Lobrede auf Ludwig XV. schreiben, an der kein wahres Wort ist.
— — Das Einzige, was ich Ihnen für Frankreich aufzutragen
habe, ist, daß Sie den Franzosen rathen, sich in Zukunft klüger zu
betragen, als bisher. Gegenwärtig gleicht Frankreich einem starken Körper ohne Nerven und Geist. Oeuvres XXII. 141.

gespielt, nicht mehr grollen wollte, so machte er sich doch über den eingebildeten Poeten lustig und nannte denselben den schlechtesten Diplomaten von der Welt. Erst im Anfange des nächsten Jahres kam es zu ernsthaften Unterhandlungen. Am 11. Februar 1744 erschien Seckendorf als Abgesandter Kaiser Carl's VII. in Berlin. Nachdem er sich in Dresden vergeblich bemüht hatte, den sächsischen Hof von dem österreichischen Bündnisse abwendig zu machen, wollte er sein Heil bei dem Könige von Preußen versuchen. Man sei, versicherte er, der kräftigsten Unterstützung von Seiten Frankreichs gewiß, wofern Friedrich sich der Sache des Kaisers annehmen wolle. Seiner eigenen Erzählung nach erwiederte der König [1]), daß er sich auf nichts einlassen könne, bevor nicht folgende Punkte zugestanden wären: 1) Will er vor einem Angriffe von Schweden und Rußland sicher gestellt sein. 2) Sollen Schweden und Frankreich zugleich den König von England durch einen Angriff auf Hannover beschäftigen. 3) Wenn Preußen in Böhmen einrückt, so wird die österreichische Armee vom Rhein her dorthin eilen, dann müssen die Franzosen diese verfolgen und am Weitermarsche hindern. 4) Böhmen wird der Königin von Ungarn entrissen, und die drei Schlesien zunächst gelegenen böhmischen Kreise fallen dem Könige von Preußen zu.

---

[1]) Oeuvres III. 38.

5) Keiner der Verbündeten darf ohne Wissen und Zu=
stimmung des Andern Frieden schließen.

Wie das damals gewöhnlich war, erhielt der Wie=
ner Hof bald von diesen Unterhandlungen Kunde und
beeilte sich, aller Welt bekannt zu machen, daß Preußen
auf einen neuen Eroberungskrieg sinne. Der König
ließ das durch seinen Gesandten mit größter Entschie=
denheit als eine maliitöse perfide Erdichtung ableugnen
und setzte sogar eine Belohnung von 1000 Thalern auf
Entdeckung des Verleumders, indem er sich dahinter
versteckte, daß noch Nichts beschlossen wäre, man sich
vielmehr auf vorläufige Besprechung möglicher Fälle
beschränkt hätte.

Im Februar 1744 erschien aber der bei dem Kaiser
beglaubigte französische Gesandte in Berlin, und Frie=
drich schickte den Grafen Rothenburg, der durch seine
elsassischen Besitzungen gute Verbindungen in Frank=
reich hatte, nach Paris, um der Sache näher zu treten.
Da der Kriegsminister Amelot nicht auf Friedrich's
Ansichten eingehen wollte, verband Rothenburg sich mit
einer demselben feindlichen Partei am Hofe, der es
gelang, den Minister zu stürzen und an dessen Stelle
den Marschall Noailles in's Cabinet zu bringen. Mit
diesem ward dann am 5. Juni 1744 zu Versailles der
Allianzvertrag zwischen Frankreich und Preußen ab=
geschlossen, dessen Hauptbedingungen bereits im März
feststanden. Zu gleicher Zeit knüpfte Friedrich II. mit

den wenigen deutschen Fürsten, die er bereit fand, auf seine Pläne einzugehen, eine festere Verbindung.

Außer dem Kaiser Carl VII. traten nur der Landgraf von Hessen und der neue Kurfürst von der Pfalz zu der sogenannten Frankfurter Union zusammen [1]), welche am 22. Mai unterzeichnet wurde, in der ausgesprochenen Absicht: dem Kaiser zu seinem Recht zu verhelfen und „alle ersinnlichen guten Dienste" anzuwenden, um das Haus Oesterreich dahin zu vermögen, daß dem wahren Reichsoberhaupte seine Erblande zurückgegeben würden. In einem zwischen Friedrich II. und dem Kaiser noch im Geheimen abgeschlossenen Vertrage versprach ferner der König von Preußen, Sr. kaiserlichen Majestät „zu Ihrem Erbkönigreich Böhmen zu verhelfen." Frankreichs Beitritt, dessen man bereits versichert war, blieb stillschweigend vorbehalten.

An diese Union schloß sich nun jener Allianzvertrag mit Ludwig XV. am 5. Juni an, des Inhaltes, daß der König von Frankreich in die Niederlande und Westphalen einfallen sollte, um Hannover zu bedrohen, während Friedrich das Königreich Böhmen für Carl VII. zu erobern versprach, der dann als Belohnung die drei an Schlesien grenzenden Kreise dieses Landes den Preußen abtreten wollte.

Friedrich II. hatte alle diese Unterhandlungen ganz

---

[1]) Adelung IV. 103. 154. Ranke 147.

selbstständig, ohne seine Minister auch nur um Rath zu fragen, von seinem Cabinet aus geführt. Sogar von der Absendung Rothenburg's erfuhren sie Nichts, und der König gab demselben die Reisekosten aus seiner Chatouille, um nicht durch eine Anweisung auf die Legationskasse den Behörden Kenntniß von seinem Vorhaben zu geben. Der Krieg war nunmehr unvermeidlich, und erst jetzt theilte er den Räthen seiner Krone den Entschluß mit, gegen Maria Theresia von Neuem die Waffen zu ergreifen. Die Minister waren von des Königs Entschluß durchaus nicht erbaut. Podewils bemerkte sehr richtig, daß die Königin nie und nimmermehr sich Böhmen entreißen lassen könne, und daß auch Holland und England in einer solchen Zerstückelung der österreichischen Monarchie die größte Gefahr für das Gleichgewicht von Europa erblicken müßten. Der Krieg könne für Preußen keinen Vortheil bringen, und es dürfte sich zuletzt herausstellen, daß Friedrich nur die Interessen Frankreichs fördere, welches dies Mal ein ebenso unzuverlässiger Bundesgenosse wie früher sein werde[1]. Die Bedenken kamen jetzt zu spät. Der König, durch den leichten und glänzenden Erfolg des ersten Krieges sicher gemacht und damals noch voll jugendlicher Ruhmesbegierde, zweifelte nicht, daß es

---

[1] Ranke theilt dies p. 159 aus den Protokollen des geheimen Staatsarchivs mit.

ihm gelingen werde, einen Theil von Böhmen, vielleicht das Ganze, zu erobern, er hoffte sogar bei dieser Gelegenheit auch die zur Sicherung von Schlesien ihm nothwendig scheinenden hohen Gebirgspässe und Jägerndorf an sich zu reißen, welches er im Breslauer Frieden nur ungern den Oesterreichern hatte zurücklassen müssen. Dann erst würde er eines ruhigen Besitzes sich erfreuen, groß und selbstständig genug, um das Reich (und natürlich vor allen Dingen den eigenen Staat) nicht wieder in Abhängigkeit von Oesterreich gerathen zu lassen.

Wenn Frankreich sich zur Erreichung dieser Absichten mit dem Könige verband, so dachte es dabei natürlich nicht an diese preußischen Interessen, sondern nur an das Bedürfniß, einen Bundesgenossen zu haben, welcher die deutschen Besitzungen des Königs von England bedrohen sollte. Es waren nämlich die Streitigkeiten zwischen den englischen und französischen Colonien in Amerika zu einer solchen Höhe gediehen, daß im Frühjahr 1744 die Kriegserklärung an England erfolgte. Um dem Könige Georg II. in seinem britischen Königreiche zu schaffen zu machen, begünstigte Ludwig die Landung des Prätendenten Carl Eduard Stuart an der schottischen Küste, wo die jakobitische Partei noch zahlreich genug war, um ernstliche Besorgnisse einzuflößen. In Deutschland wollte man von Westphalen aus gegen Hannover vorgehen, während

Friedrich II., wenn er die mit England verbündete Königin von Ungarn angriff, zum Gelingen dieser Pläne wesentlich beitragen sollte.

Nun hatte aber, wie gesagt, der König von Preußen sich erst alsdann zum Angriff bereit erklärt, wenn er sicher sein würde, nicht inzwischen von Schweden oder Rußland im Rücken bedroht zu sein. Hierauf richtete er also vor allen Dingen seine Bemühungen.

In Petersburg war durch eine der dort so häufigen Palastrevolutionen Peter des Großen Tochter Elisabeth (6. Decbr. 1741) auf den Thron gekommen, um deren Geneigtheit Frankreich und Oesterreich sich auf's Eifrigste bewarben. Auch Friedrich II. wünschte dringend, sich in Gunst zu setzen; „denn die Russen," sagte er, „sind unsere gefährlichsten Nachbarn, nicht sowohl durch die Stärke ihrer Truppen, als durch die barbarische Art, wie sie die Länder verwüsten, in welche sie einbrechen."

Seinen Staat vor einem solchen Ueberfall sicher zu stellen, ergriff er die Mittel, die sich ihm darboten. Nicht nur brachte er eine einflußreiche Hofdame durch große Geschenke auf seine Seite und bediente sich zu dem Ende sogar der Vermittelung seiner Gemahlin, von der sonst bei politischen Dingen nie die Rede war [1]),

---

[1]) Die Königin Elisabeth Christine mußte ihr mit kostbaren Diamanten besetztes Bild der begünstigten Hofdame mit einem

sondern er schmeichelte auch den Leidenschaften der Kaiserin, indem er sie in dem Hasse bestärkte, welchen sie auf den österreichischen Gesandten, Marquis Botta, geworfen hatte, der sich an einer in der That gar nicht existirenden Verschwörung betheiligt haben sollte [1]). Einen weit folgenreicheren Schritt aber that der König, als er sich der Aufgabe unterzog, für Elisabeth's Neffen und Nachfolger, den Großfürsten Peter, eine Gemahlin zu werben. Der russische Hof hatte sein Auge auf eine sächsische Prinzessin geworfen [2]), aber Nichts paßte schlechter zu Friedrich's Absichten, als eine enge Verbin-

---

eigenhändigen Briefe übersenden. Der Gemahl der ehemaligen Regentin von Rußland, Anton Ulrich von Braunschweig, lebte in Riga in der Verbannung. Friedrich schlug nicht nur seiner Gemahlin alle Bitten um Verwendung für denselben ab, sondern schmeichelte der Kaiserin noch dadurch, daß er durch seinen Gesandten Mardefeld vorstellen ließ, Riga wäre zu nahe an Petersburg, worauf die unglückliche braunschweig'sche Familie nach Cholmogori, hinter Archangel, gebracht wurde. Die Regentin Anna starb dort 1746. Anton Ulrich erst 1775. Oeuvres III. 30.

[1]) Die ausführliche Darstellung dieser merkwürdigen Angelegenheit bei v. Arneth II. 319 u. 400. Maria Theresia, von welcher Elisabeth die Auslieferung des wahrscheinlich vollkommen unschuldigen Mannes verlangte, benahm sich in dieser Sache, wie überall, durchaus brav und ehrenhaft. Sie setzte sich lieber der Gefahr aus, mit Rußland in offene Feindschaft zu gerathen, als daß sie sich zum Werkzeug der Despotenlaune eines leidenschaftlichen Weibes hergegeben hätte.

[2]) Oeuvres III. 28.

dung von Sachsen, Polen und Rußland. Er schlug deshalb die kaum vierzehnjährige Tochter des Fürsten von Anhalt-Zerbst vor, welcher in der preußischen Armee diente und dem Könige treu ergeben war. Der Ehrgeiz der Eltern dieser jugendlichen Braut überwand bald deren religiöse Bedenken, über die Friedrich spöttelte[1]); die junge Prinzessin folgte einer Einladung nach Moskau, wo sie sich schnell die Gunst der Kaiserin erwarb. Das Geschäft wurde abgeschlossen, und Peter mit der jungen Dame vermählt, die später als Katharina, Selbstherrscherin aller Reussen, so viel von sich reden machen sollte.

In Schweden hatten die Stände zum Nachfolger des kinderlosen Königs den mit dem russischen Hofe nahe verwandten Prinzen von Holstein-Gottorp erwählt. Diesem bestimmte Friedrich seine schöne und geistreiche Schwester Ulrike (geb. 24. Juli 1730) zur Gemahlin und hoffte durch beide Verbindungen wenigstens vor offener Feindseligkeit von Seiten Schwedens und Rußlands geschützt zu sein, wenn es ihm auch nicht gelang, trotz aller Unterhandlungen und aufgewandter Bestechungen ein förmliches Schutzbündniß zu Stande zu bringen[2]). Es schien nun Alles vorbereitet, um den Kampf mit Oesterreich beginnen zu können. In dem

---
[1]) Oeuvres III. 29.
[2]) So sagt er selbst. Oeuvres III. 30.

Kriegsmanifeste ¹) vom 8. August erklärte er, seine Armee sei nur ein Hilfscorps, welches er dem Kaiser Carl VII. zur Verfügung gestellt, um denselben gegen die Anmaßungen des Hauses Oesterreich zu schützen, damit nicht die deutsche Freiheit völlig und auf ewig in Fesseln gelegt, und die Reichsstände einer despotischen Willkür unterworfen würden, was kein redlicher und rechtschaffener Patriot gleichgiltig mit ansehen könne. Den Frieden mit der Königin von Ungarn wolle er keineswegs brechen, wie seine Verleumder behaupteten, sondern wenn er jetzt eine considerable Anzahl preußischer Truppen in das Königreich Böhmen einrücken lasse, so handle er nur als Reichsfürst im Dienste des Kaisers. Für sich selbst verlange er Nichts. Das war allerdings das gerade Gegentheil von dem, was in der Frankfurter Union und in dem Allianzvertrage mit Frankreich ausbedungen war, aber seltsamer Weise schien er zu glauben, daß jene Verhandlungen geheim bleiben würden.

---

¹) Heldengeschichte II. 865.

Achtes Kapitel.

Ausbruch des zweiten schlesischen Krieges.

Am 15. August rückte Friedrich durch Sachsen, welches sich dem Marsche der „kaiserlichen Hilfsvölker" nicht zu widersetzen wagte, in Böhmen ein. Am 2. September stand er vor Prag. Die größte Eile war geboten, weil das am Rhein befindliche österreichische Heer voraussichtlich auf die erste Kunde von diesen Vorgängen herbeieilen würde. Bei Betreibung der Belagerungsarbeiten setzte der König sich der größten Lebensgefahr aus. Am 12. Sept. wurde unmittelbar an seiner Seite dem Markgrafen Friedrich Wilhelm der Kopf durch eine Kanonenkugel weggenommen. Wäre das Geschoß stärker gewesen und grade gegangen, so hätte es den König unfehlbar getroffen. So eifrig wurde die Belagerung betrieben, daß bereits am 13. und 14. ein Theil der Stadt durch das Bombardement in Flammen stand. Die Bürgerschaft drängte voll Verzweiflung in den ohnehin entmuthigten Commandanten, der denn auch am 16. capitulirte und die ganze Besatzung zu Kriegsgefangenen übergab.

Der König war glücklich über diesen Erfolg, den er triumphirend seinem Minister Podewils meldete. Er glaubte einen ähnlichen Siegeslauf wie 1741 angetreten zu haben und eilte unaufhaltsam vorwärts, um ganz

Böhmen in Besitz zu nehmen. Tabor und Budweis wurden durch die Generale Nassau und Ziethen ohne große Anstrengung erobert, die Einwohner mußten Carl VII. Treue schwören. Friedrich hoffte, durch eine entscheidende Schlacht, die er dem vom Rheine her mit seiner Armee anrückenden Prinzen von Lothringen liefern wollte, dem Feldzuge ein glänzendes Ende zu machen. „Ich denke," schrieb er, „ich werde nicht Lügen gestraft werden, die Armee soll Ehre von meiner Unternehmung haben." Er rechnete darauf, daß Sachsen, wenn auch nicht zu ihm übertreten, doch sich von der engen Verbindung mit den besiegten Oesterreichern zurückziehen würde.

Nicht unvorbereitet hatte er sich in diesen Krieg gestürzt. Sein erschöpfter Schatz war durch weise Sparsamkeit bereits wieder mit 6 Millionen gefüllt, die Truppen in Folge der unabläßigen zweckmäßigen Uebung im besten Stande, die schlesischen Festungen sämmtlich erweitert und besser armirt, als jemals unter österreichischer Herrschaft. Im Bunde mit Frankreich, welches die niederländischen Besitzungen Maria Theresia's angriff und Hannover in Schach zu halten versprochen hatte, — mit den Höfen von Stockholm und Petersburg durch die eben eingeleiteten Vermählungen anscheinend in freundschaftlichster Beziehung, hatte er sogar mit der Pforte durch heimliche Emissäre zu unterhandeln versucht, um die Türken zu einem Angriffe

gegen Ungarn zu bewegen, während er sich in diesem
Königreiche mit den wegen des Religionszwanges un=
zufriedenen Protestanten in Verbindung setzte¹). In
Wien war das nicht unbemerkt geblieben, und man
glaubte deshalb, daß Friedrich's Pläne einen Angriff
auf Ungarn bezweckten.

Leider zeigte sich bald, daß der König seinen ganzen
Feldzugsplan auf den Grund irriger politischer Voraus=
setzungen gebaut hatte. Die wesentliche Unterstützung,
welche man sich von Frankreich versprochen, blieb aus,
weil man in Paris ganz zufrieden damit war, daß
durch den Einmarsch der Preußen in Böhmen das
österreichische Heer schleunig abberufen wurde, welches
unter Herzog Carl über den Rhein gegangen war, um
den Elsaß und Lothringen anzugreifen. Man störte
den Abzug desselben nicht, obgleich der Herzog Noailles
sich ganz in der Nähe befand und den Feinden leicht
erheblichen Schaden zufügen konnte. Am 23. August
ließ er die Oesterreicher den Strom bei Beinheim über=
schreiten, ohne daß sie dabei mehr als 500 Mann ein=
büßten, welche in kleinen Scharmützeln getödtet wurden.

Eben so unzuverläßig, wie bei dieser Gelegenheit,
zeigten sich die Franzosen in Erfüllung des Versprechens,
die hannöverschen Grenzen zu bedrohen, indem sie sich
darauf beschränkten, den Krieg in die Niederlande zu

---

¹) v. Arneth II. 410.

spielen, womit dem Könige von Preußen nicht geholfen war. Auf dem Marsche durch Baiern nach Böhmen wurden die Oesterreicher nicht ein Mal von den unter Seckendorf daselbst befindlichen kaiserlichen Truppen beunruhigt, so daß Friedrich sich überall getäuscht sah, wo er auf die Hilfe seiner Verbündeten gerechnet hatte. Eben so schlug seine Erwartung fehl, den sächsischen Hof für sich zu gewinnen. Man war in Dresden zu sehr über die Erfolglosigkeit des ersten Krieges erbittert, der statt des gehofften Zuwachses an Landgebiet nur Verluste und Kosten eingetragen. Vergebens bot Friedrich jetzt einige böhmische Kreise an, zu deren Abtretung er den Kaiser bewegen wollte. Brühl wies das nicht nur zurück, sondern schickte alsbald 20,000 Mann sächsischer Truppen ab, die den Preußen in den Rücken fallen und sich mit dem österreichischen Heere verbinden sollten.

Statt die Unausführbarkeit seiner Pläne nunmehr einzusehen und Schwerin's Warnung zu befolgen, welcher es für gerathen hielt, entweder den Rückzug nach Schlesien anzutreten, oder sich in den der böhmischen Hauptstadt zunächst liegenden Gegenden festzusetzen, drang Friedrich, zwischen zwei feindlichen Heeren in der gefährlichsten Lage, immer weiter nach Süden vor, weil er hoffte, die Sachsen und Oesterreicher, nachdem dieselben am 21. October ihre Vereinigung bewerkstelligt hatten, in entscheidender Schlacht zu besiegen. Das

wurde aber durch die Weisheit des österreichischen Ge=
nerals Grafen v. Traun vereitelt, auf dessen Rath Her=
zog Carl von Lothringen sich mit seiner überlegenen
Truppenzahl stets in so wohlgewählten Stellungen fest=
setzte, daß der König keinen Angriff wagen konnte und
dadurch, wie Traun vorausgesehen, sehr bald in die
mißlichste Lage gerieth. Die gesammte Bevölkerung
des Landes war den ketzerischen Fremden feindlich gesinnt
und hatte noch keineswegs vergessen, mit welcher Härte
die Preußen im vorigen Kriege durch Lieferungen und
Kriegscontributionen Bürger und Bauern ausgesogen.
Deshalb flüchteten dies Mal beim Herannahen der Armee
die Dorfbewohner mit Hab und Gut in die Wälder.
Alle Häuser standen leer, es fehlte an Lebensmitteln,
kein Stück Vieh war aufzutreiben, und die Verpflegung
aus den Magazinen wurde durch die grundlosen Wege
und durch fortwährende Angriffe der leichten ungari=
schen Reiterei auf's Aeußerste erschwert. Man mußte
sich zum Rückzuge entschließen; allein auch dieser war
nicht ohne die größten Verluste zu bewerkstelligen. Die
Armee war im Lande zerstreut, 7 bis 8000 Mann bil=
deten die Besatzung von Prag, in den occupirten Ort=
schaften südwärts lagen kleine Abtheilungen, die sich
meistens den mit Uebermacht andringenden Oesterrei=
chern ergeben mußten. General Einsiedel, der Com=
mandant von Prag, räumte auf des Königs Befehl die
unhaltbar gewordene Festung, allein die Furcht vor dem

anrückenden Feinden und die Wuth der Bürgerschaft hatte ihn so in Verwirrung gebracht, daß er seine Truppen unter Zurücklassung der Munition, der Kriegs= kasse und des aus 150 Kanonen bestehenden Geschützes der schlesischen Grenze zuführte. Nach allen Seiten unheilvoll war dieser Marsch. Das erbitterte Land= volk zeigte dem Heerführer absichtlich falsche Wege, auf wüsten Bergeshöhen, wo alle Lebensmittel fehlten, wurden viele Soldaten durch die Kälte und Krank= heiten hingerafft, — noch größer war die Zahl der Ausreißer. Leicht hätte ein rechtzeitiger Angriff die ganze Schaar vernichten können.

Am 16. December gelangte Einsiedel mit dem übrig gebliebenen Theile seiner Mannschaften endlich über das Gebirge nach Friedland in Schlesien[1]). Viel Unheil wurde bei dieser Gelegenheit durch die Umsicht und Geistesgegenwart verschiedener anderer Befehlshaber verhütet, namentlich hatte General von Nassau sich so ausgezeichnet, daß, als er sich dem Könige vorstellte, dieser seinen schwarzen Adlerorden von der Brust nahm und dem verdienten Officier umhing.

Die vom Könige selbst geführte Heeresabtheilung kam ebenfalls in kläglicher Verfassung nach Schlesien zurück. Fast die Hälfte der Truppen war durch Schar=

---

[1]) Einsiedel wurde vor ein Kriegsgericht gestellt, aber frei= gesprochen.

müßel unterwegs, mehr noch durch maſſenhafte Deſer=
tion der Rekruten verloren gegangen, welche man in
Böhmen größtentheils mit Gewalt ausgehoben hatte.
Auch die 10,000 Mann, mit welchen General Marwitz
das öſterreichiſche Schleſien beſetzt hatte und von da nach
Mähren vorgedrungen war, konnten gegen die in
Ueberzahl anrückenden ungariſchen Reiter Nichts aus=
richten. Marwitz mußte ſich zurückziehen, und bald war
ganz Oberſchleſien und die Grafſchaft Glatz in den
Händen der Feinde — kaum hielten ſich noch die
Feſtungen Neiſſe und Coſel; bis nach Brieg ſchwärm=
ten plündernd und verheerend Croaten und Panduren.
Schleſien war ſo gut wie verloren. Nur zu ſehr ſchie=
nen jetzt die Bedenken der preußiſchen Miniſter gerecht=
fertigt, welche den König von ſeinem Unternehmen
abgemahnt hatten. „Ew. Majeſtät ſehen jetzt,“ ſchreibt
Podewils [1]), „daß es nicht ſo leicht iſt, wie Sie ge=
glaubt haben, das Haus Oeſterreich zu erniedrigen.“
Der König, in ſeiner Antwort, giebt dem treuen
Manne Recht. Er ſchrieb die Schuld auf Sachſens
„Perfidie,“ die ihn verhindert habe, Prag zu behaup=
ten, was entſcheidend für ſeinen ganzen Feldzug ge=
weſen ſei.

Von allen Seiten häuften ſich die Widerwärtig=
keiten. Gerade damals brach zwiſchen Schwerin und

---

[1]) Ranke p. 199. aus dem geheimen Staatsarchiv.

dem jungen Leopold von Dessau heftiger Zwist aus.
Beide waren hochbegabt für kriegerische Dinge, doch
nach verschiedener Richtung hin. Schwerin, wo es
kühnen Angriff galt, Leopold vielmehr als trefflicher
Leiter und Versorger des Heeres. Der König war
unwillig auf Schwerin, dessen weisen Rath er nicht be-
folgt hatte. In solcher Lage war die üble Laune des
Monarchen leicht erklärlich und verzeihlich. Besser
wäre es gewesen, die beiden Nebenbuhler möglichst aus
einander zu halten und einen jeden zu solchen Dingen
zu verwenden, die dem Naturell desselben entsprachen.
Der König übertrug nun Keinem von Beiden, sondern
dem alten Fürsten von Dessau den Oberbefehl in
Schlesien, der denn auch nach seiner wunderlichen Art,
ebenso bedächtig wie gewaltsam und in stetem Conflict
mit den Regierungsbehörden, seine Maßregeln traf und
die schwärmenden feindlichen Schaaren aus Oberschlesien und der Grafschaft Glatz verjagte, so daß im
Februar 1745 die Winterquartiere bezogen werden
konnten. Doch war die Lage der Preußen nichts weniger als zufriedenstellend, denn der Feind, durch seine
Erfolge ermuthigt, rüstete sich zum heftigsten Angriff
für das Frühjahr.

Sobald nämlich von dem ersten Einmarsch in Böhmen die Kunde nach Wien gedrungen war, hatte sich
daselbst die größte Wuth der ganzen Bevölkerung bemächtigt. Durch Schutzwachen mußte das Haus des

preußischen Gesandten vor der Rache des Pöbels sicher gestellt werden ¹).

Maria Theresia selbst fühlte sich gewissermaßen erleichtert, als die klaren Thatsachen an die Stelle schwankender Befürchtungen getreten waren. Ihrer graden ehrlichen Natur war offener Kampf lieber, als versteckte Feindseligkeit. Mit großer Ruhe bereitete sie Alles zu ihrer Vertheidigung vor. Wiederum wandte sie sich nach Ungarn und erlangte das Aufgebot einer zweiten Insurrection. Durch übertriebene Schilderungen von dem preußischen Verfahren hatte man die Gemüther entflammt. Als die Königin dann selbst in Preßburg erschien, war der Jubel und die Opferwilligkeit der Ungarn fast noch feuriger als jenes erste Mal. „Gleich unserer Königin Elisabeth," sagt ein gleichzeitiger englischer Geschichtschreiber ²), „besaß sie die Kunst, aus jedem ihrer Unterthanen einen Helden für ihre Sache zu machen."

Wie glücklich die Wahl des Grafen Traun als berathender Beistand des Herzogs Carl sich erwies, haben wir gesehen. Friedrich II. selbst preist die Feldherrnkunst dieses vorsichtigen Generals an mehr als Einer Stelle seiner Schriften mit den größten Lobsprüchen. Durch Traun's Verfahren habe er das Fehlerhafte sei-

---

¹) v. Arneth II. 413.
²) Tindal XXI. 76. bei Arneth 416.

ner Unternehmung einsehn gelernt, und seinem Beispiele verdanke er es, wenn er diese Fehler in Zukunft vermieden.

Die schnelle Räumung Böhmens ließ Maria Theresia hoffen, daß bald auch Schlesien wieder erobert sein würde.

Vorläufig hatte die Winterszeit den Kampf unterbrochen. Die unfreiwillige Waffenruhe wurde von beiden Seiten zu heftigen Federkriegen benutzt. Maria Theresia erklärte sich durch den widerrechtlichen Bruch des Breslauer Friedens aller in demselben eingegangenen Verpflichtungen entledigt. In einem Patent vom 1. December 1744[1]) entband sie feierlich die Schlesier von dem Eide, den dieselben dem Könige von Preußen geleistet. Sie führte ihnen den Druck zu Gemüthe, den sie durch unerschwingliche Steuern und durch den empörenden Zwang zu Kriegsdiensten unter der neuen Herrschaft erlitten; zu ihrer rechtmäßigen Fürstin sollten sie zurückkehren, dem Feinde aber allen möglichen Schaden und Abbruch thun. Friedrich II., in seiner Erwiederung, zeigt sich empört über die Gottlosigkeit, Unterthanen gegen ihren König aufzuwiegeln. Alle Vorwürfe, die man ihm gemacht, giebt er verdoppelt zurück, er erinnert an die Unparteilichkeit, mit

---

[1]) Alle diese Urkunden ausführlich in Heymann's Kriegs- und Friedensarchiv über den durch den Tod Carl's IV. entstandenen Krieg.

der er jede Confeſſion beſchützt, an die Unterdrückung der Proteſtanten durch die Oeſterreicher. Von allen Kanzeln mußte das verleſen werden. Aber nicht bei ſolchen gegenſeitigen Anſchuldigungen blieb man ſtehen. Maria Thereſia bewirkte eine Annäherung an die Kaiſerin von Rußland, indem ſie die Botta'ſche Angelegenheit zu deren Zufriedenheit beizulegen wußte. Der König von England half dabei mit reichen Geſchenken für die Kaiſerin und ihre Günſtlinge, ganz beſonders auch dadurch, daß er einige ſarkaſtiſche Aeußeruugen Friedrich's II. über Eliſabeth's Trägheit und Sittenloſigkeit gehörigen Ortes hinterbringen ließ. So wurde die Kaiſerin von Rußland bewogen, der Quadrupelallianz, welche Sachſen, Oeſterreich, England und Holland am 8. Januar 1745 abgeſchloſſen, nicht entgegenzutreten. Dieſe Allianz ſollte gewiſſermaßen der Frankfurter Union als Gegengewicht dienen, mit dem ausgeſprochenen Zwecke, „die Ruhe und Sicherheit Deutſchlands aufrecht zu erhalten," was natürlich im Sinne der Contrahenten nichts Anderes bedeutete, als den König von Preußen unſchädlich zu machen; dabei ſollten Sachſen und Oeſterreich handelnd auftreten, während Holland und England die nöthigen Subſidien zahlten. Den Kurfürſten von Brandenburg wollte man auf die Stelle zurückführen, die ſeine Vorfahren hundert Jahre früher eingenommen hatten, und man begann über die Theilung der ihm abzunehmenden Provinzen zu unterhan=

Carl VII. stirbt. 20. Januar (1745.)

dein, als ganz unerwartet Kaiser Carl VII. am 20. Januar 1745 starb. Wie unbedeutend auch die Persönlichkeit desselben gewesen, so waren die Folgen seines Todes doch von weitreichender Art. Die Frankfurter Union war nun der Hauptsache nach gegenstandslos, auch erklärten sofort die beiden einzigen deutschen Fürsten, welche außer Preußen derselben beigetreten waren, Hessen und Pfalzbaiern, sich nicht mehr für gebunden. Daß Frankreich Friedrich dem zweiten nach Deutschland Hilfe senden werde, hoffte dieser selbst kaum, — verlassen von seinen Verbündeten stand er seinen Feinden gegenüber, die nun erst recht an der Zeit hielten, das 1741 gescheiterte „detestable Project" einer Theilung der preußischen Monarchie in die Hand zu nehmen. Verschlimmert wurde die Lage des Königs noch dadurch, daß Carl's VII. Sohn, der junge Kurfürst Maximilian Joseph von Baiern [1]), auf den Rath des alten Seckendorf die ehrgeizigen Pläne seines Vaters gänzlich fallen ließ und am 22. April mit Maria Theresia einen für beide Theile durchaus vortheilhaften Frieden abschloß. Der Kurfürst erhielt seine von den Oesterreichern besetzten Erbländer zurück, entsagte allen Erbansprüchen seines Hauses an die habsburgischen Länder und erkannte die pragmatische

---

[1]) Geboren 1727. Damals achtzehnjährig und eben für majorenn erklärt.

Sanktion ihrem vollen Umfange nach an. Ein Nebenbewerber um die deutsche Krone, der mit Aussicht auf Erfolg dieselbe dem Großherzog von Toscana hätte streitig machen können, war nun nicht mehr vorhanden, und Maria Theresia konnte außerdem ihre ganze Kraft gegen den König von Preußen wenden. So sicher schien den Warschauer Verbündeten der nahe Untergang desselben, daß man am 18. Mai 1745 [1]) sich dahin verständigte, daß für den zu hoffenden günstigsten Erfolg des Unternehmens Sachsen das Herzogthum Magdeburg und einen Landstrich zur Verbindung mit Polen bekommen sollte, während Oesterreich das ganze Schlesien mit der Grafschaft Glatz zurückerhielt. Wollte die Kaiserin von Rußland beitreten, so war das Herzogthum Preußen ihr zum Beuteantheil bestimmt, mit dem Vorbehalt, dasselbe an Polen gegen einige ihr bequemer gelegene Woiwodschaften zu vertauschen.

Genaue Kenntniß von dem Inhalte dieser Verhandlungen erhielt Friedrich allerdings nicht, wohl aber wußte er, daß Verderbliches wider ihn geplant wurde. Das Gefährliche seiner Lage war ihm klar, eine verlorene Schlacht konnte den Staat an den Rand des

---

[1]) Der Wortlaut der geheimen Verabredung ist noch nicht vollständig veröffentlicht, doch ergiebt der Inhalt sich so ziemlich aus den von Ranke p. 227. Note aus dem Londoner state paper office mitgetheilten Entwürfen.

Verderbens führen; der Weg nach Berlin stand alsdann den vereinigten Sachsen und Oesterreichern offen. Voll tiefer Besorgniß, aber mit ungetrübter Geistesfraft blickte er in die Zukunft. Am 10. Mai sandte er aus dem Lager von Camenz einen Brief für seine Mutter unter Couvert an Podewils, der denselben im äußersten Nothfalle übergeben sollte. Der König beschwört darin seine Mutter, sich nach Stettin oder Magdeburg in Sicherheit zu bringen[1]; die Lage sei zwar noch nicht verzweifelt, bald, hoffe er, sollte sich ein Rettungsmittel finden. — In den Augenblicken, welche die tausenderlei verschiedenen Geschäfte ihm freiließen, denen er sich unermüdlich hingab, suchte und fand er Trost bei seinen Büchern, oder er brachte seine Gedanken und Empfindungen in Verse oder hauchte sie seiner Flöte ein. Wir sehen das aus einem Briefe an Jordan[2], dessen Krankheit ihn gerade damals mit banger Ahnung von dem bevorstehenden Verluste seines treuesten Freundes erfüllte. Nachdem er sich einverstanden erklärt, daß Jordan in einem wärmeren Klima Genesung suche, fährt er fort: „Ich habe Verse gemacht, die ich Dir schicke, sobald ich sie durchgesehen habe, — ich stecke mitten in kriegerischen Arbeiten aller Art, habe viel zu thun, bin voll Sorgen und Unruhe, aber ich will über nichts

---

[1] Oeuvres XXVI. 70.
[2] Daselbst XVII. 263.

klagen, wenn ich im Stande bin, dem Vaterlande so zu dienen, wie es mein fester Wille ist." Ferner an Podewils[1]): „Wenn mich Alles im Stich läßt, will ich lieber mit Ehren zu Grunde gehen, als ein ruhmloses Dasein weiter führen. — — Die Königin von Ungarn ist nicht verzweifelt, als die Feinde vor den Thoren von Wien standen, sollten wir nicht den Muth dieser Frau haben? — — Noch ist keine Schlacht verloren, ein glücklicher Erfolg kann uns höher heben, als wir je gestanden! Muß ich untergehen, so sei es mit Ruhm, das Schwert in der Hand. Lernet von einem Manne, der nie in Elsner's Predigten ging, daß man dem Unglück eine Stirne von Erz entgegensetzen und auf alle Güter, alles Glück und alle die Täuschungen Verzicht leisten muß, die uns nicht über das Grab hinaus folgen werden. — Mein Ehrgeiz ist, daß ich mehr als ein Anderer zur Vergrößerung meines Hauses gethan und unter den Fürsten Europa's eine große Rolle gespielt habe. Mich dabei zu erhalten ist meine persönliche Pflicht, die ich erfüllen will auf Kosten meines Glückes und meines Lebens!"

So entschlossenen Vorsätzen entsprach die That; —

---

[1] Ranke 234 sqq., dem wir diese Bruchstücke aus der Correspondenz mit Podewils verdanken. — Wie gern würden wir manchen Brief aus der Preuß'schen Ausgabe vermissen, wenn er uns dafür einen Einblick in den Verkehr des Königs mit diesem seinem redlichsten und einsichtsvollsten Minister eröffnet hätte.

unablässig wurde an der Vermehrung und Verbesserung des Heeres gearbeitet. Schon im Mai 1745 war die Kopfzahl desselben fast wieder auf die etatsmäßige Stärke von 114,000 Mann gebracht. Einzelne glückliche Gefechte hoben den Muth der Officiere und Soldaten. Die Cavallerie namentlich, welche Friedrich als ein unbehilfliches, fast unbrauchbares Werkzeug überkommen hatte[1]), leistete Außerordentliches. Der König hatte erfahren, daß der Plan der Oesterreicher im Allgemeinen dahin ging, die Aufmerksamkeit des Feindes durch einen von Mähren aus auf Oberschlesien zu unternehmenden Scheinangriff abzulenken, um dann durch die Gebirgspässe über Trautenau in Niederschlesien einzubrechen und Glogau zu bedrohen. Um einem solchen Vorhaben mit der ganzen preußischen Heeresmacht begegnen zu können, mußte das Corps zurückbeordert werden, welches Markgraf Carl von Brandenburg nach Jägerndorf geführt hatte, um die dortige Gegend vom Feinde zu säubern. Den Befehl durch die überall von österreichischen Truppen besetzte Gegend bis dahin zu bringen, wurde Ziethen mit seinem Husaren-Regiment abgesandt. So gefährlich erschien dieser Auftrag, daß man jedem einzelnen Husaren den Zweck der Sendung bekannt machte, damit, wenn auch nur Einer durchkäme, der Markgraf den Willen

---

1) Oeuvres III. 106.

des Königs erführe. Ziethen ließ nun, so wird erzählt[1]), sein Regiment die eben angekommenen blauen Winterpelze und Bärenmützen anlegen, eine Tracht, welche den Feinden noch unbekannt war und mit der Uniform des österreichischen Regiments Splenh Aehnlichkeit hatte. So ausstaffirt ging das Corps bei Ottmachau über die Neisse und kam in der Dunkelheit der Nacht nach Neustadt, von wo die Oesterreicher so eben nach einem vergeblichen Angriffe auf die dortige Besatzung abzogen. Dieser Colonne schloß sich Ziethen an, als gehörte er zu ihnen, — einige Ungarn, die unter ihm dienten, mußten die feindlichen Feldwachen und Vorposten in ihrer Sprache begrüßen. Unerkannt soll er bis zum Nachmittage des folgenden Tages den Oesterreichern gefolgt sein, und erst als diese links ab ihrem Lager bei Leobschütz zuritten, Ziethen aber mit den Seinigen weiter eilte, wäre die Kriegslist durchschaut worden. Die im Gallopp davon sprengenden Husaren ließen sich aber nicht mehr einholen. Durch entgegenkommende österreichische Schaaren schlugen sie sich wacker durch und trafen bald mit einigen Escadrons zusammen, welche der Markgraf entgegenschickte, als er das Schießen hörte. Mit geringem Verluste

---

[1]) Alle älteren Darsteller dieses Krieges bringen diese Anecdote, z. B. Gallus VI. p. 60. Auch in den freilich nur mit größter Vorsicht zu benutzenden Stein'schen Characterzügen Friedrich's II. findet sie sich.

kam das Regiment nach Jägerndorf, richtete seinen Auftrag aus, und alsbald setzte sich der Markgraf in Marsch, um sich mit dem Könige zu vereinigen. Man behauptet zwar gegenwärtig ¹), der Vorfall sei durch die Phantasie der Wiedererzähler vergrößert und ausgeschmückt, allein das Wahre an der Sache bleibt jedenfalls, daß die preußischen Husaren sich den Ruf erworben hatten, es sei selbst das Kühnste und Verwegenste ihrer List und ihrem Muthe zuzutrauen. Am 22. Mai brachen der Markgraf und Ziethen von Jägerndorf auf und gelangten, nachdem sie unter Weges mit der größten Tapferkeit die Angriffe weit überlegener österreichischer Corps abgeschlagen und gefährliche Defileen und Hohlwege unter beständigen Kämpfen passirt hatten, am 28. in das königliche Lager zu Frankenstein. So zufrieden war Friedrich II. mit ihrem Benehmen, daß alle betheiligten Stabsofficiere den Orden pour le mérite erhielten, mit dem er nichts weniger als verschwenderisch umzugehen pflegte.

Durch einen Doppelspion gelang es dem Könige, den Herzog Carl von Lothringen glauben zu machen, er wolle einer Schlacht ausweichen und beabsichtige, sich mit der ganzen Armee nach Breslau zurückzuziehen. Dies noch glaubhafter zu machen, ließ er die Wege nach der Hauptstadt in aller Eile ausbessern. In vollkom-

---

¹) Ranke 245.

(1745.) Schlacht bei Hohenfriedeberg 4. Juni.

mener Sicherheit rückten die getäuschten Oesterreicher vor. Am 29. Mai brach Friedrich von seinem Frankensteiner Lager auf und gelangte am 1. Juni nach Schweidnitz. Zwischen dieser Festung und Striegau stellte er in zwei Meilen langer Reihe seine Truppen auf. Das hüglige Terrain verbarg den Feinden diese Bewegungen so vollständig, daß die feindlichen Heerführer, selbst als sie ihre Recognoscirungen bis auf eine Höhe unweit Hohenfriedeberg ausdehnten, nur eine kleine Abtheilung Preußen entdeckten. Sie beschlossen Schweidnitz zu nehmen und den König dann bis Breslau zu verfolgen. Am 3. Juni waren sie so weit vorgerückt, daß Friedrich den Angriff auf den folgenden Tag festsetzen konnte. Er hatte von einer Höhe aus beobachtet, daß die Sachsen sich in der Richtung nach Striegau bewegten, die Oesterreicher in der Nähe von Hausdorf lagerten. So sicher fühlten sich diese, daß die Reiter absattelten, die Officiere sich in den umliegenden Dörfern dem Schlafe überließen. Des Königs Plan ging dahin, in größter Stille den Feinden zu nahen, erst die Sachsen zu überfallen und sich dann auf die Oesterreicher zu werfen. Abends 8 Uhr mußte General Dumoulin aufbrechen, um eine felsige Anhöhe bei Striegau zu besetzen [1]). So vorsichtig sollten die

---

[1]) Friedrich spricht in der histoire de mon temps von einem Topasberge und einem Topassteinbruch. Ein solcher existirt in der Nähe von Striegau nicht.

248 Schlacht bei Hohenfriedeberg 4. Juni. (1745.)

Truppen ihren Marsch antreten, daß jedes unnütze Geräusch vermieden würde, sogar das Tabakrauchen war untersagt. In der That waren die auf Striegau losmarschirenden beiden sächsischen Infanteriebataillone vollständig überrascht, als sie plötzlich Preußen vor sich sahen. Sie machten Halt, um ihre Kammeraden herankommen zu lassen, aber schon erdröhnte der Donner der Batterien, welche Dumoulin Abends vorher auf jenen Berg geschafft hatte. Furchtbar wurden die Reihen der Sachsen gelichtet, doch hielten sie nicht nur tapfer Stand, sondern ihre Reiterei stürzte sich sogar angreifend auf die preußische Cavallerie. Bald aber mußten sie weichen, und als ihr zweites Treffen vorrückte, hatte dasselbe kein besseres Schicksal. Von den Höhen vertrieben, versuchten sie in der morastigen Ebene sich zu behaupten, doch auch hier konnten sie dem andringenden rechten Flügel der Preußen nicht Stand halten. In dichtgedrängter, dreieckiger Stellung sollte ein Theil ihrer Mannschaften den unter Dietrich von Dessau, Rothenburg, Stille und Winterfeld herbeieilenden Preußen so lange zu widerstehen versuchen, bis die übrigen zu geordnetem Rückzuge sich angeschickt; allein auch jene Schaar wurde bald auseinandergesprengt, panischer Schrecken bemächtigte sich Aller, und in so wilde Flucht artete der Rückzug aus, daß die Schlacht auf dieser Seite bereits Morgens um 7 Uhr

(1745.) **Schlacht bei Hohenfriedeberg 4. Juni.** 249

entschieden war. Nach eigener Angabe hatten die
Sachsen an Todten, Verwundeten und Gefangenen
3350 Mann verloren. Zu den Oesterreichern, welche
auf dem rechten Flügel sich der Ruhe überlassen hatten,
drang die Kunde von diesen Vorgängen erst, als Alles
vorüber war. Dem Boten, welcher von Kanonendonner
Meldung that, der aus den Bergen sich hören lasse,
erwiederte Herzog Carl von Lothringen, es würden
wohl die Schüsse der Sachsen sein, welche sich Striegau's
bemächtigten. Bald aber folgte jenem ersten Boten ein
zweiter, der als Augenzeuge berichten konnte, daß die
Sachsen bereits geschlagen und das ganze Feld von
ihren Flüchtlingen wimmele. Nun wurde Allarm ge=
schlagen. Die Oesterreicher rückten in die Ebene zwi=
schen dem Striegauer Wasser und den Rohnstocker Ge=
büschen vor, indem sie die vielen kleinen Ackergräben
daselbst zum Vortheil für ihre Stellung auszubeuten
suchten. Allein die Preußen ließen ihnen nicht Zeit, sich
völlig zu ordnen. Die königlichen Garden namentlich
warfen sich mit Ungethüm auf den linken Flügel der
Oesterreicher, trieben die Grenadiere, die zwei Mal
an jenen Gräben festen Fuß fassen wollten, zwei Mal
zurück und jagten sie zuletzt durch Bajonettangriff in die
Flucht. Diesen Unfall hoffte Herzog Carl auf seinem
rechten Flügel durch einen kräftigen Angriff auf die hier
gegenüberstehenden Preußen wieder gut zu machen.

Furchtbar entbrannte der Kampf. Da ließ der König den rechten Flügel seiner Armee eine Viertelschwenkung machen, um den Oesterreichern in die Flanke und in den Rücken zu fallen. Die Cavallerie unter den Generalen v. Nassau und v. Kiau mußte zu diesem Behufe das Striegauer Wasser überschreiten; aber die Brücke zerbrach, nachdem erst wenige Schwadronen hinüber waren. Ziethen, dies gewahrend, führte seine Husaren schnell durch eine von ihm entdeckte seichte Stelle an das andere Ufer und hieb Alles nieder, was Widerstand zu leisten wagte. Als nun bald darauf das v. Nassau'sche Corps mittelst derselben Furt ihm zu Hilfe kam, konnten die Oesterreicher das Feld nicht länger behaupten und wandten sich zur Flucht. Der Reitergeneral Geßler, welcher das zweite Treffen commandirte, erkannte sogleich, daß hier Nichts mehr für ihn zu thun übrig sei. Er wandte sich daher nach der Seite, wo die österreichische Infanterie noch mit der preußischen im heftigsten Kampfe rang. Durch eine Oeffnung, die er in die Reihen der Regimenter machen ließ, sprengte er hindurch und stürzte sich auf die Feinde. Mit seinen Baireuth'schen Dragonern griff er, an der Spitze von nur zehn Schwadronen Cavallerie, sieben feindliche Regimenter an, — reihenweise fielen die Oesterreicher unter den Säbelhieben seiner Reiter, und nach kurzem Gefecht hatte er 21 Bataillone, mehr als 4000 Mann, zu Gefangenen gemacht und 66 Fahnen erbeutet.

(1745.) Schlacht bei Hohenfriedeberg 4. Juni.

„Eine That von solchem Glanze," sagt Friedrich[1]), „daß sie verdient, mit goldenen Lettern in die Tafeln der preußischen Geschichte eingezeichnet zu werden[2])."

Da der Ziethen'sche und der Geßler'sche Angriff fast zu derselben Zeit ausgeführt wurde, so konnten sich die Oesterreicher auf keinem Punkte mehr halten. Ueber Hohenfriedeberg flüchteten sie dem Gebirge zu, wo zu ihrem Glück die Generale Wallis und Nabasdy den Rückzug des geschlagenen Heeres einigermaßen decken konnten. Die Preußen setzten die Verfolgung nur bis zu den Höhen von Kauber fort, — dann mußte den durch die Anstrengung des Kampfes erschöpften Truppen Ruhe gegönnt werden. Dieser Sieg, durch eine Kriegs=list vorbereitet und nach einem trefflich angelegten Plane durch bewunderungswürdige Tapferkeit aller Truppentheile gewonnen, war eine von Friedrich's glänzendsten Thaten. Die beiden ältesten Brüder des Königs hatten tapfer mitgekämpft. Prinz Heinrich, damals 18 Jahr alt, verrichtete Adjutantendienste mit größter Besonnenheit und Kaltblütigkeit.

Der Verlust an Menschenleben war auf beiden Sei=ten sehr groß, die Preußen mögen an Todten und Ver=

---
[1]) Oeuvres III. 115.
[2]) Graf Geßler und der in seinem Regimente dienende Obrist Chazot erhielten die Zahl 66 als Waffenschmuck. Auch dem Siegel des Regiments Baireuth wurde die Zahl 66 beigefügt und demselben eine besonders ehrenvolle Art der Militärmusik bewilligt.

wundeten 5000, die Oesterreicher 9000 Mann geopfert haben, und wurden außerdem 7000 von ihnen zu Gefangenen gemacht, darunter 4 Generale und mehr als 200 Officiere. — 76 Fahnen, 7 Standarten, 8 Paar Pauken und 60 Kanonen wurden erbeutet. Auf preußischer Seite war General Truchseß und mehrere Obristen geblieben. Furchtbar hatten einzelne Regimenter gelitten, das Bevern'sche zählte allein 200 Todte und 500 Verwundete. Als Zeichen der Siegesgewißheit, mit welcher die königliche Armee in die Schlacht ging, wird die für damalige Zeiten unerhörte Thatsache berichtet, daß am Tage vorher nicht Ein Mann desertirte.

Die nächste Folge des Sieges war der Abbruch alles diplomatischen Verkehrs mit Sachsen. Friedrich erklärte den Einbruch in Schlesien für eine offene Verletzung des Breslauer Friedens und rief deßhalb seinen Gesandten aus Dresden zurück, während zugleich der sächsische Gesandte Breslau, wohin er sich begeben, verlassen mußte. In Schlesien war die freudige Aufregung unter den Protestanten unendlich groß. Auf ihren Knieen sollen sie überall, wo man den Donner der Schlacht vernahm, für Preußens Sieg gebetet haben. Der König erzählt selbst, daß, als er am 6. Juni nach Landeshut kam, um nach Böhmen einzurücken [1]), eine

---
[1]) Oeuvres III. 118.

(1745.) Folgen des Sieges.

Truppe von zweitausend Bauern ihn umringte, die sich Erlaubniß ausbaten, die Katholiken im Lande sämmtlich todt zu schlagen. Auf die Weisung aber, daß die heilige Schrift geböte, seine Feinde zu lieben und die zu segnen, die uns fluchen, hätten sie sich alsbald beruhigt.

Der Hohenfriedeberger Schlacht hatte als Augenzeuge der Chevalier Latour beigewohnt, der als Abgesandter Ludwig's XV. die Nachricht von dem am 11. Mai von den Franzosen bei Fontenai in den Niederlanden über die verbündeten Engländer, Holländer und Oesterreicher erfochtenen großen Siege zu überbringen hatte. „Sie wollen also sehen, wem Schlesien gehören wird," soll der König bei beginnender Schlacht zu ihm gesagt haben. Nach dem Siege aber habe er ihn mit den Worten entlassen: „Melden Sie nun Ihrem Könige, wie ich so eben den Wechsel einlöste, den er bei Fontenai auf mich gezogen."

Nach Breslau war die Kunde von dem glorreichen Ereignisse schon am Abend des Schlachttages durch sechszehn blasende Postillone überbracht worden, zum großen Jubel der evangelischen und jüdischen Bevölkerung. Als einige Tage später die eroberten Fahnen anlangten, darunter die Hauptfahne mit Maria Theresia's Namenszug, drängte sich unter der Masse auch ein katholischer Bürger heran, der wehmüthig den blutgetränkten Zipfel der Fahne küßte und dann still hinweg ging ¹).

Friedrich folgte mit seiner Armee den Oesterreichern über die böhmische Grenze nach, um die Truppen zur Erleichterung der Schlesier im feindlichen Lande zu erhalten. „Ich setze den Krieg nur fort," schrieb er an Podewils, „um mir den Frieden zu sichern."

Damit ging es jedoch keineswegs so schnell. Die Oesterreicher hatten bei Pardubitz an der Elbe ein so festes Lager bezogen, daß sie fast unangreifbar waren. In nächster Nähe von ihnen verschanzte sich nun auch Friedrich mit seinen Truppen bei Chlumez, und fast drei Monate lang lagen beide Armeen einander gegenüber, ohne ernste Feindseligkeiten zu unternehmen. Nur der Umstand, daß die Vorräthe des Landes für eine so große Zahl von ungebetenen Gästen nicht ausreichten, man vielmehr genöthigt war, alle fünf Tage einen Verpflegungstransport aus Schweidnitz kommen zu lassen, gab zu beständigen kleinen Scharmützeln Anlaß. „Wir schlagen uns nicht übel," schrieb ein preußischer Officier aus dem Lager, „um Heu und Lorbeeren." Das währte auch dann noch fort, als die Oesterreicher einen andern Lagerplatz gewählt hatten, und der König sich deshalb bei Senowitz festsetzte. Maria Theresia hoffte, die Feinde durch geduldiges

---

¹) Ranke p. 260.

Ausharren und Vermeiden jedes ernsten Zusammen=
stoßes in derselben Art wie das vorige Mal zu einem
zweiten verderblichen Rückzuge aus Böhmen zu nöthigen.
Die auf solche Art verlaufende Zeit der Unthätigkeit
beider Heere benutzten die Diplomaten auf's Eifrigste,
um den Frieden zu vermitteln. In England nament=
lich wurde das Parlament es müde, die endlosen Sub=
sidien zu bewilligen, welche, ohne einen Erfolg zu erzie=
len, an Maria Theresia, an Sardinien, an Sachsen und
an verschiedene kleine deutsche Höfe gezahlt wurden.
Der Angriff der Oesterreicher gegen Frankreich, den man
vorzugsweise im Auge gehabt, war vereitelt worden,
als die Armee der Königin, welche den Elsaß zurück=
erobern sollte, zur Hilfeleistung gegen die Preußen nach
Böhmen abberufen wurde. Nun war gar noch ein
englisches Heer bei Fontenai von den Franzosen ge=
schlagen worden, und Gent und Brügge nebst einem
großen Theil von Flandern kam in die Hände der Sie=
ger. Bald darauf erfolgte die Landung des Präten=
denten an der schottischen Küste, was natürlich den
dringenden Wunsch veranlaßte, die Truppen vom Fest=
lande zurückberufen zu können. Das war aber nur
möglich, wenn zwischen Preußen und Oesterreich Frieden
gemacht wurde, weßhalb man Friedrich II. den Vor=
schlag machte, ihm, wenn er die Feindseligkeiten ein=
stellte, Alles, was er durch den Breslauer Frieden
erworben, zu garantiren, unter der Bedingung, daß er

bei der Kaiserwahl seine Kurstimme dem Herzoge Franz von Lothringen gäbe. Sämmtliche europäischen Mächte sollten ihm dann den Besitz von ganz Schlesien gewährleisten. Nach mannichfaltigen Unterhandlungen erklärte der König sich mit diesem Vorschlage einverstanden, und es kam darüber zu einem förmlichen Vertrage, welcher am 26. August 1745 zu Hannover unterzeichnet wurde, von wo Georg II. sich so eben nach England zurückbegeben wollte.

Maria Theresia, welcher der großbritanische Gesandte von den noch schwebenden Verhandlungen bereits Mittheilung gemacht hatte, weigerte sich, auf die ihr vorgelegten Bedingungen einzugehen. An den Gedanken, Schlesien zu entsagen, wollte sie sich nicht gewöhnen, vielleicht konnte eine plötzliche Wendung der Dinge zu ihren Gunsten eintreten. „Wenn ich wüßte," antwortete sie dem Gesandten Robinson, „daß ich morgen mit dem Könige von Preußen Frieden schließen müßte, so würde ich ihm doch noch heut Abend eine Schlacht liefern." Die Verluste, welche sie durch Frankreich in den Niederlanden erlitten, schienen ihr im Vergleich mit Schlesien nicht in Betracht zu kommen.

Bei Ablehnung der englischen Vorschläge wurde sie noch durch die sichere Aussicht bestärkt, ihren Gemahl bald zum römischen Kaiser erwählt zu sehen; denn außer Brandenburg und Kurpfalz waren sämmtliche Stimmen gewonnen, und wenn man Carl VII. gegen

(1745.) Wahl und Krönung Franz des Ersten.

den Widerspruch Böhmens gewählt hatte, so brauchte jetzt, wo Maria Theresia die böhmische Stimme selbst abgab, ebensowenig auf Brandenburgs Protest Rücksicht genommen zu werden. Auch konnte Franz von Lothringen sich gerade in diesen Tagen einer echt deutschen That rühmen, welche ihm die Herzen gewann, indem er mit den in den Niederlanden zurückgebliebenen österreichischen Truppen die von dem unfähigen Prinzen Conti geführten Franzosen über den Rhein zurückdrängte und Deutschland von diesen Gästen befreite. Am 13. Sept. 1745 erfolgte die Kaiserwahl und am 4. October die Krönung unter genauer Beobachtung der althergebrachten Feierlichkeiten. Den höchsten Glanz erhielt das Fest durch Maria Theresia's persönliche Anwesenheit in Frankfurt. Alle Welt war bezaubert von der Schönheit und herzgewinnenden Güte der edlen Frau, und noch nach langen Jahren erzählten die Mütter ihren Kindern, wie der neue Kaiser im feierlichen Zuge einhergeschritten, beschwert mit den überweiten und überlangen Krönungsgewändern, und wie er lächelnd zu seiner Gemahlin aufgeblickt, die vom Balkon ihres Hauses ihn mit Vivatrufen und Händeklatschen begrüßte [1]).

Die gehobene Stimmung, in welcher das neue Kaiserpaar von Frankfurt abreiste, war nicht ohne

---

[1]) Goethe, Dichtung und Wahrheit. Buch V.

liefere politische Bedeutung. Im Glanze der neuerworbenen Krone und im Bewußtsein der Volksbeliebtheit, welche ihr auf allen Wegen entgegengebracht wurde, dachte die Kaiserin-Königin weniger als jemals an Nachgiebigkeit. Mit klugem Takte wußte sie trotz aller Liebe zu Franz dem Ersten denselben doch, wo es die ·Staatsgeschäfte galt, auf der zweiten Stufe zu erhalten, während sie selbst die maßgebende Stimme führte. Mit Entschiedenheit lehnte sie die Vermittelungsvorschläge Georg's II. ab und sagte zu dessen Gesandten Robinson[1]): „Nachdem Friedrich den Breslauer Frieden gebrochen, sei sie an dessen Bestimmungen nicht mehr gebunden und werde sich Genugthuung von dem Friedensbrecher verschaffen. Nur wenn ihr Schlesien zurückgegeben werde, könne sie unterhandeln." Sie sprach um so zuversichtlicher, weil sie soeben von Sachsen das erneuerte Versprechen unbedingter Unterstützung erhalten hatte. Das war ein schwerer Schlag für Friedrich II., der bis zum letzten Augenblicke gehofft hatte, den schwachen August III. durch das Versprechen, ihm zur Kaiserwürde zu helfen, auf seine Seite zu bringen; man sieht aus den Worten des Kriegsmanifestes, welches er nunmehr gegen Sachsen schleuderte, wie tief ihn die Zurückweisung verletzte, die er hier erfuhr, und

---

[1]) Stenzel 251. Ranke 314.

(1745.) Rückzug des Königs nach Schlesien.

wie schwer die Rache sein sollte, die er zu nehmen gedachte¹). Auch drängte den König Alles zur Entscheidung. Seine Geldmittel waren erschöpft, von Frankreich wurden seine Bitten um Subsidien ausweichend beantwortet, es stand so, daß ein mäßiges Darlehn, welches die märkische Landschaft bot, mit Dank angenommen wurde. Zwar einen Angriff von Seiten Oesterreichs fürchtete Friedrich augenblicklich nicht, weil er glaubte, das geschlagene Heer werde sich keiner zweiten Niederlage aussetzen. Allein seine Stellung in Böhmen wurde unhaltbar, indem das ganze Land durch die ausgeschriebenen Lieferungen und Contributionen ausgesogen war. Die Armee mußte nach Schlesien zurückgeführt werden.

Der König hatte den General Dumoulin nach Trautenau, den General Lehwald nach Starkstadt vorausgesandt, um den Weg über Landeshut in's Schlesische zu decken. Mit ungefähr 20,000 Mann, die er noch bei sich behielt, zog Friedrich alsdann in der Richtung nach Trautenau ab, weil seine Armee den Oesterreichern, die mit 45,000 Mann ihm nachrückten, nicht gewachsen

---

¹) Das Manifest (in dem Haymann'schen Sammelwerke IV. 234.) ist eine gelungene Paraphrase des Horazischen Verses: Quidquid delirant reges plectuntur Achivi! Die sächsischen Unterthanen sollten alle das Ungemach erdulden, womit die verrätherischen sächsischen Minister das preußische Volk bedroht hatten.

schien. Unfern des Dorfes Staudenz bezog er am 21. September ein, wie er selbst gesteht, weder gut gewähltes noch gut befestigtes Lager, so tief in den Bergen und Schluchten, daß er von der Stellung der Feinde nicht gehörige Kunde erhalten konnte. Als er am 29sten die böhmisch-schlesische Grenze überschreiten wollte, erfuhr er, daß die Oesterreicher bereits bis auf einen Tagesmarsch in seine Nähe gerückt waren, und am folgenden Morgen früh 4 Uhr wurde gemeldet, daß Feinde zum Angriff herbeizueilen schienen[1]). Maria Theresia hatte nämlich, des langen Zauderns und der beständigen kleinen, nichts entscheidenden Gefechte müde, dem Prinzen von Lothringen befohlen, die Sache durch eine Schlacht zur Entscheidung zu bringen. Im Kriegsrathe drang gegen den bedächtigen alten Herzog von Ahremberg der Eifer des Fürsten Lobkowitz durch, und der Angriff wurde beschlossen.

Friedrich II. hatte nun die Wahl, ob er mit seinem kleinen Heere den doppelt so starken Oesterreichern Stand halten oder den gefährlichen Rückzug durch unwegsame Gebirgspässe wagen sollte.

Er entschloß sich zum Angriff. — Unter dem Feuer der österreichischen Kanonen stellte er seine Schaaren in Schlachtordnung. Er selbst ritt wohl eine Viertelstunde im dichten Kugelregen und beaufsichtigte die Be-

---

[1]) Oeuvres III. 135.

folgung seiner Befehle. Eine Granate zerschmetterte den Kopf seines Pferdes. Des Königs Beispiel bewirkte, daß die Truppen mit todesverachtender Ruhe während einer halben Stunde in dieser gefährlichsten Lage auf's Pünktlichste alle die Schwenkungen und Bewegungen ausführten, mittelst deren sie geordnet dem Feinde gegenüberstehen sollten. Sie geriethen selbst dann nicht in Verwirrung, als das Feuer so heftig wurde, daß wohl zehn Pferde auf ein Mal von den platzenden Bomben getroffen zusammenstürzten. Alle Höhen vor ihnen waren dicht vom Feinde besetzt. Eine tiefe Thalschlucht trennte beide Heere. Der König ertheilte dem Feldmarschall Buddenbrock den Befehl zum Angriff, und ohne zu zögern, jagte dieser mit seiner Cavallerie den Berg hinab und durch das enge Thal zu den Bergen drüben, um die Feinde, die sich hier für unangreifbar hielten, zu verjagen. Die Oesterreicher, erschreckt durch den unter ihrem beständigen Feuern ausgeführten Angriff, den sie für undenkbar gehalten, geriethen in Verwirrung und wurden schnell zum Weichen gebracht. 12 preußische Schwadronen hatten 55 Schwadronen in die Flucht geschlagen. Größeres fast noch als diese tapferen Reiter leistete das Fußvolk in der Mitte der Schlachtordnung. Die Hälfte der Reihen war von den feindlichen Kugeln niedergerissen, sie begannen zu weichen, und schon glaubten die Oesterreicher hier zu siegen, — als das zweite Treffen unter den Generalen Bonin und Lamotte und dem Obrist v. Geist zu Hilfe eilte und die Feinde zurücktrieb. Die königliche Garde führte Prinz Ferdinand von Braunschweig, des Königs Schwager, gegen eine steile Anhöhe, auf welcher sein älterer Bruder Ludwig die Oesterreicher commandirte. Die daselbst aufgestellten Batterieen wurden von den Preußen genommen, die Feinde von Hügel zu Hügel gejagt, bis der Rückzug in wilde Flucht ausartete, wo Cavallerie und Fußvolk in wirrem Gemisch das Weite suchten. — Bis an einen dichten Wald ließ der König die Fliehenden verfolgen. Erst bei dem Dorfe Soor gebot er Halt, um seine Truppen nicht zwischen den Baumstämmen der Gefahr auszusetzen, einzeln den umherschwärmenden ungarischen Reitern in die Hände zu fallen. Diese hatten nämlich nach ihrer Gewohnheit sich während der Schlacht über das Gepäck der Preußen hergemacht und dasselbe rein ausgeplündert[1]). Auch

---

[1]) Das ging so weit, daß man bei den Soldaten nach einem Stück Brot für den König suchen mußte, denn von seinen Vorräthen nur ein paar Flaschen Wein geblieben waren. Ein Soldat weigerte sich, sein Brod für das ihm angebotene schwere Geld herzugeben. Erst als er hörte, es sei für den König, gab er es mit Freuden umsonst. Friedrich schenkte ihm später ein Schulzengut. — Auch des Königs Lieblingshündchen Biche soll damals den Oesterreichern in die Hände gefallen sein, die es aber zurückschickten. Als das treue Thier in des Königs Zelt unvermuthet hereinsprang, seien ihm, so wird erzählt, die Thränen vor Freude aus den Augen gestürzt.

des Königs Secretair Eichel wurde in Trautenau gefangen, so daß Friedrich einige Tage lang sein eigener Schreiber sein mußte. Auf einem aus einem Buche gerissenen Blatte meldete er noch am selbigen Abend den blutigen und glorreichen Sieg seinem in Breslau weilenden Minister Podewils. Die Preußen hatten etwa 1000 Todte und 2000 Verwundete, die Oesterreicher 4000 Todte und Verwundete, und außerdem 2000 Gefangene. Unter den Gefallenen war auf preußischer Seite ein dritter jener beiden braunschweigischen Brüder, Prinz Albert, dessen Tod der König in der oben mitgetheilten Art seiner Gemahlin anzeigte, und General v. Blankensee.

Unmittelbar nach der Schlacht traf die Ratification des hannover'schen Abkommens ein, „die erste gute Nachricht, die ich seit 15 Monaten empfangen," schreibt der König. Der Friede schien unter Englands Vermittelung nunmehr in Aussicht zu stehen. Allein Maria Theresia hielt an der Meinung fest, daß ein sicherer Frieden in Deutschland erst dann zu erreichen sei, wenn der König von Preußen so weit heruntergebracht würde, daß die Nachbarn seine Angriffe nicht mehr zu fürchten hätten. Durch den Vertrag, welchen sie am 25. August mit Sachsen abgeschlossen[1]), hoffte sie das zu erreichen. Es sollte nämlich Prinz Carl von

---
[1]) Der Inhalt desselben ist aus dem Archiv des preußischen Generalstabes von Ranke (Bd. III. p. 317) dem Wesen nach veröffentlicht.

Lothringen die in Schlesien stehende preußische Armee durch einen Einfall in die Lausitz beschäftigen und im Verein mit den zu ihm stoßenden Sachsen wo möglich kampfunfähig zu machen. Gleichzeitig würde dann der vom Rhein zurückberufene General Grüne mit seinen Truppen in die Mark einbringen und grade auf Berlin losgehen. Das Alles wollte man noch im Laufe des Winters ausführen, weil man wußte, daß Friedrich II. sich überzeugt hielt, man werde ihn bis zum Frühjahr in den Vorbereitungen nicht stören, die er für einen alsbann nothwendig werdenden Feldzug mit größtem Eifer betrieb. — Die Pläne der Verbündeten wurden noch bedrohlicher, als die Kaiserin von Rußland sich mit denselben im Ganzen einverstanden erklärte und sogar officiell in Berlin eröffnen ließ, sie werde den Sachsen Beistand leisten, wenn dieselben von Preußen angegriffen würden. Den Oesterreichern ließ sie sagen, daß sie wohl die Wiedereroberung Schlesiens, nicht aber einen Angriff auf die alten brandenburgischen Provinzen gestatten könnte. — Friedrich II. ward sowohl durch diese russischen Mittheilungen als durch die Bewegung der Truppen in Böhmen bald gewahr, daß Etwas gegen ihn im Werke wäre. Näheres erfuhr er durch den schwedischen Gesandten, dem sein College aus Dresden, Wolffstierna, sehr verfängliche Aeußerungen Brühl's mitgetheilt hatte, um den König bei Zeiten zu warnen; denn die Schweden, die ihn bei Gelegenheit der Vermählung der Prinzessin Ulrike kennen gelernt hatten, verehrten den Bruder ihrer künftigen Königin auf'ö Höchste. Am 11. November, als man grade die Trophäen des Hohenfriedeberger und Soor'schen Sieges in der Garnisonkirche aufhängte, entledigte der Gesandte sich seines Auftrages [1]). Alsbald stand in Friedrich's Seele der Entschluß fest, seinen Feinden, wie immer, zuvorzukommen. Mit Podewils und dem alten Dessauer ging er deßhalb zu Rathe; allein Beide wollten sich von der Wahrheit der gemachten Entdeckung schlechterdings nicht überzeugen lassen. Auch schien es in der That unglaublich, daß Brühl einen Plan begünstigen sollte, welcher unzweifelhaft das Land seines Herrn zum Kriegsschauplatz machen und dem sicheren Verderben aussetzen mußte. Friedrich aber kannte die blinde Rachsucht des kleinlich denkenden Ministers besser und erklärte mit Bestimmtheit, daß er sich an die Spitze seiner Truppen in Schlesien stellen werde, um wo möglich das ihm zugedachte Unheil abzuwenden, während der alte Dessauer ein Heer bei Halle zusammenziehen und von da über Leipzig in Sachsen einfallen sollte. Der Fürst war von der Nothwendigkeit dieser Maßregeln nicht zu überzeugen, fürchtete auch wohl für sein eigenes Land die Rache der Sachsen und verlangte, wenn es doch

---

[1]) Oeuvres III. 148 Note.

zum Kriege kommen sollte, wenigstens das Oberkommando in Schlesien für sich mit solcher Hartnäckigkeit, daß Friedrich seinen Widerstand nur durch die schroffe Erklärung zu brechen vermochte: Wenn es eine Dessauische Armee anzuführen gäbe, so möchte er darüber verfügen, so lange er aber im preußischen Kriegsdienste stände, müßte er gehorchen. Grollend fügte sich der alte Mann. Auch Podewils war schwer zu überzeugen. Erst auf den bestimmten Befehl des Königs entschloß er sich zur Abfassung der nöthigen Erlasse an die fremden Höfe¹).

Am 14. November ging der König nach Schlesien, der alte Dessauer nach Halle ab. Auf die russische Drohung wurde keine Rücksicht genommen: „Ich habe," sagte Friedrich, „das Recht, meine Feinde überall zu verfolgen, wo ich sie finde."

Ehe er Berlin verließ, suchte er, so gut es ging, die Stadt vor einem etwaigen Ueberfall durch Anordnung von Verschanzungen und Verstärkung der Bürgerwehr zu schützen. Auf den Straßen wurden Kanonen aufgepflanzt. Man kann sich denken, in welcher Bestürzung die Einwohner zurückblieben. Zu Podewils sagte er beim Abschiede: „Nehm' Er Alles wohl in Acht! Wenn mir ein Unglück passiren sollte, so denke Er, daß Er einen guten Freund verliert."

---

¹) Oeuvres III. p. 150.

Zwischen Löwenberg und Bunzlau war die Armee, 40,000 Mann stark, versammelt. Dorthin eilte Friedrich und versuchte in ähnlicher Weise wie vor der Schlacht bei Hohenfriedeberg und auch mit gleich gutem Erfolge die Feinde über seine Absichten zu täuschen. So war es ihm möglich, durch die Schnelligkeit seiner Manoeuvres die Verbindung der Sachsen mit den Oesterreichern zu verhindern, obgleich beide Corps kaum einen Tagemarsch weit von einander entfernt standen. Am 25. November rückte er auf einer eiligst geschlagenen Brücke bei Naumburg über den Queis[1]) und traf in der Nähe von Lauban die auf seine Ankunft ganz unvorbereiteten Sachsen bei dem Dorfe Katholisch-Hennersdorf. Nach einem heftigen Kampfe wurden die tapfer widerstehenden Feinde aus den Häusern des langen Dorfes vertrieben, ihre ganze Schaar zersprengt und zu eiligem Rückzuge gezwungen. Vier Kanonen und fast 1000 Gefangene fielen in die Hände der Preußen. Zu dem günstigen und raschen Erfolge hatte vor Allem Ziethen mit seinen Husaren beigetragen. Nicht nur brachte er die durch einen Zufall irregeführten Truppen auf den richtigen Weg, sondern er griff auch die an Zahl ihm weit überlegenen Sachsen mit solcher Kühnheit an und bewies in dem ungleichen

---

[1]) Daß Stenzel Naumburg am Bober nennt, beruht offenbar auf einer Verwechselung.

Kampfe so unerschütterliche Ausdauer, daß der König, welcher in einiger Entfernung folgte, Zeit gewann, mit der Hauptarmee zu seiner Unterstützung heranzukommen und das Gefecht zu entscheiden.

Wäre der Prinz von Lothringen zu rechter Zeit seinen Verbündeten zu Hilfe geeilt, so hätte der Ausgang leicht ein ganz anderer sein können, allein die Oesterreicher waren durch die Kunde von der Ankunft der Preußen ebenso überrascht wie die Sachsen und wagten nicht weiter vorzudringen, vielmehr führte der Prinz, der ein zweites Hohenfriedeberg fürchten mochte, seine ganze Armee in größter Eile über Zittau nach Böhmen zurück. Die Preußen verfolgten das fliehende Heer von Nachtlager zu Nachtlager. Das weggeworfene Gepäck, umgestürzte Pulverkarren und zerbrochene Wagen dienten als Wegweiser. Die Erschöpfung der Preußen durch die ununterbrochen angestrengten Märsche machte jedoch nach wenigen Tagen der Verfolgung ein Ende. Da nun auch Grüne, der schon bis Guben vorgedrungen war, auf die Nachricht von dem Vorgefallenen mit seinem Corps nicht nach der Mark, sondern in der Richtung nach Dresden sich begab, so konnte Friedrich ohne Widerstand die Lausitz besetzen. In Görlitz fiel ein reiches Magazin, in Zittau ein Theil der österreichischen Bagage in seine Hände. „Die Oesterreicher haben horribel Haus gehalten," schrieb er dem alten Dessauer, „das Volk ist daher schon für uns portirt ¹)." Der König begab sich nun nach Görlitz, wo er seinen Truppen eine kurze Ruhe gönnte, schickte aber den General Lehwald mit 10 Bataillonen und 10 Schwadronen nach Sachsen, um dem auf Meißen dirigirten Fürsten von Dessau zu Hilfe zu eilen.

So hatte Friedrich's Schnelligkeit und Entschlossenheit das große Complott, welches ihm Verderben bringen sollte, in wenig Tagen zersprengt. „Ihr werdet mit mir zufrieden sein," schrieb er an Podewils ²), „ich habe mein Vaterland vor entsetzlichem Unglück sicher gestellt. Die ganze Unternehmung hat nicht mehr als 30 Todte und 60 Verwundete gekostet. Gott sei gelobt, unsere Feinde sind geschlagen, ehe ich sie habe erreichen können. Vor Gott und meinem Lande habe ich mir keinen Vorwurf zu machen."

Er glaubte, daß die Sachsen sich nunmehr nicht länger weigern würden, den Frieden auf Grund der hannover'schen Convention anzunehmen. Podewils mußte deßhalb am 28. November dem englischen Gesandten in Dresden, Villiers, melden, daß der König bereit sei, auf diese Bedingungen zu unterhandeln. Aber Brühl nahm das in seiner Verblendung sehr hochmüthig auf, weil er sich überzeugt hielt, der Prinz von Lothringen werde mit seiner Armee aus Böhmen

---

¹) Orlich II. 421.
²) Ranke 325.

den Sachsen zu Hilfe eilen. Auch König August, der sich nach Prag begeben hatte, erklärte, sich auf nichts einlassen zu können, bis die Kaiserin-Königin ihre Einwilligung ertheilt, vor Allem aber, bis die Preußen Sachsen vollständig geräumt hätten. Da war denn die Fortsetzung des Krieges unvermeidlich. „Wenn die Sachsen denn Krieg haben wollen," sagte der König, „so soll ihnen damit ernstlicher gedient werden als jemals." Es kam jetzt hauptsächlich auf den Fürsten von Dessau an, die Sache im Lande des Feindes selbst zur Entscheidung zu bringen; allein der König harrte vergebens von Tag zu Tage mit steigender Ungeduld auf Nachrichten von dem alten Herrn, der mit der größten Bedächtigkeit und pedantischer Berücksichtigung aller kriegswissenschaftlichen Vorsichtsmaßregeln sich fortbewegte. Er hatte Leipzig ohne Widerstand erobert und konnte nach Friedrich's Berechnung am 9. December in Meißen sein, wo der ihm entgegengesandte General Lehwald bereits seiner harrte. Da alle Mahnungen den Fürsten nicht aus seiner Ruhe brachten, so verlor der König zuletzt die Geduld. Er schrieb ihm am 9. December[1]): „Ich explicire mich allemal so deutlich, daß seine Tage kein Officier meiner Armee geklagt, daß er mich nicht verstanden, und ist mein Feldmarschall der einzige, der meine Befehle nicht verstehen

---

[1]) Orlich II. 433.

kann oder will. Ich kann das nicht begreifen, denn Sie bringen mich um Ehre und Reputation." Inzwischen hatte sich Leopold bei Empfang dieses ihn tief verletzenden Briefes bereits entschlossen, vorwärts zu gehen. Am 12ten kam er nach Meißen, wo er die Brücke noch vorfand, deren Abbruch der erbärmliche Minister Heinecke, eine von Brühl's Creaturen, nicht hatte gestatten wollen, weil sie 150,000 Thaler zu bauen gekostet. Lehwald konnte deshalb ungehindert über die Elbe gehen und sich mit dem Fürsten von Dessau vereinigen. Mit dieser Verstärkung zog der Fürst den Sachsen entgegen, die unter Graf Rutowsky zwischen Dresden und Meißen auf einer Anhöhe feste Stellung genommen hatten. Unbegreiflicher Weise blieb der Prinz von Lothringen, der mit seinem Corps von Böhmen aus ebenfalls in die Nähe von Dresden gerückt war, auf der andern Seite der Stadt zwischen Pirna und dem großen Garten stehen. Rutowsky lehnte die Aufforderung, sich hier mit ihm zu vereinigen, aus dem Grunde ab, weil dann Dresden der unmittelbaren Kriegsgefahr ausgesetzt wäre.

Inzwischen war Friedrich selbst durch die Lausitz nach Sachsen gekommen und hatte nach Abzug des Fürsten von Dessau Meißen besetzt. Hier empfing er[1] bei

---

[1] Dies und das Folgende meistens nach Friedrich's eigener Erzählung. Oeuvres III. 165 sqq. An Fredersdorf schreibt der

seiner Ankunft ein Schreiben des englischen Gesandten Villiers, welcher meldete, daß August III. (er befand sich in Prag) durch die Mißerfolge seiner Unternehmungen jetzt soweit gebracht sei, auf Friedensverhandlungen eingehen zu wollen, weßhalb er den Legationsrath Saul, einen von Brühl's Lieblingsdienern, mit unbedingter Vollmacht an das Ministerium in Dresden abgeschickt habe, und daß auch Maria Theresia bereit sei, dem hannover'schen Vertrage mit geringen Modificationen beizutreten. — Alles das kam jetzt zu spät. — Friedrich hatte kaum den Brief zu Ende gelesen, als man ihm anzeigte, der ganze Horizont stehe nach der Dresdener Seite zu in Flammen, und furchtbarer Kanonendonner sei zu hören. Der alte Dessauer hatte also angegriffen. Bald darauf schon erzählten einige Flüchtlinge von der Niederlage der Sachsen, und

---

König (Eigenhändige Briefe ic. herausgegeben von Borchardt. Leipzig 1834. p. 14): Nun geht es auf Meißen und der Porzellanfabrik los, wie Du es sagest, und kömmt von beiden Seiten das Unglück unsern Feinden auf den Hals. Der Friede wird ihnen angeboten, und will mir es nicht gelingen, so ist meine Seele an allem Uebel unschuldig, ich thue das wenigste Böses hier, was ich kann, aber eine feindliche Armee im Lande ist ein großes Unglück und ein Schaden, darum Gott einen jeden davor bewahre, der es abwenden kann. — — — Hier ist alles besser Preußisch als Sächsisch! —

am Abend stellte sich ein von Leopold abgeschickter Offi=
cier beim Könige ein, die frohe Siegesbotschaft zu
überbringen.

Die Stellung der sächsischen Armee erstreckte sich
von Kesselsdorf, einer Ortschaft drei Meilen von Dres=
den an der Straße nach Freiberg, zwei Stunden weit,
fast bis an die Elbe. Sie war durch den Zschoner
Grund gesichert, dessen steile Abhänge zumal in der
eisigen Jahreszeit jeden Angriff fast unmöglich mach=
ten. Der Prinz von Lothringen hatte sich am 14. De=
cember persönlich von der Sicherheit der genommenen
Position überzeugt und war bereit, sich hier mit den
Sachsen zu vereinigen. Der alte Dessauer aber ließ
ihnen dazu keine Zeit; nur General Grüne konnte sich
mit 6000 Mann Oesterreichern dem rechten Flügel der
Sachsen bei Pennerich, nahe der Elbe, anschließen.

Am 15. December in aller Frühe brachen die
Preußen nach Wilsdruf auf und zogen von da um die
Mittagsstunde gegen Kesselsdorf weiter, von dessen
Besitz, wie der Feldherr sogleich erkannte, die Entschei=
dung der bevorstehenden Schlacht abhing. In diesem
Dorfe hatten sich die sämmtlichen sächsischen Grenadiere
und das Regiment Rutowsky festgesetzt und ihre Stel=
lung durch 24 Kanonen schwersten Kalibers, die auf
einer nahen Anhöhe standen, gedeckt. Wie gefährlich
es war, hier anzugreifen, wußte der alte Feldmarschall

sehr wohl[1]). Deßhalb ordnete er seine Truppen in drei Treffen, deren jedes in die Stelle der Vormänner treten sollte, wenn diese von den feindlichen Kugeln hingerafft würden. Mit entblößter Brust und festgeschultertem Gewehr rückten die tapferen preußischen Grenadiere vor, ohne einen Schuß zu thun, aber zwei Mal mußten sie vor dem mörderischen Feuer zurückweichen. Das machte die Sachsen kühn und verleitete den Obristen des Rutowsky'schen Regiments zu dem Fehler, seine sichere Stellung zu verlassen, um die in Unordnung gerathenen Preußen anzugreifen und vollends in die Flucht zu treiben. Indem er sich zwischen die sächsischen Kanonen und seine Gegner begab, hinderte er dadurch die Kesselsdorfer Batterie, ihre verderblichen Geschosse auszuspeien, — man hätte die eigenen Mannschaften niedergeschossen. Das bemerkte der alte Dessauer sogleich. Schon in höchster Aufregung über

---

[1]) Bei dieser Gelegenheit soll er das bekannte Gebet gesprochen haben: „Lieber Gott, stehe mir heut gnädig bei, oder wenn du nicht willst, so hilf wenigstens die Schurken die Feinde nicht, sondern sieh zu wie es kommt!" Wie charakteristisch dies auch für den alten Dessauer ist, so müssen wir doch Ranke's Versicherung glauben, daß dies Gebet nicht von des Fürsten Erfindung ist, sondern dem General Sport angehört, der 1664 in der TürkenSchlacht von St. Gotthard dem Himmel eine billige Bitte vorgetragen hat. Ranke p. 334 Note.

das Mißlingen des ersten Angriffs, stürzte er sich mit
Todesverachtung mitten in das Kampfgewühl. Die
sächsischen Grenadiere waren vorbringend aus der Reihe
gekommen. Mit einer Schaar Dragoner zersprengte
Leopold sie vollends und tödtete und verwundete eine
große Anzahl derselben. Da kein zweites sächsisches
Treffen zum Ersatz bereit stand, auch die sächsische Rei=
terei von der preußischen verjagt, zum Theil gefangen
wurde, so konnten die Preußen Kesselsdorf in Brand
stecken und die sächsische Batterie erstürmen. General
Lehwald zwang sämmtliche Truppen, welche das wich=
tige Dorf besetzt hielten, das Gewehr zu strecken.

Mit unvergleichlichem Heldenmuthe führte gleich=
zeitig Prinz Moritz von Dessau, des Fürsten jüngster
Sohn, den linken Flügel der Preußen zum Angriff.
Er selbst sprang voran in das kalte morastige Wasser
des Zschochengrundes, von seinem Beispiel begeistert
folgte die ganze Schaar der Seinen ihm nach. Hinab
und hinauf die eisigen Abhänge der Thalwände rutsch=
ten und kletterten sie mit Todesverachtung unter dem
Feuer des Feindes, einander an den Händen aufwärts
ziehend, auf die Gewehre sich stützend. Auf die ver=
einzelt Anklimmenden stürzte sich die sächsische und öster=
reichische Cavallerie, aber des Fürsten Commandowort
stellte unter fast unüberwindlichen Schwierigkeiten die
Ordnung der Preußen schnell wieder her. Mit lautem

Schlacht bei Kesselsdorf 15. Decbr. (1745.)

Siegesrufe drangen sie vorwärts, das Feuer ihrer Musketen jagte die Sachsen in die Flucht [1]).

Noch ein Mal versuchten diese Stand zu halten und formirten ein Carré, — als aber die Reiter, welche demselben zur Deckung dienen sollten, vor den heranbringenden Preußen zerstoben, da wurde die Flucht unaufhaltsam. Um fünf Uhr war der vollständige Sieg entschieden. Die steilen Hügel und Abhänge hinderten eine weitere Verfolgung der geschlagenen Armee, die sonst völliger Vernichtung kaum entgangen wäre. Die Preußen hatten in dieser blutigen Schlacht 4800 Mann Todte und Verwundete, die Sachsen verloren nur 3000 Mann, dagegen 6000 Gefangene.

Heldenthaten, wie an diesem Tage vollbracht wurden, sind denn doch nicht allein durch den eisernen Ladestock und die eiserne Disciplin zu erklären. Was solche Massen, zum großen Theil aus fremden, zusammengeworbenen Leuten bestehend, zu einer Kühnheit, einer Ausdauer und einem Erfolge anspornte, der in der Geschichte kaum jemals übertroffen ward, das ging vielmehr hervor aus dem Genossenschaftsgeiste und dem Ehrgefühl dieser preußischen Armee, deren Körper gleichsam durch Friedrich Wilhelm I. unter der Fuchtel des alten Dessauer geschaffen war, während der Geist und

---

[1]) Wären die Sachsen hier tapfer gewesen, sagt Friedrich l. c., sie hätten unsere ganze Infanterie zusammenhauen können.

die Begeisterung ihr eingehaucht wurde durch den schöpferischen Genius Friedrich des Großen.

Am Tage nach der Schlacht erschien der König auf dem Schlachtfelde. Entblößten Hauptes schritt er dem greisen Feldherrn entgegen und schloß denselben in seine Arme, dann ließ er sich von ihm umherführen und alle Einzelheiten der vollbrachten Heldenthat erklären, durch welche der alte Dessauer seine lange glorreiche Laufbahn würdig zu beschließen dachte. Glücklich im Gefühl des errungenen Sieges, empfand der Fürst zugleich vollkommene Genugthuung darüber, daß er, seiner gewohnten bedächtigen Weise trotz alles Drängens treu bleibend, dennoch geleistet hatte, was der König nur immer von ihm erwarten konnte.

Am 18. December hielt Friedrich seinen Einzug in Dresden. Hier suchte er sich nach allen Seiten hin auf's Liebenswürdigste zu bezeigen. In eigener Person tröstete er die zurückgebliebenen jüngsten Kinder König August's, ertheilte mehreren Gefangenen die Freiheit und veranstaltete Feste und Opernaufführungen zur Belustigung der Einwohner. Wie glücklich er sich im Bewußtsein der glorreichen Ergebnisse dieses kurzen Feldzuges fühlte, zeigt folgende Stelle seines damals geschriebenen Briefes [1]: „Ich sitze oft und denke nach, ob

---

[1] Von Ranke aus dem Wolfenbüttler Archive mitgetheilt. III. 339.

es auch wirklich und wahrhaftig ist, was wir erlebt haben! Heut in die Lausitz einmarschirt, denselben Tag noch die sächsischen Truppen geschlagen; morgen Görlitz besetzt, übermorgen die Oesterreicher hinter Zittau getrieben, Bautzen genommen, Leipzig occupirt, endlich nicht nur die sächsische Armee, sondern auch die Oesterreicher, die bei ihr waren, geschlagen, Dresden zur Capitulation gezwungen, und das Alles zu einer Zeit, wo die hochmüthigen Feinde mich von Land und Leuten vertreiben, meine Armee auseinanderjagen und meine Provinzen mit Feuer und Schwert verwüsten wollten! Der Herr hat Großes an uns gethan, lasset uns dessen froh sein!"

Der Abschluß des Friedens, dem schon vor der Kesselsdorfer Schlacht kaum noch Etwas im Wege stand, konnte nun mit großer Schnelligkeit erfolgen; um so mehr, als der König fest entschlossen war, über die Bestimmungen der hannover'schen Convention nicht hinauszugehen. In Ruhe wollte er künftig sich der Regierung und Verbesserung seiner Staaten widmen und lehnte alle weitaussehenden Pläne ab, mit denen die Diplomaten an ihn herantraten. Die Franzosen hatten sich als so unzuverlässige und unwirksame Bundesgenossen gezeigt, daß er den Vorstellungen Valori's, der ihn zum „Pacificator von Europa" machen wollte, kein Gehör schenkte. Bei seiner dem Anschein nach schwachen Körperbeschaffenheit glaubte er nicht auf ein langes

Leben rechnen zu dürfen. „Ich habe," sagte er zu seinem Secretair d'Arget, „höchstens noch ein Dutzend Jahre vor mir. Diese will ich in Ruhe zum Wohle meiner Unterthanen anwenden. Das ist wahre Größe. Zu den Waffen werde ich nie wieder greifen, außer zu meiner Vertheidigung." Selbst Die, welche den König am besten kannten, wunderten sich über seine unter so verlockenden Umständen bewiesene Mäßigung. Allein er bedurfte dringend des Friedens, theils weil er bei Fortdauer der Feindseligkeiten befürchten mußte, daß sich Rußland mit Oesterreich gegen ihn verbinde, theils weil seine Geldmittel erschöpft waren — kaum 15,000 Thlr. befanden sich noch im Staatsschatze.

Von österreichischer Seite erschien als Friedensunterhändler Graf Harrach, den Maria Theresia erwählte, weil er von ihren Ministern am wenigsten gegen Friedrich II. persönlich eingenommen war. Da der König fest und unabänderlich bei den Bestimmungen der hannover'schen Convention stehen blieb und weder mehr noch weniger zu verlangen oder zu gewähren erklärte, so hatte die Sache einen so schnellen Verlauf, daß schon am 25. December 1745 die Tractate mit Oesterreich und Sachsen in Villiers' Gegenwart unterzeichnet werden konnten.

Durch diesen Frieden wurde die hannover'sche Convention und der Breslauer Frieden bestätigt. — Die wesentlichen Punkte sind folgende: Friedrich II. giebt als Kurfürst von Brandenburg nachträglich seine Stimme dem erwählten Kaiser Franz I. und erkennt dessen Gemahlin als Kaiserin-Königin an. Er bleibt im Besitz von ganz Schlesien und der Grafschaft Glatz. Preußen und Oesterreich gewährleisten durch wechselseitige Garantie einander ihre Staaten, Preußen jedoch nur die deutschen Besitzungen Oesterreichs. Die Kurfürsten von Hannover und der Pfalz sind in den Frieden mit eingeschlossen. Sachsen wird von Preußen geräumt und zahlt außer den bereits erhobenen sehr beträchtlichen Contributionen 1 Million Thaler [1]). Die evangelische Confession bleibt unter dem Schutze der westphälischen Friedensbestimmungen.

Auf Frankreich, dessen Bündniß mit Preußen noch bis 1756 formell weiter bestand, war gar keine Rücksicht genommen. Man empfand das zwar in Paris sehr übel, ohne jedoch Etwas dagegen zu thun. Desto zufriedener waren die Engländer, bei denen der Name Friedrich's seitdem eine ungemeine Volksbeliebtheit erlangte. Gegen Sachsen wurde mit großer Liberalität verfahren. Die preußischen Truppen räumten mit möglichster Schnelligkeit das Land, die meisten mit Beschlag belegten Gelder und Effecten wurden zurückgegeben, sogar die aus den Zeughäusern abgeführten

---

[1]) Die Stadt Leipzig war allein mit mehr als einer Million herangezogen worden. Diese Summe wurde aber jetzt auf das ganze Land vertheilt.

Geschütze. Am 27. Decbr. verließ der König Dresden und hielt am 28. mit den Prinzen August und Heinrich seinen feierlichen Einzug in Berlin. Hundert blasende Postillone ritten ihnen voran. Die Bewohner der Hauptstadt, eingedenk der noch ganz kürzlich ausgestandenen Angst vor einem feindlichen Ueberfall, jauchzten dem Fürsten entgegen, der einen anfangs durchaus unpopulären Krieg beendigt hatte. Erst die glänzenden Siege bei Hohenfriedeberg und Soor hatten die Volksstimmung mit einem Unternehmen versöhnt, welches in der That weder eine Vergrößerung noch eine Bereicherung des Landes zur Folge hatte, dessen Nachwirkungen aber dessenungeachtet nicht gering anzuschlagen sind, weil die Preußen erst jetzt sich als eine den großen europäischen Staaten ebenbürtige Nation zu fühlen begannen. Dem Könige wurde damals zuerst allgemein der Name Friedrich des Großen beigelegt. Auf vielen Transparenten glänzte bei der prachtvollen Illumination am Einzugsabend die Inschrift: Vivat Fridericus Magnus!

Friedensjahre. (1746—1756.)

Neuntes Kapitel.

Die zehn Friedensjahre 1746—1756.

Man darf diese beiden schlesischen Kriege Friedrich des Großen wohl als den Anfang vom Ende des heiligen römischen Reiches ansehen. Es hatte sich innerhalb Deutschlands eine Macht aufgethan, welche dem Kaiser zwar nicht feindlich gegenübertreten, dagegen aber auch keinerlei Einmischnug in die eigenen Angelegenheiten verstatten wollte. Die Welt mußte jetzt, daß der König von Preußen Kraft und Willen habe, auf eigenen Füßen zu stehen. Die ihn bekämpfen wollten, hatten ebensowohl wie seine Verbündeten eingesehen, es sei am besten, den eben so schlauen als kühnen Mann in Ruhe zu lassen. Die Einen waren von ihm besiegt, die Anderen überlistet, und wie wenig man ihm auch traute, wie viel Ursache man haben mochte, ihn zu fürchten, — man mußte ihn gewähren lassen, als er jetzt deutlich zu erkennen gab, er habe im eigenen Hause genug zu thun und wolle bei der Beschäftigung mit den inneren Angelegenheiten seines Reiches ungestört bleiben.

Seine unerschöpfliche Geisteskraft, welche soeben im Kriege sich unter den schwierigsten Verhältnissen bewährt hatte, sollte nun den sämmtlichen Gebieten des Staatslebens zu Gute kommen, wo so Vieles zu bessern oder neu zu schaffen war. Der Entschluß stand bei ihm fest, sich ganz und ungetheilt dieser Aufgabe zu widmen.

Die Vervollständigung und stets weitere Ausbildung der Armee war natürlich seine erste Sorge. Die Lücken, welche die blutigen Siege von Hohenfriedeberg, Soor und Kesselsdorf in den Regimentern zurückgelassen, wurden schleunigst, zum großen Theil durch Kriegsgefangene und Ueberläufer, ausgefüllt [1]), die Festungswerke in allen Provinzen verstärkt und Kriegsmaterial jeder Art in den Zeughäusern angehäuft. Wohl wußte er, daß die Nachbarn von allen Seiten nur auf eine schwache Stunde lauerten, um über den preußischen Emporkömmling, den die alten Großmächte Europa's mit Neid und Eifersucht betrachteten, mit vereinten Kräften herzufallen und ihn in die frühere untergeordnete Stelle zurückzuzwingen. Nur eine große kampfbereite Armee konnte dagegen Schutz verleihen, da nach Allem, was vorgegangen war, bei ausbrechendem Kriege weder im Auslande, noch im deutschen Reiche sich ein mächtiger Bundesgenosse hätte finden lassen. Deßhalb wurden von Jahr zu Jahr die Regimenter vermehrt und mit größter Sparsamkeit jeder Groschen bei Seite gelegt, um die lebendige Schutzmauer zu verstärken, mit der Friedrich II. sein Land umgeben mußte, und es war ein glücklicher Umstand,

---

[1]) Oeuvres IV. 1.

daß aus Schlesien, welches in österreichischer Zeit kaum 3—4000 Mann gestellt hatte, nun 30—40,000 ausgehoben werden konnten. So schnell und stetig wuchs die Stärke der preußischen Armee, daß dieselbe 1749 schon 130,000, 1750 fast 136,000 und 1755 genau 153,339 Mann zählte, davon 140 Bataillone Infanterie und 213 Schwadronen Cavallerie[1]). Der Staatsschatz enthielt im letztgedachten Jahre beinahe 15 Millionen, und außerdem lag in einem besonderen „kleinen Tresor" das nöthige Geld für eine erste Mobilmachung bereit.

Bei der großen Verachtung, mit welcher der gemeine Soldat von dem übrigen Volke angesehen wurde, nahm fast Niemand freiwillig Kriegsdienste. Die nach der beibehaltenen Kantonverfassung Ausgehobenen stellten sich ebenso unwillig, als die aus aller Herren Ländern Zusammengeworbenen. Die Hinterlist und Gewaltsamkeit der Werber blieb nicht minder groß, wie unter Friedrich Wilhelm I., weil man wußte, daß der König, trotz aller Strafandrohungen, doch in dieser Beziehung gern ein Auge zudrückte. Hatte er ja selbst als Kronprinz sich an diese Dinge gewöhnen müssen. Da waren denn Desertionen in der Armee etwas so Gewöhnliches, daß zur Verhütung derselben die härtesten und strengsten Maßregeln angewendet werden

---

[1]) Königs Berlin zum Jahre 1749. Ranke 128.

mußten. Schon aus diesem Grunde konnte eine eiserne Disciplin nicht entbehrt werden. Aber auch sonst hielt der König mit Recht blinden Gehorsam für die wesentliche Grundlage des Soldatenstandes. Da er von den Generalen und Obristen verlangte, daß sie für ihre Regimenter bis in's Kleinste einstehen sollten, so mußte er ihnen fast eben so große Gewalt über die Soldaten einräumen, wie er selbst übte, und die Rücksicht auf die hohe Wichtigkeit der strengsten Disciplin macht es erklärlich, daß Friedrich II. auf diesem Gebiete bis zur grausamsten Härte unerbittlich war [1]).

Von den Officieren wurde außer dem kriegerischen Gehorsam natürlich auch verlangt, daß ein jeder die für seine Stellung nöthigen Fähigkeiten, namentlich Geistesgegenwart und Umsicht besitze, weil davon im Kriege oft das Wohl und Wehe der ganzen Armee und die Entscheidung einer Schlacht abhinge. Deßhalb cassirte der König bei den Manoeuvres sofort jeden Officier, selbst den Hochgestelltesten, wegen eines Fehlers, der, wäre das Kriegsspiel Ernst, seine Truppen in Gefahr brachte, geschlagen oder gefangen zu werden. Friedrich Wilhelm I. hatte grobe Unwissenheit in allen nicht militärischen Dingen als etwas echt Soldatisches gern gesehen. Dadurch wurde es für seinen Nachfolger

---

[1]) Ein erschreckendes Beispiel aus des Königs letzten Lebensjahren bei Preuß. Urkundenbuch IV. 84.

schwer, sich ein gebildetes Officiercorps zu schaffen; allein es gelang über Erwarten schnell.

Friedrich hielt darauf, daß die Regimentscommandeure ihre Untergebenen zu kriegswissenschaftlichen Arbeiten anhielten, ihnen Pläne zu entwerfen und andere praktische Aufgaben zu lösen übertrugen, welche er sich gelegentlich zeigen ließ und scharf kritisirte. Welchen Wetteifer mußte es erzeugen, wenn der Kriegsherr, der als Sieger aus fünf großen Schlachten hervorgegangen und von den Seinigen schon damals als der erste Feldherr der Welt angestaunt wurde, sich auf diese Weise zu den Einzelnen herabließ!

Zu unglaublicher Höhe steigerte sich die Liebe und Verehrung für einen König, der, wie Friedrich II. es allezeit gethan, die Beschwerden des Marsches und des Lagers mit dem Geringsten theilte und seine Person im Kampfe schonungslos den größten Gefahren preisgab. Die Officiere wurden mit seltenen Ausnahmen nur aus dem Adelsstande genommen. Nach dem aristokratischen Zuge, der in hohem Maße durch das hohenzollern'sche Haus geht, betrachtete Friedrich II. den Adel als den einzig privilegirten Besitzer wahren Ehrgefühls und kriegerischer Tapferkeit, was wesentlich zu der scharfen Sonderung beitrug, welche er zwischen dieser bevorzugten Menschenklasse und dem Bürgerstande aufrecht erhielt. Da überdies die Soldaten meistentheils dem Landvolk angehörten, so parirten sie lieber und beffer den Söhnen der Familien, denen sie und ihre Vorfahren seit undenklichen Zeiten als Leibeigene gedient hatten und noch dienten. An die Stockprügel des Gutsherrn und seines Inspectors gewöhnt, ertrugen sie mit größerer Gemüthsruhe die Fuchtel des Profoßes. In Betracht alles Dessen sah Friedrich den Adel förmlich wie eine Anstalt zur Erzeugung von Officieren an¹) und sorgte auch deßhalb fast väterlich für die Erhaltung der alten Familien und ihres Besitzstandes. Mißheirathen waren ihm äußerst verhaßt: „Ich gebe nicht zu, daß Officiers sich mit Kaufmannstöchtern heirathen²)." Er hätte am liebsten nur unverheirathete Officiere gehabt, damit kein anderes Band als der Dienst und des Königs Wille sie fessele. Den Husarenofficieren gestattete er die Ehe niemals, andern nur sehr ungern, oft erst nach mehrmaliger Weigerung. Als er einst einem Lieutenant auf wiederholtes Bitten zuletzt den Consens ertheilt hatte, ließ er sich bei der nächsten Revue, die er in dessen Garnisonstadt abhielt, den Neuvermählten durch den Obristen des Regiments vorstellen. „Nun, hat er jetzt eine Frau?" „Zu Befehl, Ew. Majestät." „Da hat er auch was Rechts!" sagte

---

¹) Er hat das wiederholt auf's Deutlichste ausgesprochen, u. A. in einer Unterredung mit seinen Ministern, welche der Etatsminister v. Derschau aufgezeichnet hat. Stein's Charakterzüge XIII. 87.

²) Cab. Ordre v. 4. Oct. 1747. Preuß. Urkundenbuch I. 110.

der König und ritt weiter. Ein ferneres wirksames, wenngleich oft hartes und grausames Mittel, seine Officiere in vollkommenster Abhängigkeit zu erhalten, bestand darin, daß nicht nur die Dienstentlassung derselben, sondern auch ihre nachherige Versorgung lediglich von der Willkür des Königs abhing und von einem Anspruch auf Pension nicht die Rede war, dieselbe vielmehr lediglich als Ausfluß besonderer Gnade betrachtet wurde. Um so eifriger mußte jeder Einzelne sich bemühen, dieser Gnade sich würdig zu zeigen.

Für die strenge Zucht, der sie unterworfen waren, fanden die preußischen Officiere reichliche Entschädigung in der bevorzugten Stellung, die der König ihnen, allen übrigen Staatsbürgern gegenüber, einräumte. Das Wort eines Officiers galt mehr als der Eid des Bürgers. Er betraute sie mit den wichtigsten Geschäften in allen Zweigen der Staatsverwaltung, wenn es auf rasche Erledigung einer schwierigen Sache ankam. Die Kunst zu befehlen und anzuordnen, welche einen wesentlichen Theil der Kriegsbildung ausmacht, schien sie zu solchen Aufträgen zu befähigen, gleichviel welchen Gegenstand dieselben betrafen. Da war es kein Wunder, daß die Officiere die Herren im Lande spielten und namentlich in den kleineren Garnisonen gegen die Civilisten sehr rücksichtslos, oft brutal verfuhren, so daß der König wiederholt bei strenger Strafe ihnen verbieten mußte, die Bürger zu schlagen und zu mißhandeln, ein Verbot, welches selbstredend auf das schließen läßt, was zu geschehen pflegte.

Wie Friedrich den Adel überhaupt als eine von Natur sowohl, als durch menschliche Einrichtungen bevorzugte Menschenklasse betrachtete, wenn er auch in Briefen und philosophischen Abhandlungen über Standesunterschiede spottete und gelegentlich einem Grafen bemerklich machte, daß nicht der Titel, sondern die Befähigung Anspruch auf Beförderung gewähre, — so behaupteten unter den Adligen wiederum die Officiere den obersten Rang in seiner Achtung. „Daß ein Fähnrich den Vorrang vor einem Legationsrath hat, ist zweifellos," schrieb er an den Legationsrath Grafen Schwerin auf dessen Beschwerde. Das hohe Selbstgefühl, mit welchem solche Ansichten des Königs den Officierstand erfüllten, steigerte sich noch dadurch, daß er bei ihnen das Bewußtsein zu wecken verstand, wie sie als Mitglieder der preußischen Armee, jeder an seiner Stelle, berufen seien, an der Ehre und dem Ruhme der Großthaten Theil zu nehmen, die er selbst vollbrachte, und daß ihnen ein Blatt aus dem Lorberkranze gebühre, der des Feldherrn Haupt umgiebt. Eifrig auch war der König bemüht, Bildung und feinere Sitten unter den Officieren zu verbreiten und die Raufereien und Duelle, das Spiel und den Trunk zu beschränken, die leider noch immer sehr stark an der Tagesordnung waren. Unter seinen Generalen behandelte er diejenigen, welche sich im Felde ausge=

zeichnet hatten, wie seine Freunde und sorgte für sie mit rührender, unermüdlicher Beständigkeit, wie z. B. der Briefwechsel mit Fouqué[1]) fast nur die kleinen, oft sehr zarten Aufmerksamkeiten betrifft, die dem alten Krieger erwiesen worden. Obst aus den königlichen Gärten, Gerichte aus seiner Küche übersendet er, dann wieder ein eigens bestelltes akustisches Instrument gegen die Harthörigkeit des würdigen Greises. Oder der König meldet sich zur Mittagssuppe an und schickt vorher ein schönes Tafelservice von Porzellan. Auch an werthvollen Geschenken fehlt es nicht, bald kommt eine größere Geldsumme, bald die Verleihung einer einträglichen Präbende an u. s. w. Solche Liebenswürdigkeiten bezauberten selbstredend zugleich die Kameraden des Bevorzugten und knüpften das Band zwischen dem Könige und seinen Officieren immer fester. Wie sollte das Alles sich künftig noch steigern, als die Gefahren, die Triumphe und die Schicksalsschläge des siebenjährigen Krieges ein Verhältniß von gegenseitiger Anhänglichkeit, Bewunderung, Hingebung und Treue bis in den Tod hervorriefen, wie die Welt es sonst kaum gesehen hat.

Sogar der gemeine Soldat hatte während des Krieges gelernt, an dieser Begeisterung der Armee für ihren König Theil zu nehmen und auf seine Waffe stolz

---

[1]) Oeuvres XX. 110—171.

zu sein. Zwar mußte bei sehr vielen von diesen aus fremden Ländern wider Willen, oft genug durch Betrug und Zwang in die Reihen gebrachten Menschen die eiserne Strenge der Disciplin und die Grausamkeit der Strafen als Triebfeder in Bewegung kommen, um den Patriotismus zu ersetzen, den sie nicht empfinden konnten; allein waren sie erst einexercirt, und ging es dann unter den Augen des Königs in die Schlacht, so empfanden auch sie die Macht von Friedrich's Persönlichkeit, und mehr als Ein Zeugniß liegt vor, wie sein Blick den Widerwilligsten und Zaghaftesten zu begeistern vermochte. Ein 15jähriger Fahnenjunker, dem vor Angst bei dem ersten Kanonenschusse fast die Fahne aus den Händen glitt, hat später erzählt, daß, als Friedrich vor seinem Platze stille haltend dem Regimente zurief: „Nun frisch heran, Kinder, in Gottes Namen!" ihm der Klang dieser Stimme wie ein elektrischer Funken in's Herz gezündet, so daß alle Furcht für immer verschwunden war. Aehnliche Züge in Menge sind auch von gemeinen Soldaten aufbehalten, — und in der That bedurfte es eines geistigen Erhebungsmittels, um diese geplagten Menschen nicht in dumpfer Verzweiflung untergehen zu lassen. Unter beständigem Schlagen, Schimpfen und Stoßen wurden sie einexercirt[1]), daß

---

[1]) Vergleiche die interessante Schrift· Der arme Mann von Todenburg, herausgegeben von Bülow, Leipzig 1832, namentlich

kleinste Versehn im Dienste mit dem unmenschlichen Spießruthenlaufen gestraft, bis die Maschinenmäßigkeit aller Bewegungen so weit erreicht war, daß eine Front von 19,000 Mann 80 Schritte in der Minute mit solcher Präcision vorrücken konnte, als wären sie mit der Schnur abgemessen. Gleiche und noch staunens= würdigere Leistungen werden von der Kavallerie berich= tet, und Valori fügt hinzu, daß der König durch die großen Feldmanoeuver, welche den wirklichen Krieg im treuen Bilde darstellten, es dahin brachte, daß jeder einzelne Soldat allmählich begriff, wie wichtig für die Entscheidung einer Schlacht die große Pünktlichkeit sei, die man ihm durch so harte Zucht beibrachte.

An Tractament empfingen die Gemeinen kaum so viel, um sich das Leben zu fristen. Außer den Montur= stücken alle 5 Tage ein Commißbrod und 6 Groschen, wofür sie nicht nur Essen und Trinken, sondern auch „Kreide, Schuhwichse, Puder, Oel, Schmirgel und was der hundert Siebensachen mehr sind," anschaffen sollten. Da dies platterdings unmöglich war, so gestattete man ihnen, sich Arbeit zu suchen, jeder nach seinen Fähigkei= ten. In den Stunden, wo nicht exercirt wurde, wim= melte es daher auf allen Abladeplätzen, bei Bauten und

---

die von Freytag in den „Neuen Bildern" p. 336 mitgetheilten Auszüge. Ferner den von Ranke p. 425 mitgetheilten Bericht des französischen Gesandten Valori vom September 1746.

wo es sonst etwas zu verdienen gab, von Soldaten. Die aus den besseren Ständen Angeworbenen trieben ihre Kunst oder ihr Handwerk als Nebenverdienst.

Trotz der geringen Besoldung waren die Kosten der Erhaltung von 152,000 Mann für einen Staat, der nach der Vergrößerung durch Schlesien kaum 5 Millionen Einwohner zählte, nur bei der strengsten und sparsamsten Finanzverwaltung möglich. Da der König während des größten Theils seiner langen Regierungszeit entweder im Kriege begriffen, oder auf einen ausbrechenden Krieg gefaßt war, so mußte er beständig darauf denken, die Mittel dazu bereit zu halten. Von Anleihen im heutigen Sinne wußte man damals kaum Etwas. Neue Steuern und Abgaben konnten dem schon unter der vorigen Regierung überbürdeten Volke nicht auferlegt werden, wie denn Friedrich II. auch bis an's Ende seines Lebens die directen Auflagen nicht erhöht hat, sondern durch Ersparnisse, die in den Schatz gelegt wurden, sich eine stets gefüllte Kriegskasse erhielt. 600,000 Thaler Ersparnisse waren jährlich zu diesem Zweck bestimmt, wodurch nach einigen Friedensjahren stets die Mittel für mehrere Feldzüge vorräthig waren. Was der Krieg außerdem kostete, wurde durch Requisitionen und Lieferungen im feindlichen Lande erhoben, oder durch französische und englische Subsidien gedeckt, und wenn diese ausblieben, griff er in der Noth bekanntlich zu dem sehr bedenklichen Mittel der Münzverschlechterung. Das geschah zum ersten Male im December 1745 ¹). Die gesammten Staatseinnahmen betrugen nach Ausweis der im geheimen Staatsarchive aufbewahrten Beläge ²) für das Jahr 1742/43 etwa 11 Millionen Thaler, wovon auf die alten Provinzen 7,310,000, auf Schlesien 3,500,000 und 250,000 auf Ostfriesland kamen. Die Armee verschlang jährlich 6 Millionen, also die größere Hälfte aller Staatseinnahmen ³). Für seinen Haushalt nahm der König 190,000, davon 20,000 Thaler für Reisen, 17,000 für Gehälter und Pensionen. Die Königin Mutter erhielt 50,000, jeder der königl. Brüder 12,000, die Prinzessinnen jede 3000, womit sie natürlich nicht auskommen konnten ⁴).

Die genaue Sparsamkeit, welche Friedrich II. auf diese Weise gegen sich selbst und seine nächsten Angehörigen übte, verlangte er auch von sämmtlichen Civil- und Militärbehörden. Mit einem Scharfblick, der in die verborgensten Winkel des Staatshaushaltes eindrang, sorgte er dafür, daß an keiner Stelle unnützes

---

¹) Stenzel p. 306.

²) Ebendaselbst, nach einer Mittheilung von Riedel.

³) Genauere Zahlenangabe bei Ranke 415.

⁴) Scheinbar ganz ernsthaft bemerkt Preuß, Friedrich der Große 1. 260, wo er von der knappen Versorgung der königl. Prinzen spricht: dagegen bedachte Friedrich seine Geschwister öfter mit Gedichten, in welchen er ihnen die schmeichelhaftesten Huldigungen widmete oder die beruhigendsten Wahrheiten aussprach.

Geld ausgegeben wurde. Die uns bekannte Instruction seines Vaters für das General-Directorium ließ er im Wesentlichen bestehen, machte aber Zusätze zu derselben, welche sämmtlich aus einem humaneren Geiste hervorgingen. Wenn bisher den Beamten, die einen Ueberschuß in die königl. Kassen geliefert hatten, dafür vieles, fast alles Andere nachgesehen wurde, so erklärte Friedrich nunmehr: „Das plus ist verflucht, welches durch das Unglück anderer Leute gemacht wird [1].”

Die oberste Leitung des Staates sowohl in Militär- als in Civilsachen behielt der König sich selbst vor und hatte die Zügel so fest in seiner Hand, wie wohl niemals ein Regent vor ihm oder nach ihm. Einen Kriegsminister hat er nie gehabt. Die Befehle an die einzelnen Regimenter erließ er aus seinem Cabinet, oft eigenhändig, und empfing die Berichte der Obristen zurück. Erst nach dem siebenjährigen Kriege theilte er die Armee in Inspectionen, an deren Spitze General-Inspectoren lediglich nach ihren Fähigkeiten, ohne Rücksicht auf das Dienstalter, gesetzt wurden. Rath in kriegerischen Dingen erholte der König sich in den ersten Jahren seiner Regierung besonders beim alten Dessauer, dem Feldmarschall Schwerin und bei Winterfeld, der ihm von Allen persönlich am nächsten stand. Später traten Herzog Ferdinand von Braunschweig und die

---

[1] Ranke 407.

Generale Saldern, Seidlitz und Möllendorf au deren Stelle. — Die Intendanturgeschäfte besorgte das Militär-Departement des Generaldirectoriums, die Justizsachen standen unter einem Generalauditoriat. Die geheime Kriegskanzlei begleitete den König auf allen seinen Reisen [1]). Sämmtliche Civilangelegenheiten waren unter die Minister vertheilt, deren Stellung etwa der unserer heutigen Abtheilungsdirigenten in den verschiedenen Ministerien gleichkam, wodurch die große Zahl der damaligen mit dem Ministertitel fungirenden Beamten sich erklärt. Es gab außer mehreren Finanzministern unter andern 4 Justizminister, über welchen letzteren jedoch Cocceji, als Großkanzler 1749, eine hervorragende Stellung erhielt.

Die festen Etats, auf welchen die gedeihliche Finanzwirthschaft Friedrich Wilhelm's I. beruhte, ließ Friedrich II. nicht nur bestehen, sondern auch jährlich von Neuem stets eingehender bis herab zu den kleinsten Staatsbedürfnissen ausarbeiten. Jedes Mal im Juni wurde eine Conferenz mit allen Finanzministern gehalten, welche man die Ministerrevue nannte, weil hier mit derselben Schärfe und Genauigkeit die Feststellung der Ausgaben und Einnahmen bis in die kleinsten Details geprüft wurde, wie bei den Musterungen der Soldaten. Die für jeden Zweck bewilligte Summe bil-

---

[1]) Dohm's Denkwürdigkeiten IV. 106.

dete eine Kaffe für sich, — war diese erschöpft, so mußte bis zum nächsten Jahre gewartet werden, und auf die dringendsten Gesuche um Nachbewilligungen erging alsdann der Bescheid: „Ich habe keinen Groschen Geld" oder: „Ich werde mir ein Moratorium erbitten müssen ¹)." Ließ er doch sogar, als das neue Palais erbaut wurde, ein Zimmer in demselben viele Monate leer stehen, weil er die 4000 Thaler, welche die Aus= möblirung gekostet hätte, in der dazu bestimmten Kaffe nicht mehr vorfand. Ebenso unvermischt blieb des Königs Privatkaffe von den Staatskassen getrennt. Niemals hat er aus den letzteren das Geringste für seine Bedürfnisse oder sein Vergnügen entnommen. Wohl aber flossen aus seinen Ersparnissen alljährlich bedeutende Summen zur Unterstützung der Landes= theile, welche durch Krieg oder andere Unglücksfälle gelitten hatten. Noch in seinem Testamente erklärte der König, daß die von ihm ausgesetzten Vermächtnisse nicht aus dem Staatsschatze zu nehmen seien, weil seine Privatersparnisse dazu ausreichten. — Eine so strenge Gewissenhaftigkeit sollte, das war sein Wille, sämmt= lichen Staatsbeamten als Beispiel dienen.

Arbeitsamkeit, Ehrlichkeit, Ordnung und Verschwie= genheit verlangte er von jedem Angestellten. Bei der Auswahl derselben kam ihm seine große Menschenkennt=

---

¹) Büsching, Charakter Friedrich II. p. 222.

niß zu statten, vermöge deren er aus kleinen Zügen fast immer zutreffend die Befähigung der ihm vorgestellten Personen auf den ersten Blick beurtheilte; doch ließ er sich dabei auch von gewissen allgemeinen Theorieen leiten, die er über die natürlichen Anlagen der Menschen in den verschiedenen Theilen seiner weit ausgedehnten Länder sich gebildet hatte. Die vornehmen Schlesier namentlich schienen ihm wegen des Schlaraffenlebens, welches sie unter österreichischer Herrschaft geführt, der Anfeuerung bedürftig, um den geistigen Funken in ihnen zu wecken und sie zu ernster preußischer Thätigkeit anzufeuern. Denn wen er in seine Dienste nahm, von dem verlangte er vollste Anspannung aller Kräfte, und mit noch größerem Rechte als sein Vater durfte er ihm zurufen: Ihr sollt arbeiten, dafür bezahle ich euch! weil er diese Mahnung zuerst an sich selbst ergehen ließ. Mehr als ein Mal hat er gesagt und geschrieben [1]), daß ein König die Pflicht habe, mit größter Anstrengung und unausgesetzt für das Volk zu arbeiten, welches ihn für seine Mühe reichlich genug bezahle.

Seine Beamten sollten ihm helfen, den Staat reich, mächtig und unabhängig zu machen. Dabei war er denn allerdings in dem Irrthume seiner Zeit befangen, welche den Nationalreichthum lediglich nach der Menge von Gold und Silber beurtheilte, die im Lande circu-

---

[1]) Unter Andern in seinem politischen Testamente.

lirte und nöthigen Falls der Regierung zu Gebote stand, und ein noch größerer Irrthum war es, daß er dabei die Fabrikthätigkeit für eine noch ergiebigere Quelle des Nationalreichthums ansah als den Ackerbau. Erklärlich wird das, wenn man bedenkt, daß bei dem damaligen Zustande der ackerbautreibenden Bevölkerung ein gedeihliches Aufblühen der Staatslandwirthschaft geradezu unmöglich war, so lange der Bauer in den Fesseln der Leibeigenschaft schmachtete. Diese schon damals zu sprengen, konnte Niemandem in den Sinn kommen. Ein Mal hatte sich unter den Betheiligten selbst der Drang nach Befreiung noch keineswegs zu einer solchen Stärke entwickelt, um sich selber Geltung zu verschaffen. Der König würde aber außerdem nie daran gedacht haben, den abligen Gutsbesitzern ohne volle Entschädigung die Rechte und Einkünfte zu entziehen, die aus der Unterthänigkeit der Hintersassen herflossen. Solche Entschädigung aber zu leisten, war in einem Staate unmöglich, wo das Heer mehr als die Hälfte aller Einkünfte in Anspruch nahm. Der Gedanke, daß der Bauernstand durch Ablösung aus eigenen Mitteln sich frei machen könnte, war noch Niemandem gekommen. Geduldig beugte sich der Landmann unter der fast unglaublichen Last der Dienste und Abgaben, die ihm zur Bestellung des eigenen Landes kaum Zeit und Kräfte ließen. Wie es damit stand, kann man daraus abnehmen, daß es ein frommer Wunsch des Königs blieb, daß die Bauern nur 4, höchstens 5 Tage in der Woche für die Herrschaft arbeiten sollten. Am schlimmsten standen diese Dinge in Pommern und Schlesien, und wer Gelegenheit gehabt hat, die damaligen Dienstregister aus jenen Provinzen einzusehen, der wird zuweilen eine Satyre statt einer treuen Darstellung des Bestehenden zu lesen glauben und mit Entsetzen sich den Zustand einer Landbevölkerung vergegenwärtigen, die schwerer belastet und nicht besser behandelt wurde, als die Zugthiere auf dem Herrenhofe. Erinnert man sich dabei noch an die Patrimonialgerichtsbarkeit, nach welcher ein vom Gutsherrn ernannter und bezahlter Richter über den Umfang der bäuerlichen Leistungen entschied, so kann man sich das Bild vervollständigen. Nicht überall war es indessen so schlimm. Im Magdeburgischen, Halberstädtischen, in Ostfriesland und am Rhein saß der Bauer zum Theil auf eigenem Grunde und zahlte nur mäßige Abgaben[1]). Dagegen lastete auf allen nicht nur der Kriegsdienst neben ihrem sonstigen Drucke, sondern sie hatten für den Train der Armee den Vorspann unentgeltlich zu leisten und mußten auch in Friedenszeiten die Fuhren für die Herrschaft und die königlichen Beamten, überhaupt für Jeden stellen, der einen Vorspannpaß erhielt, was Friedrich II. allerdings einschränkte, aber nicht beseitigte. Botendienste mußten

---

[1]) Dohm's Denkwürdigkeiten IV. 405.

zu jeder Stunde, bei Tag und bei Nacht geleistet werden, keines freien Augenblickes waren die Landleute sicher, die mit saurem Schweiße die Steuern und Abgaben aufzubringen hatten, von denen der steuerfreie adlige Grundbesitzer nach wie vor befreit blieb. Mit Einem Worte — sie waren ein geplagtes und geschundenes Geschlecht. Wird doch noch in dem erst nach des Königs Tode publicirten Landrecht der Gutsherrschaft nicht nur, sondern auch deren Pächtern und Aufsehern gestattet, die Unterthanen mit Schlägen zur Arbeit anzuhalten, und erst 1803 aus Humanitätsrücksichten statt des Stockes die lederne Peitsche eingeführt [1]). Unter dem Prügelregiment aber gedeihen die Früchte nicht, welche dem regen Wetteifer freier Menschen entspringen. Trotz der zahllosen, in's Einzelnste gehenden Verordnungen, welche der König erließ, um den Anbau wüster Stellen, die Anpflanzungen von Obstbäumen [2]), die Cultur der Farbekräuter, neuer Futtergattungen, selbst der Kartoffeln durch Strafe zu erzwingen und die Unterthanen zur besseren Viehzucht anzuhalten, ihnen durch

---

[1]) Allgemeines Landrecht II. 7. §. 227. Wenn hier von dem Gesinde der Unterthanen die Rede ist, so bestand dies Gesinde, wie der Zusammenhang zeigt, eben aus den Kindern der unterthänigen Landleute.

[2]) Schon am 14. September 1740 erging die erste dieser Verordnungen. Mylius, continuatio I. 399. Das Nähere u. A. bei Preuß, Friedrich der Große I. 293—295.

Spinnen von Hanf und Flachs Nebenverdienste zu eröffnen, hat es ihm doch nicht gelingen wollen, sein Land so weit zu bringen, daß der nöthige Kornvorrath innerhalb desselben erzeugt wurde. Noch 1786 konnte man der Zufuhr aus Polen nicht entbehren.

Auch mit der Veredelung der Schäfereien¹), für welche theure spanische Schafe verschrieben wurden, ging es nicht vorwärts, obgleich in Sachsen unter günstigeren Verhältnissen gleichzeitig die besten Erfolge erzielt wurden. So lange das Uebel nicht an der Wurzel gefaßt werden konnte, mußten alle Befehle zur milderen Behandlung des Landvolkes fruchtlos bleiben, wie sehr dieselben auch dem Könige aus dem Herzen kamen, und wie oft und bringend er sie den Domainenpächtern und den Richtern einschärfte²). Die Ansiedelung von fremden Einwanderern aus aller Herren Länder hatte theils aus denselben Gründen, theils auch darum wenig Erfolg, weil dieselben größtentheils aus arbeitsscheuem Volke bestanden, die, nachdem sie die ihnen bei der Ankunft gemachten Zuwendungen schnell vergeudet hatten, um dem Lande mehr zur Last fielen, als nützten.

---

¹) Thaer, Möglin'sche Annalen I. 1. p. 10. Man verstand sich noch nicht auf die Pflege und die Sorge für Fortpflanzung der Thiere.

²) Instruction von 1748 bei Preuß, Friedrich der Große. IV. 469.

Besser wäre es gewesen, wenn man die wüsten Stellen an die jungen Söhne der Bauern ausgethan hätte, aber dem stand wieder die Cantonverfassung und die Rücksicht auf das Rekrutenbedürfniß im Wege.

Glücklicher und erfolgreicher waren Friedrich's Bemühungen, wo er nach seines Vaters Beispiel die Urbarmachung von weiten Sumpfgegenden unternahm, wie denn die Entwässerung des Oberbruches eine der fruchtbarsten, dichtbevölkertsten Gegenden der Mark geschaffen hat. Hier auf den nach seiner Angabe gezogenen Dämmen stehend, konnte er, die blühenden Gefilde überblickend, mit gerechtem Stolze ausrufen: „Ich habe eine Provinz gewonnen¹)!" Durch die neuen Dörfer, welche hier angelegt wurden, vermehrte sich die Zahl der Einwohner, und die Bevölkerungslisten wiesen zu des Königs Genugthuung jährlich wachsende Zahlen nach. In den Provinzen, welche wie Pommern und die Kurmark noch immer nicht die Verwüstungen des 30jährigen Krieges vollständig überwunden hatten, wurden ebenfalls beständig neue Dörfer errichtet, und große pommer'sche Waldstrecken²) nicht minder als

---

¹) Thaer, ebendaselbst.

²) Die Ausrodung der Wälder begünstigte der König leider in einem der richtigen Volkswirthschaft widersprechenden Maße. In dem höchst merkwürdigen Schreiben vom 14. Sept. 1749 an den Kammerdirector Bloesi in Gumbinnen, welches die Kölner Zeitung im Januar 1863 veröffentlicht hat (vergl. Breslauer Zeitung

sandige Flächen der Mark nach und nach in Ackerland umgewandelt. — Von 1748—1755 hob sich die Bevölkerung von Pommern um 50,000 Seelen, fast den vierten Theil aller Einwohner¹). Aber nicht nur neue Steuerzahler und einen neuen Stamm für künftige Soldaten wollte Friedrich in der Person der Ansiedler in's Land ziehen, sondern er glaubte den Nationalreichthum ganz besonders zu befördern, wenn er sich bestrebte, die Leute, deren Arbeiten man von dem Auslande bezog, zu seinen Unterthanen zu machen. War z. B. das gesponnene Garn aus Holland, aus Sachsen und Polen gekommen, so wollte er die Spinner selbst zur Uebersiedelung in's Preußische anlocken. Sogar die fremden Maurergesellen, welche bei den königlichen und Privatbauten in Berlin beschäftigt wurden, suchte er daselbst festzuhalten und schuf damit unwillkürlich einen nicht wünschenswerthen Beitrag zu dem dortigen Proletariat.

Seine allgemeinen Gesichtspunkte über Beförderung der Industrie hatte der König bereits bei Errichtung des 5. Departements des Generaldirectoriums am 27. Juni 1740²) dahin aufgestellt: 1) die jetzigen

---

vom 1. Februar 1863) sind die Schemata zu den genauen Conduitenlisten enthalten, die er verlangte. Hier wird als lobenswerthe Thätigkeit ganz besonders auch die Umwandlung von Waldstrecken in Ackerland hervorgehoben.

¹) Ranke 407.
²) König's Berlin 5. 232.

Manufacturen im Lande zu verbeffern, 2) die noch fehlenden einzuführen, 3) so viel Fremde jeden Standes und jeder Gattung in das Land zu ziehen, wie nur möglich. Die Mittel, die er dazu anwandte, waren Ertheilung von Privilegien, Schutzzölle und Ausfuhrverbote, durchaus nach den Anschauungen Friedrich Wilhelm's I. Wenn man, von dem heutigen Stande der Gewerbsthätigkeit ausgehend und gestützt auf die glänzenden Ergebnisse, welche die Gestattung größtmöglicher Handelsfreiheit gewährt hat, jene vor hundert Jahren getroffenen Maßregeln beurtheilt, so thut man der damaligen Zeit und dem Könige von Preußen insbesondere großes Unrecht. In einem Lande, wo die Industrie sich erst zu regen begann, gedieh die aufkeimende junge Pflanze unter der schirmenden Glasglocke solcher Maßregeln und erlangte die Kraft, später im Freien selbstständig Wurzeln zu schlagen und zum kräftigen Baume heranzuwachsen. Schlimm war es nur, daß Friedrich durch seine ganze 46jährige Regierung nicht den Moment erkannte, wo es Zeit war, die Thür des Treibhauses zu öffnen und die Decke abzunehmen. Auch die große geistige Ueberlegenheit, deren er sich bewußt war, und die ihm die Pflicht aufzuerlegen schien, jede Thätigkeit der Unterthanen nach seinem Kopfe und seinem Willen zu regeln, war an vielen Mißerfolgen Schuld. Denn wenn er auch Vieles wußte und auf Vielerlei sich verstand, so konnte er doch nicht Alles wissen, und mehr als Ein windiger Projectenmacher lockte dem sonst so sparsamen Monarchen große Summen für unfruchtbare Unternehmungen ab. Uhrenfabriken nach Genfer Art, Porzellanfabriken u. s. w. wurden errichtet und oft mit unermüdlicher Geduld vom Könige unterstützt, bis das vollkommene Mißlingen nicht mehr abzuwenden war. Der ebenso betriebsame als ehrenhafte patriotische Kaufmann Gotzkowsky, welcher dem Könige zu Gefallen aus eigenen Mitteln großartige Sammetfabriken errichtete, verlor dabei sein ganzes Vermögen[1]; und doch lag gerade die Hebung der Seidenindustrie dem Könige ganz besonders am Herzen. Bis an seinen Tod hat er durch Belohnungen und Strafen die Anpflanzung und Erhaltung der Maulbeerbäume gefördert, Seidenwürmer verschrieben und über deren Behandlung Anweisungen ertheilt, ohne sich durch die geringen dabei erzielten Resultate abschrecken zu lassen. Wo er für seine Staatseinnahmen eine Quelle sich zu eröffnen hoffte, war er unermüdlich in seinen Anstrengungen, und wer auf diese Eigenthümlichkeit zu spekuliren verstand, konnte den in praktischen Dingen sonst scharfsichtigen Monarchen zur

---

[1] Namentlich in Folge der Münzverschlechterung im 7jährigen Kriege. Vergl. die lesenswerthe, leider unter dem Drucke damaliger Censurverhältnisse sehr vorsichtig gehaltene Selbstbiographie G.'s unter dem Titel: Geschichte eines patriotischen Kaufmanns. 1768. Ohne Druckort.

Begünstigung der allerphantastischsten Dinge bringen. Das beweist das Project des Chirurgus Schmucker[1]), der ein Pulver erfunden hatte, welches alle Nahrungsmittel ersetzte und einen Menschen befähigte, mehrere Tage lang bei Kräften zu bleiben, ohne Etwas zu essen. Für die Verpflegung einer Armee schien diese Erfindung allerdings sehr bequem, weshalb man mit einem Officier und zwei Grenadieren Proben anstellte, deren Erfolg natürlich nicht amtlich veröffentlicht wurde.

Neben diesem kleineren verunglückten Versuche ist leider auch der größere zu nennen, in Emden, welches zum Freihafen erklärt wurde, eine asiatische und bengalische Handelscompagnie zu errichten, um den Seehandel zu befördern und namentlich die Frachten für Thee, Gewürze u. dgl. dem Lande zu erhalten. Ein gewisser Stuard erhielt auf zehn Jahre das Privilegium. Das Publikum betheiligte sich in Erwartung großen Gewinnes bei den Actien, — allein die Sache endete mit vollständigem Bankerott. Von den eingezahlten Kapitalien wurde bei Auflösung der Gesellschaft kaum der sechste Theil (18⅔) zurückgezahlt. Am besten von allen durch den König begünstigten Fabriken gediehen die Zuckerraffinerien, für welche das Haus Splittgerber ein ausschließliches Privilegium erhielt, in Folge dessen diese Handlungsfirma zu den wenigen gehört, die außer

---

[1]) König's Berlin z. Jahre 1756.

den Kriegslieferanten sich unter Friedrich's Regierung zu solidem Reichthum erhoben, — allerdings auf Kosten des Publikums, welches den privilegirten Splittgerber=schen Zucker um 10⅔ theurer bezahlen mußte, als er aus Hamburg zu beziehen war. Auch die in Berlin errichtete Gold= und Silbermanufactur für Treffen und Borte, so wie die Sammetmanufactur in Potsdam kam in Flor, weil der König dafür sorgte, daß der Hof und die Armee ihre Bedürfnisse ausschließlich daher entnehmen mußte. So lebhaft war sein Interesse für das Fabrikwesen, daß er mitten unter den dringendsten militärischen Beschäftigungen, ja im Kriege selbst, überall, wo er hinkam, das Manufacturwesen im Auge behielt und unterweges in jeder Stadt sich notirte, welche Fabriken dort angelegt werden könnten.

Für Gegenstände, die ein für alle Mal im Lande nicht erzeugt werden konnten, z. B. Kaffee, sollte so wenig wie möglich Geld ausgeführt werden. Die stets weitere Verbreitung dieses Getränkes bis in die untersten Volksklassen machte ihm wahren Herzenskummer, und er ließ überall amtlich von dem Genusse eines fremden Trankes abmahnen, welcher der Gesundheit nachtheilig wäre. Man sollte sich doch an das einheimische Bier halten, wie ja Seine Majestät selbst in der Jugend mit Biersuppe aufgezogen worden. Diese Ermahnungen fruchteten aber um so weniger, als der König nicht mit gutem Beispiele voranging, sondern den stärksten Kaffee täglich in so großer Menge trank, daß Valori sich einst die Freiheit nahm, ihn deshalb zu warnen.

Die unzähligen Aus- und Einfuhrverbote, welche aus Friedrich's Finanzsystem nothwendig folgten, machten in einem Staate, der bis zur Erwerbung von Westpreußen aus lauter zerrissenen und unbequem gelegenen Stücken zusammengesetzt war, ein ganzes Heer von Grenzbeamten nothwendig, die aber dem größten, von Jahr zu Jahr wachsenden Schmuggelhandel doch nicht steuern konnten. Das wirkte nicht nur entsittlichend auf die Bevölkerung, sondern gab zu beständigen, oft blutigen Kämpfen mit dem Steuerpersonal Anlaß.

Neben den verschiedenen hier berührten Mißständen lag aber der Grund, weshalb die eifrigen industriellen Bemühungen des Königs nicht besseren Erfolg hatten, noch tiefer, und zwar in einer Eigenthümlichkeit des Monarchen, welche der englische Gesandte Lord Malmesbury[1]) später zwar etwas schroff, aber im Ganzen richtig ungefähr folgendermaßen charakterisirt: „Friedrich II. besitzt den Ehrgeiz, sein Land zu einer Handelsmacht zu erheben, und hat auch in einzelnen Momenten die Einsicht, daß das nur geschehen kann, wenn er den Verkehr von den Fesseln befreit, die er ihm angelegt hat. Allein er kann es nicht über sich gewin-

---

[1]) Malmesbury, Diaries and Corresp. Bd. I. Oct. 1774.

nen, die kleinen Vortheile fahren zu lassen, welche diese Beschränkungen ihm einbringen. Ein noch so kleiner unmittelbarer Gewinn wird bei ihm jedes Mal den Ausschlag geben."

Ein anderer Uebelstand war das immer weitere Umsichgreifen des Tabellenwesens. Da nämlich der König schlechterdings Alles allein anordnen und einsehen wollte, was in einem größeren Staate doch nicht ausführbar war, so mußte, um die zahllosen Einzelnheiten einigermaßen übersichtlich zu machen, zu Tabellen gegriffen werden. Dieselben mit der Gründlichkeit und in solcher Weise anzulegen, daß daraus ein wahres Bild des Staatsverkehrs zu entnehmen gewesen, dazu war theils vor 120 Jahren die Wissenschaft der Statistik noch zu sehr in der Kindheit, theils aber wagte man nicht, dem Könige Resultate vorzulegen, die seiner ausgesprochenen Ansicht und seinem Willen geradezu entgegen gewesen wären. Daß man, ohne eine eigentliche Fälschung zu begehen, Tabellen sehr wohl nach dem Wunsche desjenigen aufstellen kann, für den sie verfertigt werden, scheint Friedrich II. nie geahnt zu haben, und er zweifelte an der ihm alljährlich immer günstiger vorgelegten Bilanz so wenig, daß er im Jahre 1752 sich überzeugt hielt, es seien für 5 Millionen Waaren mehr aus- als eingeführt worden [1]), was ihn natürlich

---

[1]) Ranke 414.

(1746—1756.) Handwerker.

in seinen Ansichten und Anordnungen nur bestärkte und später zu Consequenzen führte, die geradezu verderblich waren. Durfte doch der Minister Herzberg, der wahrscheinlich selbst von der Unmöglichkeit der vorgelegten Resultate keine Ahnung hatte, dem Könige solche Tabellen unterbreiten, aus denen sich ergab, daß die Fabriken im Lande fünf Mal so viel eintrügen, als Ackerbau, Viehzucht und Bergwerke zusammengenommen[1]).

Wie Handel und Fabriken durch die fortwährende strenge Beaufsichtigung und Einmischung der Regierung zu leiden hatten, so mußte auch der eigentliche Handwerkerstand in den engen Grenzen des alten Zunftwesens verharren. Nach wie vor blieben städtische und ländliche Gewerbe geschieden. Ohne königliche besondere Erlaubniß durfte kein größeres Geschäft etablirt werden, — von freier Concurrenz war keine Rede. Dennoch wurde im Kleinen besser und solider gearbeitet als heut zu Tage, wie die aus jener Zeit erhaltenen Möbel und Geräthe beweisen. Licht- und Schattenseiten standen hier, wie überall, neben einander. Die Städte bildeten in des Königs Augen eigentlich nur größere Handwerksgenossenschaften. Die Söhne der

---

[1]) Was Onno Klopp, 2. Ausgabe p. 190 hierüber vorbringt, ist, wie alles Andere in seinem Buche, zwar in gehässigster Weise entstellt und übertrieben; doch findet sich gerade in dem, was er über Handel und Gewerbe sagt, viel Beachtungswerthes.

Bürger sollten bei des Vaters Gewerbe bleiben, eben so gut wie die Söhne der Bauern beim Pfluge. Bei dieser Ansicht blieb Friedrich bis an sein Ende stehen. Noch 1784 spricht er das aus[1]): „Die Söhne der Bauern, der Bürger in kleinen Städten, z. B. Ragnit und dergleichen, was haben die nöthig zu studiren? Erstere werden wieder Bauern, Letztere was ihre Väter waren." — — Die städtischen Angelegenheiten standen unter strengster Aufsicht der Kriegs- und Steuerräthe. Die Kämmereien erwarben gleichsam für den Staat, alle Ueberschüsse mußten an die königlichen Kassen abgeliefert werden[2]).

---

[1]) Preuß, Friedrich der Große I. 202. Wie der König seine Beamten als „Baumschule" zur Erziehung künftiger guter Beamten zu benützen und vorzugsweise Beamtensöhne anzustellen wünsche, spricht er am 26. Decbr. 1746 gegen das Generaldirectorium aus. Preuß, Urkundenbuch I. 47.

[2]) Ueber den Unterschied zwischen Medial- und Immedialstädten bei Preuß ebendaselbst p. 203, wo auch die Literatur zu finden ist. Wie die aufsichtsführenden Steuerräthe sich oft benahmen, sieht man aus der Schilderung, welche der König selbst von einem Beamten dieser Art in dem oben angeführten Schreiben an den Kammerdirector Bloeß indirect entwirft. Er ist impertinent gegen den Bürger. Er spielet den Minister. Er tractiret alle Sachen en bagatelle, erniedrigt sich kaum, mit dem Bürgermeister, dem Rathsmann oder Bürger, mit welchen er doch zu sprechen hat, umzugehen. Wenn er von einer Stadt zur andern reist, hat er einen Train bei sich, daß man ihn vor einen Feld-

Die scharfe Sonderung aller Einwohner nach Standes- und Berufsklassen, wie sie von Alters her überliefert war, entsprach ganz und gar dem Sinne des Königs. Ueber die Stellung des Adels in der Armee haben wir bereits gesprochen. Für die Reinerhaltung desselben im bürgerlichen Leben trug er eben so große Sorge. Jeder Gewerbebetrieb war ihm streng untersagt. Die Landgüter wurden in bürgerliche und adlige genau unterschieden, kein Abliger sollte ein Bürger- und Bauergut, eben so wenig wie der Bürger ein abliges Gut erwerben. Nur in den allerseltensten Fällen wurden Ausnahmen gestattet. Auch die Reste der alten Kleiderordnungen, welche das Mittelalter überdauert hatten, hielt Friedrich aufrecht. Der Federhut und der Degen waren ablige Vorrechte. Bei den Redouten im Schlosse, zu denen auch angesehene Bürger zugelassen wurden, war der rosenfarbige Domino allein dem Abel gestattet; eine durch den Saal gezogene Schranke schützte die vornehme Gesellschaft vor der zu nahen Berührung mit den anwesenden gemeinen, steuerzahlenden Menschen. Die Ehe zwischen Abligen und Bürgerlichen widersprach der Volksansicht eben so sehr wie der des Königs. Noch schroffer wo möglich schieden sich die

---

marschall ansehen sollte. In den Städten sieht er nur darauf, daß er ein gutes Quartier hat und von den Magistrāten gut tractiret wird, alsdann ist Alles gut in der Stadt u. s. w.

Bürger in den Städten von den Bauern. Verschiedenheit der Lebensart und Bildung bewirkt ja noch heute, daß nur in den allerseltensten Fällen der Bürger einer großen Stadt eine Bauerntochter heirathen wird und umgekehrt. Vor hundert Jahren waren natürlich diese Gegensätze noch schroffere. Das Durchbrechen der Standesschranken erschien als ein Frevel gegen göttliche und Naturgesetze. Wie im Kastenwesen der Indier standen die Menschen in unburchbringliche Kreise gebannt. Es war ein beliebter Gegenstand für die Unterhaltungsschriften, den tragischen Untergang ganzer Familien in Folge ungleicher Heirathen zu schildern[1]). Friedrich II. war in diesen Ideen kaum mehr oder weniger befangen als die ganze Nation.

---

[1]) Sehr interessant für die Kenntniß der damaligen und etwas späteren Culturzustände sind die sieben dicken Bände von Sophiens Reise von Memel nach Sachsen.

Zehntes Kapitel.

Fortsetzung. Die Justiz-Reform.

Das Bedürfniß einer gründlichen Rechts- und Prozeßverbesserung war dem Könige seit dem ersten Tage seiner Thronbesteigung klar geworden; allein der baldige Ausbruch des ersten Krieges und die Kürze der Zeit zwischen dem Breslauer Frieden und dem zweiten Feldzuge hinderten die Ausführung. Jetzt aber schien die Zeit zu ernstlichem Eingreifen gekommen. Wie groß die Uebelstände waren, geht daraus hervor, daß Friedrich, welcher überall seines Vaters Maßregeln und Regierungsweise in Schutz zu nehmen liebte, sich über die Rechtsverwaltung desselben in den härtesten Ausdrücken ergeht: „Die Rechtspflege,“ sagt er [1]), „war unter der vorigen Regierung so schlecht, daß es gründlicher Abhilfe bedurfte. Das Volk hatte sich gewöhnt, die Gesetze zu umgehen, schamlos trieben die Advokaten ihren Handel mit Treu und Glauben. Allezeit gewann der Reiche seinen Prozeß gegen den Armen. Das Justizpersonal und die ganze Gesetzgebung mußte umgestaltet und von lästigen unnützen Förmlichkeiten befreit werden.“

Friedrich Wilhelm I. war für die eingerissenen Mißbräuche nicht blind gewesen und hatte mit gesundem

---

[1]) Oeuvres IV. 1.

Takte erkannt, daß ein allgemein verständliches deutsches Gesetzbuch dringendes Bedürfniß wäre. Allein seine Persönlichkeit war nicht dazu angethan, ein solches Werk zu fördern. Ihm fehlte die Geduld und die wissenschaftliche Bildung. Auch hinderte sein Geiz ihn, die Mittel dazu herzugeben. Vor Allem aber wollte er nicht den willkürlichen Eingriffen in die Entscheidungen der Gerichte entsagen, durch welche er gar oft seine despotischen Launen an die Stelle des Gesetzes treten ließ.

Friedrich's des Großen unsterbliches Verdienst ist es, den Gedanken der Gerechtigkeit in voller Reinheit erfaßt zu haben. Er wollte, daß die hohe geistige Macht des Gesetzes, nicht die Willkür eines Menschen, auch nicht seine eigene, überall zu Gericht sitze, und wo er hier und da durch einen Machtspruch eingriff, war er überzeugt, dies nur in der Absicht zu thun, um dem Gesetze seine vollste Herrschaft gegenüber der Böswilligkeit oder der Beschränktheit seiner Richter zu sichern. Der Mann, der ihm zur Durchführung seiner erhabenen Pläne helfen konnte, war in Cocceji's Person bereits gefunden. Jetzt konnte derselbe seine Thätigkeit an der Seite eines Monarchen entfalten, welcher freudig auf die Idee seines Ministers einging, die mit der seinigen vollkommen übereinstimmte. Dem Könige gebührt das Verdienst, den Punkt erkannt zu haben, wo man das Uebel alsbald bei der Wurzel fassen konnte.

Hätte man nämlich auf die Vollendung eines neuen
Civilgesetzbuches warten wollen, so wären, wie der Erfolg
gezeigt hat, noch lange Jahre verflossen, bis man damit
endlich zu Stande gekommen. Auf dem Gebiete der
Prozeßordnung ließen sich aber sofort die wichtigsten
Verbesserungen durchsetzen. Dabei war es überaus
heilsam, daß man durch das freundschaftliche Verhält=
niß zu Kaiser Carl VII. in Preußen die vollste Be=
freiung von den Reichsgerichten erlangt hatte. Das
unbedingte privilegium de non appellando war so=
dann auch von Franz I. am 31. Mai 1746 bestätigt
worden. Zur Ergänzung diente die von Cocceji be=
antragte Beseitigung der Aktenversendung an die Uni=
versitäten, weil die Erkenntnisse, welche man von den
Juristenfacultäten erhielt, größtentheils nur einen Wust
gelehrten Krams, aber keine praktisch brauchbaren Ent=
scheidungen lieferten und außerdem zu endlosen Ver=
schleppungen führten.

Um sich zuerst durch einen Versuch von der Ausführ=
barkeit seiner Ideen zu überzeugen, wählte der König
die Provinz Pommern, wo die verwickelten Rechts=
streitigkeiten in einer sprichwörtlich gewordenen Aus=
dehnung an der Tagesordnung waren. In ausführ=
lichen mündlichen Unterhaltungen mit Cocceji einigte
man sich über das zunächst Erforderliche, und der König
erließ alsdann am 31. December 1746 die berühmte

Conſtitution[1]): „Wie die Prozeſſe in Pommern nach einem von Sr. Majeſtät dem König vorgeſchriebenen Plane in einem Jahre in allen Inſtanzen zu Ende gebracht werden ſollen." Man wollte das dadurch ermöglichen, daß man vor allen Dingen zuerſt eine gütliche Vereinigung der Parteien verſuchte, und wenn dieſe fehl ſchlug, im Prozeſſe ſelbſt an die Stelle des weitläufigen ſchriftlichen Verfahrens die mündliche Verhandlung vor dem erkennenden Richter treten ließ. Bei unweſentlichen Kleinigkeiten ſollte man ſich nicht aufhalten und Weiterungen, welche durch Ausbleiben der Parteien, durch muthwilliges Leugnen der Wahrheit und Vorbringen falſcher Thatſachen entſtehen, ſtrenge beſtrafen.

Bevor in Pommern zur Ausführung dieſer durch und durch zweckmäßigen Verordnung geſchritten werden konnte, mußten die dortigen Obergerichte in Stettin und Cöslin gründlich reformirt werden. Dies geſchah unter freudiger Mitwirkung der Stände, und es erfolgte, ſo weit es bei damaligen Verhältniſſen überhaupt möglich war, eine Trennung der richterlichen und der Verwaltungsbehörden. Die eigentliche Rechtſprechung wurde den Kriegs- und Domainenkammern abgenommen und den Gerichten übertragen, die man mit neuen

---

[1]) Vergleiche, auch wegen der Literatur, Abegg, Verſuch einer Geſchichte der Preußiſchen Civilprozeßgeſetzgebung. 1848.

juristisch gebildeten Richtern, so gut dieselben zu erlangen waren, besetzte und diese dann auskömmlich besoldete. Die alten Advokaten, deren Interesse es gewesen, die Sachen möglichst in die Länge zu ziehen, wurden beseitigt, und nunmehr ging man mit solchem Eifer an die Arbeit, daß Cocceji bereits im Mai 1747 berichten konnte, wie ein Grenzprozeß, welcher 200 Jahre gedauert hatte, und über den 70 dicke Aktenbände zusammengeschrieben waren, durch die verständigen Bemühungen der Räthe Jariges und v. Fürst zur Zufriedenheit der Betheiligten zum Abschluß gekommen¹). Binnen acht Monaten waren 2400 alte Prozesse beendigt und die meisten der neu angefangenen ebenfalls durch alle Instanzen bis zum Erkenntniß geführt. Daß dabei manches über's Knie gebrochen wurde, versteht sich von selbst, allein die endlich gewonnene Rechtssicherheit überwog doch im Ganzen bei weitem das Unheil, welches durch die lange Verschleppung und die unerschwinglichen Kosten entstanden war, die den Parteien zur Last fielen. Der König war glücklich über solchen Erfolg. Cocceji erhielt den schwarzen Adlerorden und wurde zum Großkanzler ernannt. Später erhob der König ihn in den Freiherrnstand und schenkte ihm verschiedene Güter im Crossener Kreise. In der Geschichte des siebenjährigen Krieges widmete Friedrich der Große diesem trefflichen

---

¹) Ranke 394.

Minister folgenden Nachruf[1]): „Er war ein Mann von unbestechlich grabem Charakter, dessen Tugend und Redlichkeit der besten Zeiten der römischen Republik würdig gewesen. Gelehrt und vorurtheilsfrei, schien er dazu bestimmt, als Gesetzgeber für das Glück seiner Mitmenschen zu wirken."

Nachdem die Instruction sich für Pommern bewährt hatte, erhielt dieselbe als Project des Codicis Friedericiani Pomerani Gesetzeskraft und wurde demnächst auch, mit den durch die Ortsverhältnisse bedingten Abänderungen, in den übrigen Provinzen eingeführt. In Berlin wollte sich der alte Justizminister Arnim mit der Neuerung nicht einverstanden erklären, weil er, wohl nicht mit Unrecht, behauptete, daß die Gründlichkeit der Rechtsprechung unter der Uebereilung des Geschäftsganges leide. Der König ließ sich aber nicht irre machen, und nachdem Arnim seinen Abschied erbeten und erhalten, wurden die verschiedenen bisher in Berlin bestehenden obersten Justizbehörden alle mit dem Kammergerichte vereinigt, welches auch die von einer besonderen Commission ausgeübte Gerichtsbarkeit über die Juden erhielt und bekanntlich bis in die neuesten Zeiten behalten hat. Durch Eintheilung des Kammergerichts in vier Senate wurde es sehr zweckmäßig so eingerichtet, daß die Appellation von einem Senat an den andern

---

[1]) Oeuvres IV. 2. Preuß. Friedrich der Große Thl. I. p. 317.

ging, was den Geschäftsgang wesentlich vereinfachte¹). Um das sehr vernachlässigte Vormundschaftswesen besser zu ordnen, errichtete Friedrich ein aus Mitgliedern der verschiedenen Senate gebildetes Pupillencollegium, welches in den Sachen seines Ressorts selbstständig arbeitete, zugleich aber dem Kammergerichte gegenüber die Stellung eines besonderen Senates erhielt. Jene pommersche Gerichtsordnung erhielt für das Kammergericht den Titel: Project des Codicis Fridericiani Marchici, und 1748 war dasselbe bereits im ganzen Lande²) eingeführt, um so lange zu gelten, bis die allgemeine preußische „General-Proceß-Ordnung" beendigt sein würde.

Neben dieser Processgesetzgebung verlor der König die Abfassung eines neuen großen Landesrechts keinen Augenblick aus dem Gesichte. Die hierauf bezüglichen Mittheilungen werden im Zusammenhange passend an späterer Stelle beigebracht werden, da die große Arbeit dieser Gesetzgebung bekanntlich erst nach Friedrich's des Großen Tode ihren Abschluß fand.

Fast segensreicher noch als die neuen Gesetze selbst war für das Land der Umstand, daß der König und seine Minister eines tüchtigen, selbstständigen Richterstandes bedurften, um ihre Absichten zur That werden

---

¹) Königl. Patent v. 18. März 1748.
²) Mit Ausnahme des Herzogthums Geldern. Abegg p. 66. Mylius Contin. IV. Nr. 12.

zu lassen. Denn an Redensarten über unparteiische Rechtspflege hatte es weder in Preußen noch in andern Ländern je gefehlt, und die Regenten hörten es wohlgefällig an, wenn ihnen gesagt wurde, daß sie an Gottes Statt über ihre Unterthanen zu Gerichte sitzen und Armen und Reichen gleichen Schutz gewähren sollen. Aber vollen Ernst gemacht hat Friedrich II. zuerst mit diesen schönen Worten, und was er dem neugestalteten Kammergerichte sagte[1]), war seine tiefinnerste Herzensmeinung: „Unserem Kammergericht ertheilen wir vollkommene Macht und Autorität, in Unserem Namen alle Justizsachen zu entscheiden. Sie müssen aber Großen und Kleinen, Reichen und Armen gleiche und unparteiische Justiz administriren, so wie sie gedenken solches vor Gottes Richterstuhl zu verantworten, damit die Seufzer der Wittwen und Waisen nicht auf ihr und ihrer Kinder Haupt kommen. Sie sollen auch auf keine Rescripte, wenn sie schon aus Unseren Cabinetten herrühren, die geringste Reflexion machen, wenn darin der strenge Lauf Rechtens gehindert oder unterbrochen wird. Jeden königlichen Befehl, durch welchen der Gang der Rechtspflege geändert wird, sollen sie für erschlichen, nichtig und dergestalt ohne Wirkung betrach-

---

[1]) Codex Fridericianus l. c. 14. — Geschichte des Kammergerichts in Hommel's Beiträgen, 1—4. Sammlung. Preuß, Friedrich der Große, I. 318.

ten, daß dadurch weder Besitz erworben, noch eine Verjährung angefangen werden kann." Zum Heile unsers Vaterlandes nahmen die Richter es mit diesen Königlichen Worten gerade so ernst, wie sie gemeint waren. Ein Geschlecht von ehrenwerthen, fleißigen und überzeugungstreuen Juristen bildete sich heran und ist bis in die neuesten Zeiten Preußens Stolz geblieben, wie wir auch in alle Zukunft hoffentlich stets Ursache haben werden, auf unseren Richterstand stolz zu sein.

Die fortwährend günstigen Berichte über den Erfolg der neuen Prozeßordnung nahm der König mit stets reger Theilnahme entgegen und wurde nicht müde, neue Verbesserungen anzuordnen und sich von Behörden und Gelehrten für seine gesetzgeberische Thätigkeit Raths zu erholen. Er selbst betrachtete mit Ehrfurcht die lebendige rechtsprechende Gewalt, die er seiner unumschränkten königlichen Regierungsgewalt fast ebenbürtig an die Seite gesetzt hatte, und unterwarf seine eigenen Angelegenheiten und die seiner fiscalischen Behörden dem Ausspruch der Gerichte mit derselben Ehrfurcht, die er dem gesammten Volke einflößen wollte und bald auch wirklich einflößte. Symbolisch für das erhabene Rechtsverhältniß, in welches Friedrich II. auf diese Weise zu seinen Unterthanen trat, bleibt die Erzählung von dem Müller, dem der König seine Mühle wider dessen Willen ablaufen wollte, und der zuletzt auf die Drohworte des Monarchen zuversichtlich erwiederte: da müßte in Berlin kein Kammergericht sein, wenn man mir mein Eigenthum abnehmen könnte! Sollte diese ganze Geschichte, wie einige neuere Forscher behaupten, wirklich nicht wahr sein, so wäre sie nur um so wahrer! — Wenn auf solche Weise in Preußen sich auf dem Gebiete des bürgerlichen Rechtes die Idee eines Rechtsstaates zu verwirklichen schien, so stand es doch in strafrechtlicher Beziehung nicht so gut damit. Friedrich II. schrieb sich, ebenso wie seine Vorgänger und alle andern europäischen Fürsten, eine gewisse väterliche Disciplinargewalt über seine Unterthanen zu und war weit davon entfernt, es für eine Rechtsverletzung zu halten, wenn er dieselbe ausübte. Die Sicherheit der Person war keineswegs so geschützt, wie die des Eigenthums, und ist es ja bekanntlich bis auf den heutigen Tag noch nicht. Wer sich dem Könige selbst oder sonst einer einflußreichen Person mißliebig machte, konnte ohne richterliches Verfahren nach Spandau geschickt werden. Den Officieren gegenüber verstand sich eine solche Strafgewalt des obersten Kriegsherrn von selbst. Auch des Königs Pagen und Diener wanderten ohne Weiteres auf die Festung, wenn sie ein Versehen begingen. Aber eben so wenig waren Privatpersonen vor solchen Maßregeln sicher. Ein Mädchen, welches dem Präsidenten Maupertuis durch seine Ansprüche unbequem wurde, schickte der König ohne Untersuchung nach Spandau, von wo sie bald mit der sicherlich ernst gemeinten Drohung ent=

laſſen wurde, daß man ſie das nächſte Mal zeitlebens in ein Zuchthaus ſperren werde [1]).

Als im Juni 1741 der Vertrag mit Frankreich zum Abſchluß kam, befahl Friedrich dem Miniſter Podewils „bei Todesſtrafe" die Geheimhaltung deſſelben, wobei er ſicherlich nicht an einen Paragraphen des Strafrechts dachte. Mehr als ein Mal wurden den Gerichten die Straferkenntniſſe entweder verſchärft oder gemildert zurückgeſchickt, und zwar in letzterem Falle keineswegs als Ausfluß der königlichen Gnade, ſondern mit einer Art von Belehrung, welche allerdings faſt immer aus wahrem Rechtsgefühl entſprang, aber dennoch nicht unbedingt gebilligt werden kann, weil der König, ſtatt das fehlerhafte Geſetz zu verbeſſern, eine aus demſelben richtig abgeleitete Folgerung änderte [2]). Deßhalb erregte auch des Königs Verfahren in Rechtsſachen ſo

---

[1]) Oeuvres XVII. 340.

[2]) (Ein Menſch war wegen verſuchten Straßenraubes zu zwei Jahren Zuchthaus verurtheilt. Der König verſchärfte das (8. April 1750) auf 10 Jahre, weil der Menſch, wenn er nicht zufällig verhindert worden, den Raub ſicher ausgeführt hätte. Bei dieſer Gelegenheit werden zugleich dem Miniſter Bismark überaus verſtändige Anweiſungen gegeben, wie die verſchiedenen Fälle von Raub und Diebſtahl behandelt werden ſollen. — Ein anderes Mal ſchickte er ein Erkenntniß, wonach ein Wilddieb zu ſechs Jahren verurtheilt war, zurück, weil er es zu hart fand, und befahl milder zu erkennen. Preuß l. c. 320.

wenig im Inlande als bei den Fremden den geringsten Anstoß, vielmehr verbreitete die hohe Verehrung, welche er den Seinigen durch das redliche Streben nach Gerechtigkeit einflößte, den Ruf seiner gesetzgeberischen Weisheit bis in die fernsten Länder und weckte überall das Streben, ihm nachzueifern. Die neue Proceßordnung wurde in's Französische übersetzt, und in Oesterreich, Holland, England, Sicilien, Spanien und der Schweiz bewunderte man den Geist, aus dem dieselbe hervorgegangen, und beneidete Friedrich's Staaten um die Erfolge auf dem Gebiete der Rechtsprechung [1]).

Einer eigenthümlichen Schwierigkeit ist hier noch zu gedenken, welche Friedrich II. sich bei seiner Justizreform dadurch schuf, daß er sich über die herrschenden Standesvorurtheile nicht zu erheben vermochte. Nicht nur die Präsidentenstellen der höheren Gerichte wollte er ausschließlich mit Adligen besetzt wissen, sondern auch von der alten deutschen Rechtsgewohnheit nicht abgehen, nach welcher die Richter zur Hälfte auf der abligen, zur Hälfte auf der Gelehrtenbank saßen. Sogar die jetzt neu eingeführten Auscultatoren und Referendarien sollten mindestens zur Hälfte von Adel sein. Cocceji gab sich alle Mühe, diesem Wunsche des Königs zu entsprechen, allein es zeigte sich, daß die alte Unterscheidung zwischen Adel und Gelehrsamkeit noch in solcher Schärfe

---

[1]) Preuß ibid. p. 317.

fortbestand, daß es fast unmöglich war, einige zu Präsidenten geeignete Persönlichkeiten von reinem Blute aufzutreiben. „Die vom Abel," so berichtet Cocceji am 6. August 1748 [1]), „haben sich seit 30 Jahren nicht „mehr auf Studia gelegt, sondern sich dem Kriegs= „dienste gewidmet. Ich habe bis zur Stunde keinen „vom Abel an die Stelle des N. N. finden können und „dahero an die Stände schreiben müssen, mir Jemand „vorzuschlagen, und das ist die wahre Ursache, warum „ich den v. Görne und den v. Reuß habe vorschlagen „müssen, — — die auch einige Wissenschaft in den „Rechten besitzen, — obschon sie die übrigen Requisiten „eines vollständigen Präsidenten nicht besitzen." Der König fügte sich in das Unvermeidliche und begnügte sich lieber mit halb unfähigen abligen Präsidenten, als daß er tüchtige Bürgerliche an die Stelle gesetzt hätte [2]), ganz entsprechend den Ansichten, welche noch 1794 in unserem Landrechte Ausdruck fanden, wo dem Abel eine vorzügliche Berechtigung zu allen Ehrenstellen im Staate zugesprochen wird [3]).

Wir können an dieser Stelle füglich zu dem Verhalten des Königs in kirchlichen Dingen übergehen, weil Friedrich dieselben wesentlich vom juristischen und

---

[1]) König's Berlin zum Jahre 1748.

[2]) Die heutigen Leser mögen nicht vergessen, daß das vor 120 Jahren geschah.

[3]) Allg. Pr. Landrecht II. 9. §. 35.

politischen Standpunkte aus betrachtete, indem er der Ansicht war, daß ein Staat sehr gut ohne Religion, nicht aber ohne Gesetze bestehen könne [1]. Wie fest er auch an das Dasein Gottes glaubte, und wie heftig er die Anschuldigung des Atheismus von sich wies, so ging ihm doch jeder Sinn für positive Religion ab. Die Confessionen waren in seinen Augen nur durch das größere oder geringere Maß von Aberglauben unterschieden, welches sie enthielten. Das Gebot der christlichen Liebe hielt er für gleichbedeutend mit dem Gebote unbeschränkter Duldung gegen jede Art von religiöser Ueberzeugung, die nicht unsittlich oder staatsgefährlich schien, — Niemand sollte den Andern wegen kirchlicher Meinungen verfolgen und zu nahe treten. „Ich bin neutral zwischen Genf und Rom," schrieb er an Voltaire, „wer den Andern beeinträchtigt, wird bestraft [2]." An eine Vorsehung, die sich speciell um die menschlichen Dinge bekümmert, glaubte er nicht. Dogmatische Streitigkeiten der verschiedenen Confessionen waren für ihn ein Lieblingsgegenstand, an dem er seinen Witz und seine Spöttereien ausließ. Das Bedürfniß der Theilnahme an kirchlicher Gemeinschaft kannte er nicht. Die katholische Kirche betrachtete er mit dem-

---

[1] Oeuvres XXIII. 115. 132.
[2] Oeuvres XVIII. 239. XIX. 229.

selben Widerwillen und Verachtung, wie sein Vater; aber gegen die Bekenner derselben übte er volle Gerechtigkeit und schützte sie gegen jede Beeinträchtigung. Er gestattete ihnen in Berlin eine Kirche zu bauen, „so groß und mit so viel Thürmen und Glocken wie sie wollten;" nur sollten sie durch ihre Processionen auf den Straßen keinen Anstoß erregen, sondern dieselben innerhalb des Gebäudes abmachen. Wenn er nach der Eroberung Schlesiens befahl, die ersten Bürgermeisterstellen in allen Städten mit Evangelischen zu besetzen, so geschah das, wie er in seinem politischen Testamente sagte, in der Hoffnung, dadurch die Parteileidenschaften schneller zu beruhigen, damit alsdann um so früher den Magistraten das freie Wahlrecht wieder zugestanden werden könnte. Eben so wenig waren es religiöse Motive, welche ihn im Kriege veranlaßten, ein Mal die Mönche eines Klosters, die mit den Oesterreichern conspirirten, aus dem Lande zu jagen; man darf ihm glauben, daß es nur geschah, um die Fratres nicht später als Landesverräther aufhängen zu müssen.

Auf einen eigenthümlich humoristischen Fuß stellte er sich mit den Jesuiten, wozu wohl Voltaire's Beispiel mitwirkte, der sich bekanntlich einen Pater dieses Ordens wie eine Art lustiger Person im Hause hielt. Der König schätzte die Jesuiten als Jugendlehrer und ließ sogar einige Väter aus Frankreich nach Schlesien kommen, weil dieselben dort politisch ungefährlicher schienen, als die einheimischen; indessen hatte er auch auf diese ein wachsames Auge und wußte sie durch eine gelegentliche Neckerei, unter welcher der Ernst deutlich zu spüren war, in Schranken zu halten. Bekannt ist die ergötzliche Geschichte, wie der König 1750 die Breslauer Bibliothek des Ordens so lange versiegeln ließ, bis die patres in Wien einem vom Könige protegirten ungarischen Candidaten dessen confiscirte Bücher wieder herausgegeben hatten.

Bei aller Toleranz gegen Katholiken und Protestanten in Glaubenssachen hielt Friedrich II. mit großer Entschiedenheit die oberstbischöfliche Gewalt in weltlichen Dingen aufrecht, welche nach dem Kirchenrecht dem Landesfürsten zusteht. Als z. B. die pietistische calvinistische Geistlichkeit in Neufchatel sich weigerte, nach des Königs Befehl die Kirchenbuße der gefallenen Mädchen abzustellen, schrieb er an den damaligen Statthalter Lord Marschal [1]): „Ich bin ihr oberster Bischof. Nach allen Rechten ist mein Wille in diesen Dingen allein entscheidend." In demselben Sinne trat er dem Fürstbischofe von Breslau gegenüber, obgleich er denselben persönlich verehrte und liebte. In dem dortigen Sprengel nämlich, welcher theilweise sich über österrei-

---

[1]) Oeuvres XX. 260. v. 29. Juli 1755

chisches Gebiet erstreckt, war das Gefühl der Abhängigkeit vom Kaiserhause noch immer so mächtig, daß man die Augen weit mehr nach dem glaubensverwandten Wien als nach Berlin richtete und namentlich bei Anstellungen und Ernennungen den Wünschen der Kaiserin-Königin zu entsprechen suchte. Als bei Besetzung verschiedener Pfründen der König deshalb Widerstand fand, griff er ernstlich durch und eben so bei der leider sehr unglücklichen Empfehlung des Grafen Schaffgotsch, den er zum Coadjutor ernannt, später zum Fürstbischof gewählt wissen wollte, obgleich dessen lockere Sitten und unbeständiger Charakter denselben zu nichts weniger als zu einem geistlichen Hirten geeignet machten. Cardinal Sinzendorf mußte sich zu seinem größten Schmerze in das Unabänderliche fügen und die Zustimmung des Papstes zur Ernennung des Grafen nachsuchen. Demselben Schaffgotsch wendete Friedrich außerdem noch die Abtei des reichen Augustiner-Chorstiftes zu, indem er den Widerspruch des Stiftes mit den härtesten Ausdrücken beseitigte, weil er dasselbe in Verdacht hatte, heimlich mit Wien zu correspondiren. „Was ich ein Mal befohlen," sagte er den Herren bei seiner Anwesenheit in Breslau, „muß mir accurat vollzogen werden. Wenn ich Euch Alle zumal wegjagte, würde kein Hahn danach krähen. Im Gewissen und in der Religion will ich Euch nichts thun, — wegen Messen und Dispensen mögt Ihr nach Rom schreiben, wenn es nöthig ist, sonst aber sollen alle fremden Correspondenzen gänzlich verboten sein [1])."

Es war sehr günstig für des Königs Verfahren in diesen katholischen Angelegenheiten, daß der Papst sich zu jeder Nachsicht geneigt zeigte, weil er die Toleranz in Glaubenssachen, die man in Preußen übte, zu würdigen wußte. Namentlich war er über den Bau der Hedwigskirche in Berlin sehr erfreut und hob in seiner Anrede an die Cardindle besonders dankend hervor, daß der König in Person bei der Grundsteinlegung zugegen gewesen.

Als Ausfluß derselben königlichen Oberstbischöflichen Gewalt hob Friedrich II. 1754 eine große Anzahl von katholischen Feiertagen auf und ließ an jedem Orte, außer den Sonntagen und dem Tage des Schutzpatrons, nur 12 Festtage bestehen, bei den Evangelischen nur 9, wodurch er dem Müßiggang steuern und den armen Leuten mehr Zeit zur Arbeit verschaffen wollte. Die Evangelischen machten zwar hiergegen Vorstellungen, hatten dabei aber natürlich ebensowenig Erfolg wie die Katholiken.

In Berlin wurde 1750 ein Oberconsistorium ein-

---

[1] Stenzel p. 332. Daselbst sind überhaupt sehr ausführliche Nachrichten über diese Streitigkeiten aus dem schlesischen Provinzialarchive mitgetheilt.

gerichtet, gleichsam als höhere Instanz für die Provinzialconsistorien¹). Es sollte über die Prüfungen und die Führung der Candidaten, Lehre und Leben der Geistlichen, über gehörige Verwaltung der milden Stiftungen die Aufsicht führen, bei Besetzung der theologischen Professuren gefragt und, wenn es Strafen verhängte, von dem weltlichen Arm unterstützt werden; doch blieb eine Appellation an die Gerichte gestattet²). Die Consistorialbeschlüsse sollten collegialisch, nach Stimmenmehrheit gefaßt werden.

Der Kirche blieb ihr Vermögen ungeschmälert für kirchliche Zwecke, und der König gab vielfache Beiträge zu Kirchenbauten her. In Schlesien namentlich erhoben sich eine große Menge evangelischer Bethäuser, obgleich lange nicht in der Anzahl, wie dieselben vor dem dreißigjährigen Kriege bestanden hatten³).

Innerhalb der evangelischen Kirche suchte Friedrich besonders gegen die Pietisterei und Sectirerei zu wirken. Besondere Betstuben und Conventikel verbot er wie sein Vater — das sei nur Kopfhängerei, die Leute sollten ihre Andachten in den Kirchen verrichten. An den Geistlichen war ihm aller Hochmuth und alles welt-

---

¹) Ranke 435.
²) Mylius Contin. IV. 291. Unter den ersten Mitgliedern finden sich die bekannten Namen: Sack, Süßmilch und Heder.
³) Stenzel l. c.

Toleranz. (1746—1756.)

liche Wesen verhaßt, und er verfolgte dergleichen, wo es vorkam, mit beißendem Spott und oft mit parodischen Anführungen von Bibelstellen, wie er z. B. einem Landpfarrer auf die Bitte, ihm Ration für ein Pferd zu gewähren, weil er entfernte Filialen versorgen müßte, zum Bescheide gab¹): „Der Heiland hat gesagt: Gehet in alle Welt und lehret die Völker, aber nicht: reitet in alle Welt."

Wie freigeistig er auch selbst im Kreise seiner nächsten Umgebung über die christliche Religion sich auszulassen liebte, so litt er doch nicht, daß Angriffe gegen die evangelische Lehre öffentlich verbreitet würden, und schickte aus solchem Anlaß einmal einen Buchdrucker auf sechs Monate nach Spandau²). Dagegen schützte er den bekannten Theologen Edelmann gegen das Oberconsistorium und befahl, denselben ruhig in Berlin wohnen zu lassen, obgleich er hatte drucken lassen, die christliche Religion sei Aberglauben so gut wie alle andern Religionen, die Bibel ein von Menschen gemachtes, sonst sehr nützliches Buch, Engel und Teufel gebe es nicht u. s. w. Auf den Antrag der Geistlichkeit, den Lästerer aus Preußen zu verbannen, erwiederte Friedrich: „Er müsse manchen Narren in seinen Staaten dulden!"

---

¹) Preuß, Urkundenbuch.
²) Schlosser, Geschichte des 18. Jahrhunderts I. 526. Preuß, Friedrich der Große III. 254. Stenzel 342.

Doch wurde Edelmann unter der Hand bewogen, nichts Anstößiges ferner drucken zu lassen. Unangefochten blieb er in Berlin, wo er erst 1787 gestorben ist. Wenn man die vielen, zum Theil sehr ergötzlichen Erlasse des Königs in kirchlichen Dingen vergleicht, so kommt man zu der Ueberzeugung, daß er über den Zänkereien der Theologen zu hoch zu stehen glaubte, um sich ernsthaft auf dieselben einzulassen. Er entschied daher oft nach Laune und Stimmung. Charakteristisch ist der Bescheid bei Gelegenheit einer Stettinischen Gesangbuchstreitigkeit: „Es ist mir einerlei, ob die Leute singen: Nun ruhen alle Wälder, oder anderes dummes Zeug," und in der That befand sich das Publikum ganz wohl unter einer Regierung, die nicht mit schulmeisterlicher Autorität in dergleichen vom Geschmack und der Meinung jedes Einzelnen abhängende Dinge eingriff.

Elftes Kapitel.

Privatleben und Zeiteintheilung des Königs.

In jeder Erzählung der preußischen Geschichte würde ein wesentliches Kapitel fehlen, wenn man die Schilderung der Lebensgewohnheiten des großen Königs darin vermißte; denn bei ihm war in noch höherem Maße als bei seinem Vater fast jede Stunde des Tages dem Staate geweiht, und man darf ohne Uebertreibung sagen, daß er nie etwas Anderes gethan hat, als für die Größe und Macht des preußischen Staates zu arbeiten, da sogar die Erholungen, die er sich gönnte, lediglich den Zweck hatten, seinen Geist für neue Arbeiten anzuregen und zu kräftigen.

Bis in das gegenwärtige Jahrhundert hinein sind die täglichen Beschäftigungen der Herrscher, ihre mehr oder minder große Prachtliebe, ihr Interesse für Wissenschaft und Kunst, für kirchliche und Rechtsverhältnisse, ihr persönlich sittliches Verhalten von großem, oft unberechenbarem Einfluß. Bei Friedrich dem Großen war das in ganz besonderem Maße der Fall. Seine Persönlichkeit war so hervorragend, daß Aller Augen selbst auf das Geringste, was er vornahm, sich richteten; und bis auf den heutigen Tag gewährt die Betrachtung seines Privatlebens das größte Interesse.

Mit so unverbrüchlicher Treue widmete dieser Monarch seine ganze Zeit den hohen Pflichten seines Berufes, daß jede Stunde im Tage und jeder Tag im Jahre seine feste Bestimmung hatte. Durch keine Laune, kein körperliches Leiden ließ er jemals sich von ernster Thätigkeit abhalten. Wesentlich erleichtert wurde ihm eine so große Gewissenhaftigkeit dadurch, daß Arbeit sein eigenstes Lebenselement und seine Lust war. Wenn er an Voltaire schrieb [1]): „Ich bin wie ein Galeerensclave an das Staatsschiff geschmiedet, oder vielmehr ein Pilot, der das Steuer in keinem Augenblick verlassen oder einschlummern darf," so ist das ganz wörtlich zu verstehen. Er hielt sich für verpflichtet, absolut Alles selbst zu thun, das Kleinste mit derselben musterhaften Pünktlichkeit wie das Größte. Kaum wird ein Beamter in irgend welcher Stellung aufzufinden sein, der mehr amtliche Schriftstücke gelesen und selbst geschrieben und unterschrieben, als Friedrich II. Die Welt hatte dergleichen noch nicht gesehen, und die Zeitgenossen betrachteten mit staunender Bewunderung diesen arbeitsamen und dabei so geistreichen und genialen König. Zahlreiche Berichte über seine tägliche Beschäftigung, über die kleinsten Gewohnheiten seines Lebens geben davon Zeugniß [2]). Wie sehr mich das Alles von dem

---

[1]) Oeuvres XXII. 187. Den 5. März 1749. Aehnlich an Jordan: Du hast Recht, wenn Du glaubst, daß Ich viel arbeite. Ich thue es, um zu leben, denn Nichts gleicht dem Tode so sehr als Müßiggang. XVII. 243.

[2]) Büsching, Character Friedrich's II. v. Dieblitsch, specielle Zeit- und Geschäftseintheilung Friedrich's II. Petersburg 1802. Auch das Voltaire'sche Pasquill, unter dem Titel: Vie privée de Fr. le grand bekannt, ist eine wichtige Quelle, weil Alles, was der ergrimmte Poet Lobenswerthes über den König sagt, sicherlich nicht übertrieben ist.

damals üblichen lieberlichen Treiben an den meisten Höfen ab, und zu welchen Vergleichungen mußte es herausfordern, daß Friedrich II. und Ludwig XV. Zeitgenossen waren, als sollten die größten Gegensätze absichtlich neben einander gestellt werden.

Die tägliche Lebensweise des Königs verlief in vollkommener Regelmäßigkeit seit dem Mai 1747, wo das nach seiner Idee von Knobelsdorf ausgeführte weltberühmte Schloß Sanssouci bei Potsdam vollendet wurde. Friedrich wohnte hier in jedem Jahre vom April bis November. Die übrigen Monate residirte er im Potsdamer Stadtschlosse und besuchte das große Berliner Schloß nur in den Carnevalswochen.

Schon 1746 nannte der König sich auf dem Titelblatt der brandenburgischen Denkwürdigkeiten: Philosoph von Sans-souci. Der Name soll daher stammen, daß noch vor Vollendung des Schlosses ganz im Geheimen eine Gruft daselbst ausgemauert wurde, über der sich eine Bildsäule der Blumengöttin erhob, und die er aus seinem Studierzimmer stets vor Augen hatte. In dieser Gruft wollte er begraben sein und sagte einst: Quand je serai là, je serai sans souci¹)!

Mit Sanssouci verknüpfte sich das ganze Gemüthsleben seiner Seele. Von hier datirte er seine freund-

---

¹) Preuß, Friedrich der Große I. 268.

schaftlichen und seine Familienbriefe, während die amtlichen die Bezeichnung nach der Stadt erhielten.

Um 4 Uhr Morgens stand der König im Sommer auf, im Winter etwas später. Obgleich bis zum Ausbruch des siebenjährigen Krieges die Abendtafel oft bis in die Nacht hinein dauerte, so gönnte er sich doch niemals längern Schlaf. Zur Zeit der Berliner Revue stand er sogar um 3 auf und saß schon um 4 Uhr zu Pferde. In späteren Jahren ging er gewöhnlich schon zwischen 9 und 10 zu Bett und nahm an der Abendtafel nicht Theil. Die einfache Toilette erforderte des Morgens kaum ¼ Stunde. Beim An= und Auskleiden brauchte er so gut wie gar keine fremde Hilfe.

Jeden Abend wurden die eingegangenen Briefe von Berlin abgesendet und trafen in der Nacht in Potsdam ein, so daß schon beim Aufstehen das versiegelte Packet von den Cabinetsräthen überreicht werden konnte. Diese mußten bereits um 4 Uhr im Galaanzuge erscheinen und stehend ihren Vortrag halten, denn der König, der seine eigene Toilette sehr vernachläßigte, wollte doch seine Diener und Hofbeamten stets in untadeliger Kleidung erscheinen sehen; die königlichen Livreen waren überaus reich und glänzend.

Von den Briefen las der König die mit abligen Wappen verschlossenen selbst, die andern ließ er sich im Auszuge vortragen. Während dessen wurde der

Haarzopf geflochten und die Frisur gepudert. Die Vortragenden bekamen kurzen Bescheid über die Excerpte, die sie von den Einzelnen zu machen hätten. Fast täglich behielt der König verschiedene Briefe zurück, um sie selbst zu beantworten oder mit schriftlichen Bemerkungen zu versehen. Nachdem die Briefe gelesen waren, zog der König die Stiefeln an, die nicht gewichst sein durften, sehr roth aussahen und, ehe er sie in Gebrauch nahm, von einem Laquaien einige Tage getragen sein mußten. Auf den Kopf setzte er einen weichgeriebenen Filzhut von der bekannten dreieckigen Form und legte denselben auch im Zimmer fast niemals ab. In der frühen Morgenstunde trug er einen von den reich gestickten Sammetröcken, welche er von seinen Schwestern oder anderen fürstlichen Damen zum Geschenk erhielt.

So angethan nahm er die militärischen Rapporte der Adjutanten an und sah die an den Thoren aufgenommenen Listen der einpassirten Fremden durch, nach denen er sich oft sehr genau erkundigte.

Zum Frühstück wurden einige Gläser Wasser und viel starker Kaffee und Chokolade getrunken, auch standen bereits die aus den Schloßgärten täglich geschickten vorzüglichen Obstsorten auf verschiedenen Tellern bereit. Nach dem Frühstück griff er zur Flöte und ging blasend durch die Säle, oft wohl zwei Stunden lang, entweder schwierige Passagen übend, oder frei phantasirend, wäh-

renb beffen ihm, wie er fagte, oft die ernfteften und
beften Gedanken über wichtige Angelegenheiten einfielen.
Nach beendetem Flötenspiel mußten die Cabinetöräthe
mit den inzwischen gemachten Excerpten wieder eintre=
ten und empfingen den Bescheid, den sie auf jedes zu
setzen hatten. Auf die französischen und deutschen Ein=
gaben wurde alle Mal in der von dem Verfasser gewähl=
ten Sprache geantwortet, und mußte die Reinschrift dem
Könige noch an dem Nachmittage desselben Tages vor=
gelegt werden; das geschah mit solcher Regelmäßigkeit,
daß die Bittsteller alle Mal mit umgehender Post Be=
scheid erhielten. In den sehr seltenen Fällen, wo eine
solche Antwort ausblieb, traf sie später niemals ein,
man wußte alsdann, daß der König das Gesuch für
ungereimt hielt oder aus irgend einem andern Grunde
in's Kamin geworfen hatte, was hier und da vorkam.
Die einzigen Vorlagen, die nicht sofort erledigt wur=
den, waren die Todesurtheile, welche fast jedes Mal bis
zum dritten Tage liegen blieben.

Nach dem Frühstück wurde die Uniform angezogen,
die er bis zum Abend nicht wieder ablegte. Seine
Kleider waren meist abgetragen und mit Spaniol be=
fleckt, den er im Uebermaß aus prachtvollen goldenen
Dosen schnupfte. Er hatte stets zwei solcher Dosen in
den Taschen, andere standen auf den Tischen umher, und
der sonst so sparsame Monarch gönnte sich diese Liebha=

bereit in solcher Ausdehnung, daß sich in seinem Nachlasse für mehrere hunderttausend Thaler Dosen vorfanden.

In Potsdam wurde täglich gegen 11 Uhr die Wachtparade besehen, die dann einige Exercitien machen mußte. Der König ritt oder ging alsdann spazieren, las, und zwar oft lange und laut, schrieb Briefe, bis Punkt 12 Uhr gemeldet wurde, daß die Tafel servirt sei. Den Küchenzettel hatte er bereits des Morgens sich vorlegen lassen und oft abgeändert, denn auf gute Mahlzeiten legte er großes Gewicht. Die besten Leckerbissen durften auf seiner Tafel nie fehlen. Er liebte schwere, stark gewürzte Speisen und trank, obgleich niemals im Uebermaße, französischen und Ungarwein, auch Moselwein oder Champagner, niemals aber Rheinwein, den er für ein widerwärtiges Getränk erklärte. Seine Tischgesellschaften waren, nach dem übereinstimmenden Zeugniß Aller, die daran Theil nahmen, im höchsten Grade interessant und belebt. Der König sprach fließend und gut über die verschiedenartigsten Dinge und liebte es, in spielender Folge ernste und heitere Gegenstände anzuregen. Er sprach meist selbst, doch sah er es gern, wenn ihm lebhaft erwidert wurde, und er ließ sich auch eine derbe Abwehr gegen einen derben Scherz gefallen. Wer der französischen Sprache nicht vollkommen Meister war, mußte sich mit Zuhören begnügen, denn deutsch wurde nicht gesprochen. Religion und Politik, Kunst,

Wissenschaft, Philosophie, Anecdoten, oft ziemlich stark
gewürzte, Alles wechselte schnell und bunt durch einander.
Man blieb mehrere Stunden, nicht selten bis 4 Uhr, an
der Tafel sitzen.

Nach Tische wurde wieder Flöte geblasen, die Expe=
ditionen der Secretaire unterzeichnet, und nach dem
Kaffee pflegte der König die von ihm angeordneten
Gartenanlagen und seine Bauten zu besichtigen. Von
4—6 arbeitete er, wenn die Tafel nicht zu lange ge=
dauert hatte, an seinen schriftstellerischen Werken, oder
er verfaßte selbst die ausführlichsten und durchdachtesten
Instructionen für die Gesandten an fremden Höfen,
mit denen die geheimsten und wichtigsten Angelegenhei=
ten nicht selten ohne Wissen der Minister abgemacht
wurden. Von 6—7 war Concert. Der König blies
mehrere Stücke, oft eigener Composition, auf der Flöte.
Quanz, Bach, Benda und andere vorzügliche Musiker
begleiteten ihn. Zuweilen auch spielten fürstliche Gäste
in diesen Concerten, zu denen nur Musikverständige zu=
gelassen wurden. Quanz allein hatte das Vorrecht,
applaudiren zu dürfen. — Da uns das auf die musika=
lische Begabung des Königs führt, so sei hier alsbald
bemerkt, daß Friedrich II. nach dem Zeugniß vieler un=
parteiischen Personen besonders die getragenen und sen=
timentalen Stücke mit der Meisterschaft eines Virtuosen
blies, während er im Allegro nicht Takt zu halten ver=

stand¹) und dadurch die Mitspielenden oft in Verzweiflung brachte. Viele Concerte und einige Opernarien hat der König selbst componirt, Graun oder Bach setzten die Instrumente dazu. Auch einen Operntext, Montezuma, hat er verfaßt, wie er denn überhaupt bis 1756 der Oper große Theilnahme widmete und jährlich mehr Geld für dieselbe bewilligte. 1741 kosteten sämmtliche Sänger und Orchesterspieler nur 12,410 Thaler²). Die Summe steigerte sich bedeutend, als einige der ersten Berühmtheiten jener Tage, Salimbeni, die Astori und die viel bewunderte Tänzerin Barbarina nach Berlin kamen. Letztere wurde bekanntlich Cocceji's Schwiegertochter. Viele Opern waren von Graun componirt, demselben, dessen Tod Jesu bis auf den heutigen Tag unter die volksbeliebtesten Kirchenmusiken gehört³). Der König schätzte mit Recht diesen

---

¹) Sehr Ausführliches darüber in Nicolai's Anekdoten. — In einem Hefte, überschrieben anecdotes Berlinoises im Dresdener Archive, berichtet Manteuffel an Brühl: Wenn der König falsch spielte, zerbrach er aus Wuth seine Flöten. Quanz, der dieselben contractlich zu liefern hatte, wollte es nun nicht mehr umsonst thun. Der König versprach ihm 100 Dukaten für jede Flöte. Seitdem mäßigte er seinen Zorn gegen die unschuldigen Instrumente.

²) Stepmann's Relationen V. III.

³) Friedrich's Lebensgewohnheiten sind sich im Ganzen so gleich geblieben, daß schon hier der Bericht eines Augenzeugen

Componisten sehr hoch und ließ wohl in sein Feldlager die neuesten Arien desselben kommen, um sie zu spielen. Auch erfreute er sich an den Werken Sebastian Bach's, der schon damals für den ersten Musiker der Welt galt. Nach dem täglichen Concerte ging es zur Abendtafel, wo mit den Freunden und Tischgenossen die Unterhaltung wo möglich noch lebhafter und heiterer war als zu Mittag. Die Gedankenblitze zuckten durch einander wie ein geistreiches Feuerwerk. Oft blieb man bis Mitternacht beisammen. Nach 1756 fielen diese Mahlzeiten fort, weil der König das späte Essen nicht mehr vertrug. Er setzte an die Stelle eine Art von Lesestunden, in welchen er mit verschiedenen Gelehrten und Schöngeistern sich über die neuesten Erzeugnisse der

---

(aus dem Jahre 1770) über das Erscheinen des Königs in der Oper eingeschaltet werden kann: — — Die Generalität erschien im Parquet, der Hof nebst dem Adel im ersten Range der Logen. Um 6 Uhr kam der König. Sein Kommen ward dadurch kund, daß ein Kammerhusar mit zwei Armleuchtern neben dem Orchester in's Parterre trat und Trompeten ertönten, die, 16 an der Zahl, in der obersten Rangloge aufgestellt waren. Der König trat in's Parterre verneigte sich zuerst gegen den ersten Rang, wo die Königin war, nahm ein Fernglas und sah überall umher. Dann verneigte er sich gegen die Generalität und setzte sich auf einen gepolsterten Stuhl, sechs Schritt hinter den Kapellmeister. Dann folgte eine feierliche Stille, bis die Ouvertüre begann. Zelter's Leben. Berlin 1861.

Literatur aus allen Fächern unterhielt, bis er sich zur Ruhe verfügte.

Eben so fest, wie die Stunden des Tages, waren auch die während jeden Jahres vorzunehmenden Reisen durch die Provinzen bestimmt, wo die Soldaten gemustert und der Zustand des Landes auf's Genaueste erforscht wurde. Nachdem am 17. und 18. Mai die Truppen bei Potsdam besichtigt waren, fand den 21. bis 23. die Berliner Revue Statt. Den 26. bis 28. war der König in Magdeburg, den 2. Juni in Küstrin, den 3. und 4. in Pommern, den 8. bis 10. in Preußen.

Nach Sanssouci zurückgekehrt, brauchte er eine Brunnenkur, bis am 14. August die Reise nach Schlesien angetreten wurde. Den 21. bis 23. September war Herbstmanöver bei Potsdam. Vom 24. December bis zum 24. Januar wohnte der König in Berlin. Das Alles wiederholte sich in jedem Jahre mit solcher Regelmäßigkeit, daß man den Kalender über Friedrich's jeweiligen Aufenthalt eben so sicher wie über den Stand der Planeten zu Rathe ziehen konnte. Die Schnelligkeit, mit welcher er aus einer Provinz in die andere sich begab, war damals nur Königen und Fürsten möglich. Friedrich that während seiner ganzen Regierung Nichts für die Landstraßen. Sogar nach Potsdam führte kein fester Weg, gewöhnliche Reisende brauchten einen ganzen Tag, um von Berlin durch den tiefen Sand dahin zu gelangen, und b'Argens rühmt sich noch 1763 der Eile, mit welcher er von Leipzig nach Berlin gefahren, 48 Stunden sei er nicht aus dem Wagen gekommen [1]). Auf eine diplomatische Anfrage in Petersburg und Constantinopel konnte nach dem regelmäßigen Postenlauf erst in vier Monaten die Antwort eintreffen.

Die jährlichen Reisen Friedrich's II. müssen durchaus als Regierungshandlungen betrachtet werden und haben keine Aehnlichkeit mit sonstigen Fürstenreisen, die nur zu oft zum Vergnügen des Reisenden und zur Belästigung des zu unfreiwilligen Freudenbezeugungen gezwungenen Volkes unternommen werden. Friedrich reiste, um die Bedürfnisse seines Landes bis in's Einzelnste durch den Augenschein kennen zu lernen, und um die Truppen in den verschiedenen Standorten zu mustern, die Festungen zu inspiciren u. s. w. In jedem Dorfe, wo umgespannt, an jedem Orte, wo Nachtquartier gemacht wurde, fragte er genau nach allen Verhältnissen des Landes und der Bewohner, hörte die Bitten der herbeieilenden Unterthanen und notirte sorgfältig in sein Taschenbuch, was jeden Orts für das allgemeine Wohl geschehen könnte. Auch während des Fahrens mußten die Landräthe neben dem Wagen reiten und ein scharfes Examen bestehen. Mangelnde Kenntniß und schwankende Antworten hatten oft sofortige Cassation des

---

[1]) Oeuvres XXIV. 221. XIX. 377.

Beamten zur Folge. Auch die Schulzen und Amtleute mußten sich beim Umspannen einfinden, oft den König begleiten¹), über den Fortgang der angeordneten Verbesserungen Auskunft geben und Vorschläge zu neuen machen. Der König setzte sie dabei durch seine genaue Sach= und Personenkenntniß jedes Mal in gerechtes Erstaunen. Sein getreues Gedächtniß und das große Interesse, welches er an den Adelsfamilien nahm, bewirkte, daß ihm die Verhältnisse der abligen Güter und deren Besitzer fast immer gegenwärtig waren. Irrte er ein Mal, so ließ er sich keine Berichtigung gefallen, sondern blieb bei seiner Behauptung stehen. Die laufenden Regierungsgeschäfte wurden durch diese Reisen in keiner Art unterbrochen. Täglich mußten die eingegangenen Briefe und Depeschen nachgeschickt werden, und die Cabinetsräthe hatten durch das unterwegs hinzukommende Material noch mehr Arbeit als in Sanssouci. Diese Cabinetsräthe²) waren ein wichtiger Theil in Friedrich's Regierungsmaschine, aber sie wirkten eben so im Geheimen, wie die Räder im Uhrwerk.

---

[1] Ein solches Reisegespräch mit dem Oberamtmann Fromm hat dessen Oheim Glein, Halberstadt 1784, herausgegeben. Dasselbe ist auch in Stein's Anekdoten abgedruckt und überaus lesenswerth wegen der hellen Lichter, die auf viele Seiten von Friedrich's Charakter fallen.

[2] Vergleiche über diese Beamte Dohm's Denkwürdigkeiten IV. 110. Preuß, Friedrich der Große I. 348.

Der König hatte die tüchtigsten unter denselben, Eichel und Schuhmacher, bereits von seinem Vater überkommen und fand sie bis auf's Genaueste in allen Zweigen der inneren und äußeren Staatsverwaltung unterrichtet. Die Regierungsart des neuen Königs hatte mit der des Vorgängers so vieles gemein, daß diese Cabinetsräthe sich sehr bald in Friedrich's Geist und Sinn vollständig einarbeiten konnten. Sie gehörten sämmtlich dem Bürgerstande an und wurden meist aus Subalternbeamten genommen. Ihre Wirksamkeit, scheinbar rein mechanischer Natur, denn sie hatten nur die ihnen zukommenden königlichen Bescheide in die amtliche Form zu bringen, war dennoch von großer Tragweite, was den Gesandten und Ministern wohl bekannt war, so daß diese nicht leicht eine wichtige Eingabe machten, ohne vorher mit Eichel zu sprechen. Denn die Entscheidung vieler Sachen hing doch oft davon ab, daß sie dem Könige unterbreitet wurden, wenn er gerade „gnädig" gestimmt war. Auch ließ sich durch ein eingeschobenes Wort, durch eine leichte Wendung der Bescheid mehr oder weniger günstig fassen, — und Friedrich der Große unterlag so gut wie jeder Monarch, ja wie überhaupt jeder Mensch, solchen Einflüssen, von denen er allerdings eine Ahnung hatte, indem er seinen Cabinetsräthen wiederholt einschärfte, sich bei ihren Vorträgen jedes Urtheils, jeder eigenen Meinungsäußerung zu enthalten. Diese Schattenseite einer unbeschränkten Cabinetsregierung machte sich um so bemerklicher, als der König nur in den seltensten Fällen mit seinen Ministern persönliche Berathung pflog, sondern ihre Anträge schriftlich empfing, wo dann die Antworten wieder von den Cabinetsräthen expedirt wurden. Wie mächtig namentlich Eichel's Einfluß selbst in den allerwichtigsten Dingen war, läßt sich daraus ermessen, daß Cocceji bei den vielen ihm entgegenarbeitenden, am Althergebrachten hängenden Beamten sich überzeugt hielt, er könnte nur mit Hilfe dieses Cabinetssecretairs seine große Justizreform durchsetzen, für welche er denn auch glücklicher Weise den einsichtsvollen Eichel auf's Lebhafteste zu interessiren wußte [1]). Auch die fremden Gesandten suchten sich wo möglich eine Hinterthür zu diesen geheimnißvollen Beamten des Königs zu eröffnen, die er selbst seine Schreiber nannte, auch nicht viel besser als Schreiber besoldete. Allein der unscheinbare, geräuschlose Einfluß, den sie oft auf die wichtigsten Entschließungen übten, leitete ihnen allerlei verschwiegene Einnahmen zu, durch welche sie sich bereicherten. Eichel war noch überdies durch Vermittelung des Königs reich verheirathet [2]). Die Menge der aus dem Cabinette erledigten

---

[1]) Dohm's Denkwürdigkeiten IV. p. 118. Note 57.

[2]) Im Publikum hielt man ihn für geizig, hartherzig und zänkisüchtig. Dagegen steht fest, daß er dem König unbedingt

Sachen übersteigt alle Vorstellung. Man kann annehmen, daß jährlich zwischen 6 und 10,000 königliche Ordres ergingen. Die Zahl derselben wuchs, abgesehen von der auf die kleinsten Einzelnheiten in allen Geschäftszweigen sich erstreckenden Fürsorge des Königs, besonders dadurch an, daß Friedrich II., in der Ueberzeugung, die Armen würden überall von den Reichen unterdrückt, niemals müde wurde, den Klagen der Bauern und selbst der gemeinsten Tagelöhner die größte Aufmerksamkeit zu schenken und ihre Beschwerden zu beantworten, selbst wenn die anfangs Zurückgewiesenen immer von Neuem, oft vier oder fünf Mal dieselbe Sache vorbrachten. „Ein König," pflegte er zu sagen, „ist der geborene Anwalt der Armen und Bedrängten, seine Pflicht und Schuldigkeit ist es, ihnen niemals sein Ohr zu entziehen." Die Antworten des Königs sind fast immer ernst und würdevoll und bei aller Kürze gründlich und eingehend. Zuweilen gab er auch einer launigen Stimmung und einem witzigen Einfalle Raum, besonders wenn begehrliche Eitelkeit an ihn herantrat. Solche Erlasse, von denen sich in Preuß's Urkundenbuch eine ergötzliche Sammlung findet, wurden schnell bekannt und haben sich zum Theil bis heut im Gedächtniß

---

ergeben war und durch den klaren Blick in alle Geschäfte die Absichten seines Herrn in Kriegs- und Friedenszeiten wesentlich förderte. Er diente bis an seinen Tod (1770) dem Monarchen, welcher den Verlust des treuen, unersetzlichen Mannes tief beklagte.

des Volkes erhalten; allein man irrt gewaltig, wenn man aus solchen ausnahmsweisen Aeußerungen schließen wollte, daß er die Beschwerden der Unterthanen im Allgemeinen in leichtfertiger Weise betrachtet hätte. Im Gegentheil war durchaus der treueste Ernst und der festeste Wille vorherrschend, überall gerecht zu entscheiden. Dagegen wurden nicht selten, und mit zunehmenden Jahren immer häufiger, die Bittsteller, welche Geld verlangten, selbst bei gerechten Ansprüchen hart abgewiesen; auch bricht der Unwille des Königs in der Regel aus, so oft Beamte oder Officiere Urlaub verlangen, namentlich zur Reise in's Ausland. Mit einem kurzen Nein! oder einer spöttischen Bemerkung wies der König solche Bittsteller ab[1]). Sie sollten das Geld nicht aus dem Lande verschleppen. Ueber-

---

[1]) Im 2. Bande von Preuß's Urkundenbuch, p. 222 squ. z. B.
1) an Einen, dessen Weinkeller die Feinde geleert hatten, auf die Bitte um Entschädigung: „Warum nicht auch, was er bei der Sündfluth gelitten, wo sein Keller auch unter Wasser gestanden?"
2) an einen Landrath, der beim Bombardement der Festung Hab' und Gut verloren: „Am jüngsten Tage kriegt Jeder Alles wieder, was er in diesem Leben verloren hat."
3) an General v. Kleist, der ein Bad gebrauchen will: „Keine Narebeln von Bäder er Sol nicht hafeliren."
4) der Kammerherr v. Müller will nach Aachen in's Bad: „Was er da Machen wil, er wirdt, was er noch übrig hat, dort verspielen und wie ein Bettler zurück Komen" u. s. w. u. s. w.

haupt räumte Friedrich II. dem Wohl und Behagen des Einzelnen gegenüber der „Staatsraison" wo möglich noch weniger Rechte ein, als einst sein Ahnherr, der große Kurfürst. Wie er selbst Leben und Arbeit unbedingt der Größe und dem Glanze des Landes widmete, so verlangte er von jedem Unterthan dieselbe Hingebung. Den Krieg mit seinen Unfällen mußten sie tragen, er war zu ihrem Besten geführt. Wurden die Provinzen durch denselben ruinirt, so setzte er alle Kräfte daran, ihnen wieder aufzuhelfen, aber lediglich im Interesse des Ganzen, nicht der Einzelnen. Abgebrannte Städte und Dörfer baute er wieder auf, der heruntergekommene Adel erhielt große Summen zur Unterstützung, den Bauern gab er das fehlende Saatkorn und Pferde und Zuchtvieh zu wohlfeilen Preisen, aber nicht sowohl zum Trost und zur Hilfe der Individuen, als zur Hebung des ganzen Landes. Die steuerzahlende Bürger- und Bauernschaft und die für das Heer unentbehrlichen Adelsfamilien mußten in Stand gehalten werden. War das nach einer Reihe von Friedensjahren gelungen, hatte die Einwohnerzahl, die Gewerbthätigkeit wieder zugenommen, waren die Lücken in den Regimentern ausgefüllt, so genoß der König rein und ganz das Gefühl erfüllter Pflicht. Die Leiden der Einzelnen, die Verarmung von tausenden von Familien mochte die Weltgeschichte verantworten. Das galt damals eben so selbstverständlich wie heut, nur trugen vor hundert Jahren die Menschen ihr Schicksal mit mehr Ergebung, weil sie in ihren Fürsten die Stellvertreter Gottes verehrten, besonders in einem Fürsten, von dem Jedermann wußte, daß er nichts für sich, Alles für den Staat und dessen Größe unternehme und anordne. Friedrich II. war durchdrungen von der Pflicht, so zu handeln. Dieser Pflicht gegenüber nahm er aber auch das Recht in Anspruch, unbedingt allein zu entscheiden, was für den Staat das Beste sei. Kein Anderer sollte selbstständig und ohne Auftrag sich da hineinmischen. Er sah das wie einen Eingriff in die Majestätsrechte an, woraus es sich erklärt, daß er mit Undankbarkeit, oft geradezu mit Härte Diejenigen behandelte, die sich herausnahmen, nach eigenem Ermessen helfend irgendwo einzugreifen. Wir werden sehen, wie diese Anschauungsweise sich später stets schroffer herausstellte. Damit hing es zusammen, daß der König selbst einen wirklich guten Rath, der ihm ungefordert ertheilt wurde, für Anmaßung hielt und fast immer zurückwies, ohne sich jedoch den Vortheil entgehen zu lassen, der aus der Befolgung desselben zu ziehen war. Nach einiger Zeit trat er dann selbst mit der Sache hervor, als wäre sie in seinem eigenen Kopfe entsprungen. Eben so schlug er meistentheils alle Bitten um Belohnung und Beförderung, selbst verdienten Leuten ab, um sie später, oft sehr spät, wie aus eigenem Antriebe gewähren zu können. Er nahm dadurch gewissermaßen die Stellung einer höheren Vorsehung ein, deren Beschlüsse unberechenbar bleiben. In der That blickten die Unterthanen wie zu einem höheren Wesen zu ihm auf und trösteten sich, wenn des Königs Maßregeln ihnen hart und ungerecht dünkten, mit dem Spruch: Er wird schon wissen, wozu es gut ist. Dafür haben wir das eben so wahre als poetische Zeugniß Lessing's in der Minna von Barnhelm. Sein Tellheim wurde von den Zeitgenossen mit unbegrenztem Jubel als das sprechende Ebenbild des treuen preußischen Officiers begrüßt, der seinem Könige wie seinem Gott vertraut, und der in aller Noth und Vernachlässigung nicht von dem Glauben läßt, daß er einen gerechten Herrn über sich hat.

Eben so groß aber, wie die Liebe und Verehrung der Seinigen, war der Haß und die Furcht, welche Friedrich II. den Nachbarn und fremden Fürsten einflößte. Jeder von ihnen mußte auf der Hut sein vor einem Herrscher, dessen rücksichtslose Politik niemals das Recht des Dritten, stets nur den eigenen Vortheil zu beachten schien. Zu gleicher Zeit aber war seine arbeitsame, sparsame Regierung, die Einfachheit seiner Lebensgewohnheiten ein stummer kränkender Vorwurf für fast alle damaligen Regenten, die in leerem Prunk den Schweiß der Unterthanen vergeudeten. Das preußische Kriegsheer, von Jahr zu Jahr anwachsend, der gefüllte Staatsschatz schien jetzt in ganz anderer

Weise bedrohlich, als unter Friedrich Wilhelm I., seit man wußte, wie bereit dessen Sohn war, bei jeder passenden Gelegenheit zum Schwerte zu greifen. Das allgemeine Mißwollen wurde noch erhöht durch des Königs sarkastische Bemerkungen über die Trägheit, Wollust und Verschwendung seiner Mitfürsten. Wie giftige Pfeile flogen seine Witzworte von der belebten Tafelrunde in Sanssouci durch ganz Europa und verletzten eben so sehr den erbärmlichen Ludwig XV. als die üppige sittenlose Elisabeth von Rußland. Auch Maria Theresia und deren Gemahl wurden von des Königs Spöttereien getroffen. — Er hatte die Kaiserin-Königin zu schwer verletzt, um gerecht gegen sie sein zu können, und sie ihrerseits konnte nimmermehr den Raub vergessen, den der Brandenburgische Emporkömmling an dem Habsburgischen Erbe verübt.

Während der König die Zeit des Friedens dazu benutzte, von seinem stillen Studierzimmer aus nach jeder Richtung für das Wohl des Landes zu sorgen, von dessen Bedürfnissen er überall bei den regelmäßigen Bereisungen der Provinzen Kenntniß nahm, während er besserte und baute, wo es Noth that, während er in seinen Mußestunden die Geschichte seiner Kriege für die Nachwelt aufzeichnete, sich an dem wachsenden Schmuck der Gärten, an den Treibereien seltener Früchte erfreute, dichtete und musicirte, zogen sich bereits an dem politischen Himmel Europa's die ersten Wölkchen zusammen, die sich bald zu einem furchtbaren Gewittersturm ballen und verheerend über den Welttheil entladen sollten. Niemand konnte ahnen, daß alles Glück und alle Arbeit der ersten 16 Jahre dieser wunderbaren Regierung nur das Vorspiel waren zu so großen Begebenheiten, wie die Welt sie kaum jemals vorher oder nachher gesehen, und daß der Sieger in fünf Schlachten, der Begründer eines neuen, reicheren, betriebsameren Preußenlandes, den man schon seit dem Dresdener Frieden mit dem Beinamen des Großen ehrte, und auf den von nah und fern alle Blicke mit Bewunderung und Neid gerichtet waren, erst am Beginn seiner eigentlichen Heldenlaufbahn stehe.

Er, der Eine Mann sollte einer Welt von Feinden gegenübertreten, aber nicht nur als Einzelner, sondern in vieler Beziehung auch als Vereinsamter!

Wie es gekommen, daß Friedrich der Große sich gewissermaßen selbst zu einem Altjunggesellenthum verdammte, während er länger als 50 Jahre vermählt war, wird niemals vollständig klar werden. So viel steht fest, daß das weibliche Geschlecht auf ihn keinen Reiz übte. Die wenigen alten Damen, die er aufrichtig verehrte, seine Erzieherin, Mme. Roucoules, die Freundin seiner Jugend, Frau v. Camas, sind ihm zwar stets Gegenstand liebevoller Fürsorge geblieben, und er widmete ihnen fast kindliche Verehrung, aber von einem eigentlichen Gedankenaustausch findet sich in den zahlreichen Briefen an dieselben nichts. Ein solcher tritt uns allerdings in der Correspondenz mit der geistreichen Kurfürstin von Sachsen und der Herzogin von Gotha entgegen, aber hier fehlt wiederum ein wahres persönliches Verhältniß. Er hat jede dieser fürstlichen Damen nur kurze Zeit und nur selten während seines langen Lebens gesehen. Niemals werden wir bei dem Könige die Sehnsucht nach einem häuslichen Heerde gewahr. Seine Brüder und Neffen hielt er nicht weniger als seine Schwestern in ehrfurchtsvoller Entfernung von sich. Kamen sie auf seine Einladung zum Besuch nach Potsdam, so wurde ihnen gewöhnlich bald nachher angedeutet, daß sie wieder gehen könnten, wozu der König sich der Form bediente, daß er zu ihrer Ueberraschung durch einen Adjutanten sein Bedauern ausdrücken ließ, daß die Gäste schon morgen wieder abreisen wollten. Noch in den 70er Jahren drückte Kaiser Joseph II. sein Erstaunen über die Unterwürfigkeit aus[1]), welche die Prinzen in des Königs Gegenwart zur Schau trugen. In der That wurden dieselben in vollkommener Abhängigkeit gehalten. Sie bekamen sehr wenig Geld[2]), wurden auf Schritt und Tritt

---

[1]) v. Arneth, Briefwechsel Joseph's II. und Maria Theresia's.

[2]) Ergötzlich ist es, daß sogar Herr Preuß sich über diesen Punkt, wie es scheint, ironisch vernehmen läßt, wenn er I. 260 sagt: In ihrer Hofhaltung mußte sich die ganze königliche Familie

genau controlirt, und die jungen Brüder erhielten Stubenarrest, wenn sie ohne Erlaubniß eine kleine Reise machten oder sich sonst irgend eine Freiheit herausnahmen. Nur Prinz Heinrich war in guter äußerer Lage. Er hatte Rheinsberg erhalten und bezog die großen Einkünfte der Johannitercomthurei Sonnenburg. Der junge dereinstige Thronfolger, des Prinzen August Wilhelm Sohn, war nicht der Art, daß der König ihn gern um sich haben konnte, da ihm nichts mehr zuwider war als Arbeitsscheu, Müßiggang und Hang zur Liederlichkeit. Friedrich II. mochte bald erkannt haben, daß ein Versuch, die Sitten des nachmaligen Friedrich Wilhelm II. zu ändern, zu nichts führen könne. Eigenthümlich war des Königs Verhältniß zu seiner „Lieblingsschwester¹)" Wilhelmine von Baireuth. Ihre Memoiren fließen über von den glühendsten Ausdrücken der Liebe für den angebeteten Bruder, auch des Königs Briefe sind voll zärtlicher Verehrung. Aber beide Naturen waren zu ähnlich, um nicht auch oft an einander zu gerathen. Aechte Berliner Kinder, mit überwiegender Verstandesschärfe, voll Spottlust, witzig, an Dingen und Personen überall die lächerliche Seite

---

sehr knapp behelfen, wie es der König selbst that. Dagegen bedachte Friedrich seine Geschwister öfters mit Gedichten, in welchen er ihnen die schmeichelhaftesten Huldigungen widmete.

¹) Voltaire und die Markgräfin von Baireuth von G. Horn. Berlin 1865. Grenzboten 1865 Nr. 47. Oeuvres XVII.

herausfindend. Dazu des Königs hohes Selbstgefühl, welches der Schwester nicht die geringste Abweichung von seinen Wünschen und Befehlen gestattete und jede solche Auflehnung, wie bei der Angelegenheit eines Erlanger Zeitungsschreibers, bei der Verheirathung ihrer Hofdame mit einem Oesterreicher, mit Monate langer Ungnade strafte, die sich in kurzen eisigen Antworten auf die unterwürfigen Bitten der Schwester kundgiebt [1]). Nicht ein Mal zur Vermählung der Prinzessin Ulrike mit dem schwedischen Thronfolger durfte sie nach Berlin kommen. Auf solche Zerwürfnisse folgte jedoch allmählich wieder die Aussöhnung, aber sie ließen lange einen Stachel in der Seele Wilhelminens zurück.

Die jüngste Schwester, Amalie, blieb unvermählt. Friedrich hatte mehrere Anträge aus politischen Rücksichten abgelehnt, und die Prinzessin verzieh es dem Bruder nicht, daß sie ihr im höchsten Grade liebebedürftiges Herz bis zum Tode im jungfräulichen Busen verschließen mußte. Tiefer noch schmerzte sie die Mißhandlung ihres Geliebten, des vielgenannten Friedrich von der Trenk, den der König unter einem wahrscheinlich ungegründeten Vorwande einkerkern ließ, und dessen beharrlichen Fluchtversuchen er eine ebenso beharrliche Verschärfung seiner Haft entgegensetzte, die sich bis zur Erfindung grausamer Peinigungsmittel

---

1) Oeuvres XVII. 125—131.

steigerte. Wie dieser abenteuerliche Mann zuletzt doch seine Freiheit erhielt und nach vielen wechselvollen Schicksalen 1794 zu Paris sein Leben unter der Guillotine endete, ist bekannt. — Der Umgang mit dieser tiefgekränkten Prinzessin konnte ebensowenig als der mit seiner weitab im Frankenlande wohnenden Schwester Wilhelmine die Einsamkeit in Sanssouci bannen und für das fehlende Familienglück Ersatz bieten. Freunde sollten die Leere im Herzen des Königs ausfüllen.

Schon in der kronprinzlichen Zeit sind wir dieser Sehnsucht nach wahrer Freundschaft begegnet. Jener romantische Bayardorden gab davon Zeugniß. Wohl fanden sich damals Männer, welche mit reiner aufrichtiger und hingebender Anhänglichkeit dem jungen Fürsten ergeben waren; Suhm, Jordan und Keyserlingk vor Allen. Aber schnell starben sie dahin. Auch Camas und der alte Lehrer Duhan folgten ihnen bald in's Grab. 1746 war keiner von den Genannten mehr am Leben. Mit treuer Sorge nahm sich Friedrich der Kinder dieser Männer an und ward bis an's Ende nicht müde, ihre Bitten zu hören und ihre Wünsche zu erfüllen.

Wie tief er den Verlust seiner Getreuen empfand, zeigen des Königs Briefe aus jenen Tagen. An Duhan schreibt er (24. September 1745 [1]). „Welch ein Un=

---

[1] Oeuvres XVII. 289.

glück, fast zu gleicher Zeit den armen Jordan und mei=
nen theuren Keyserlingk zu verlieren. Das war meine
Familie, und ich stehe nun da, verwittwet und verwaist,
das Herz wie mit dunklem Trauerflor umhüllt. — —
Erhalten Sie Ihre Gesundheit und bedenken Sie, daß
von allen meinen alten Freunden mir fast Niemand
geblieben ist, als Sie."

Wohl hatte Friedrich recht, wenn er den Verlust
dieser Männer für unersetzlich hielt. Sie waren unter
Verhältnissen, die nie wiederkehren konnten, seinem
Herzen nahe getreten. Damals lebte er in Rheinsberg,
allerdings voll hoher Erwartungen für die Zukunft,
aber in beschränkter Lage und noch immer unter dem
harten Druck der väterlichen Aufsicht. Friedrich Wil=
helm I. stand in den besten Mannesjahren, er hatte die
Krankheit von 1734 gegen alle menschliche Voraussicht
überstanden, wer konnte wissen, ob er nicht noch ein
hohes Alter erreichen würde? So war des Kronprin=
zen Stellung eine solche, daß die Männer, die er in
seinen engsten Kreis zog, sich einer gewissen Gleich=
stellung bewußt sein konnten, wie die Idee der Freund=
schaft es erheischt. Jugendliche Schwärmerei auf bei=
den Seiten ließ über die Kluft hinwegsehen, welche den
künftigen Monarchen von seinen Unterthanen trennte.
Harmlos genoß man die heitern Tage und freute sich
ohne heftige Begierden und Wünsche an stets wechseln=
der geistreicher Unterhaltung. Das änderte sich im

Augenblick der Thronbesteigung. Jetzt hofften seine Getreuen auf goldene Tage [1]). Bezeichnend für diese Stimmung ist Keyserlingk's Billet an Algarotti vom 3. Juni 1740. Friedrich hatte durch zwei Zeilen den interessanten Italiener eingeladen. „Lieber Algarotti," schrieb der König [2]), „mein Schicksal hat sich geändert, ich erwarte Dich mit Ungeduld, laß mich nicht schmachten." Keyserlingk begleitete diese Einladung mit gereimten und ungereimten Worten, in welchen sich der vollständige Wonnetaumel abspiegelt, in welchem die „Freunde" sich befanden: „Das gesammte Volk," schreibt er, „ist außer sich vor Freude. Der König überschüttet das ganze Land mit Wohlthaten, Schenken und Geben mit vollen Händen ist sein tägliches Geschäft! Jetzt rede mir noch einer von Titus."

Wir wissen, wie entfernt der König davon war, die hochgespannten Erwartungen seiner Umgebung zu erfüllen. Als man inne wurde, daß er nur wahres Verdienst um den Staat, nicht aber gesellige Talente reich zu belohnen denke, folgte eine allgemeine Enttäuschung und Niedergeschlagenheit. Alsbald sonderten sich von der geringen Zahl wahrer Freunde die Glücksritter ab, welche nur auf eine glänzende Carrière speculirt hatten. Jene wenigen Getreuen raffte, wie gesagt, leider der

---

[1]) Vergl. Bielefeld's Briefe. Deutsche Ausgabe I. 69.
[2]) Oeuvres XVIII. p. 15.

Tod mit entsetzlicher Schnelligkeit hinweg. Die Nach=
folger, welche der König dann anwarb, sollten, ohne
daß er sich das klar machte, nicht sowohl wirkliche Her=
zensfreunde, als Erheiterer seiner Tafelstunden sein.
Natürlich waren es die geistreichsten Männer, nament=
lich schriftstellerische Größen, welche er an sich zu ziehen
suchte, und da er überhaupt Geist und Witz für aus=
schließliches Eigenthum der Franzosen hielt, nur Fran=
zosen. Bald hatte sich auch ein glänzender Kreis der=
selben in Sanssouci versammelt. Vor Allen der Mar=
quis d'Argens, als Verfasser der jüdischen Briefe da=
mals weit berühmt. Ein Mann von vielen Kennt=
nissen, gutherzig, leicht erregbar und wegen mancher
hypochondrischer Schwachheiten zur Neckerei heraus=
fordernd. Neben ihm finden wir den Arzt la Mettrie,
dessen überspanntes Wesen sich durch gotteslästerliche
Schriften kund gegeben hatte, und den in Friedrich's
Augen eine Art von Märtyrerthum umgab, weil er
eben dieser Schriften wegen sein Vaterland meiden
mußte. Darget, früher Sekretär des Gesandten Valori,
hatte sich durch die Aufopferung und Geistesgegenwart
bemerklich gemacht, mit welcher er seinen Herrn nach der
Schlacht von Hohenfriedeberg von der Gefangenschaft
rettete, indem er sich einem andringenden Panduren=
haufen selbst als den Gesandten vorstellte und weg=
schleppen ließ. Er war eine Zeit lang Vorleser und
wurde in vielen ernsten und scherzhaften Gedichten

vom Könige besungen. Friedrich hatte sehr gewünscht, auch den berühmten Mathematiker d'Alembert an seinen Hof zu ziehen. Er lud denselben auf's Dringendste ein und ertheilte ihm eine Pension von 1200 Francs, welche dem in dürftigen Verhältnissen lebenden Gelehrten zu wesentlicher Erleichterung gereichte. d'Alembert war für diese Gunst aufrichtig dankbar, konnte sich aber nicht entschließen, seine Freiheit zum Opfer zu bringen, und blieb in Frankreich. Der Briefwechsel dieses Mannes mit dem Könige ist sehr lebhaft und interessant. Alle wichtigen Gegenstände der Philosophie und Politik kommen zur Sprache. So entstand trotz der Entfernung eine wahre Freundschaft zwischen beiden Männern, welche bis zu d'Alembert's Tode 1783 niemals getrübt wurde. Noch manche Andere wären zu nennen, die länger oder kürzer jenem Kreise angehörten, wo der König, wenn er von der Arbeit sich abgespannt fühlte, neue Anregung und Erholung suchte. Man sprach über die tiefsten und flüchtigsten Gegenstände. Oft genug aber wurde die Unterhaltung ausgelassen, und es fehlte auch nicht an sehr handgreiflichen Scherzen, die der König stets gegen die empfindlichsten Seiten jedes Einzelnen zu richten wußte. D'Argens, für seine Gesundheit äußerst besorgt, wurde mehr als ein Mal durch vorgeblichen Feuerlärm oder sonstige Erfindungen aus dem Bett in die kalte Nachtluft gelockt. Sogar Jordan, den Friedrich so sehr liebte, wie er überhaupt

Jemanden lieben konnte, mußte sich, weil er für zaghaft galt, sehr gegen seine Neigung mitten in das Kriegsgetümmel begeben und konnte erst nach langen wiederholten Bitten die Erlaubniß erhalten, aus Schlesien nach Berlin zu seinen geliebten Büchern zurückzukehren. Die Freude, mit der die übrigen Genossen bei solchen Neckereien mitwirkten, hatte immer etwas Bängliches, weil jeder fürchten mußte, die Reihe nächstens auch an sich kommen zu sehen.

Vollständig wegwerfend wurde Pöllnitz behandelt, der es freilich auch nicht besser verdiente. Dieser gesellig feingebildete und durch seine Memoiren noch heut als Schriftsteller geschätzte Mann entbehrte jeder sittlichen Haltung. Aus verächtlichen Rücksichten hatte er mehr als ein Mal die Religion gewechselt, steckte allezeit in Schulden, die der König manchmal bezahlte, bis zuletzt unter Trommelschlag auf den Straßen Berlins ausgerufen wurde, daß Niemand bei Strafe dem leichtsinnigen Baron Etwas borgen sollte. Er war es, der die bittersten Hiebe des Spottes vom Könige zu erdulden hatte, die mehr oder minder auch oft die Andern trafen, welche dann natürlich nicht mit gleicher Münze bezahlen durften. Was gehörte dazu, um Ausfälle wie z. B. den folgenden zu tragen: „Sagen Sie doch, lieber Pöllnitz, wie hieß der Holländer, den Sie mit den falschen Dukaten betrogen haben? Mein Gedächtniß läßt mich jetzt oft im Stich!"

Alle diese Freunde waren übrigens, und zwar unter bestimmten Bedingungen und gegen eine in der Regel sehr mäßige Besoldung¹), förmlich im Dienste des Königs. Sie mußten auf Befehl zu jeder Zeit erscheinen und durften sich nie ohne Urlaub, der noch dazu oft verweigert wurde, von Berlin oder Potsdam entfernen. Unter solchen Verhältnissen kann von Freundschaft im edleren Sinne des Wortes nicht die Rede sein, und man darf behaupten, daß die Genossen des Tabakscollegiums mit Friedrich Wilhelm I. auf weit vertrauterem Fuße standen, als diese Franzosen mit seinem Sohne. Der vorige König wollte hier nur als Obrist des Leibregiments mit andern Obristen verkehren und hielt sich seinen gelehrten Hofnarren zur Belustigung der Gesellschaft. Allerdings war der Ton an der Tafelrunde in Sanssouci unendlich geistreicher, edler und geschmackvoller, aber dennoch läßt sich nicht leugnen, daß die ganze Freundesschaar im Grunde nur als die letzte verfeinerte Form betrachtet werden kann, unter welcher das Geschlecht der Kiau, Morgenstern, Gundling und Faßmann allmählich von den Fürstenhöfen und aus der Welt verschwand. Auch hat keiner von Allen auf die Länge in dem Feuer des königlichen Witzes ausgehalten.

Aber es sollte eine Zeit kommen, wo die schwersten Sorgen und Bekümmernisse das stets rege

---

¹) Sogar d'Argens erhielt nur 1000 Gulden. Oeuvres XIX. 1.

Freundschaftsbedürfniß des Königs zur höchsten Sehnsucht steigerten, und wo er einer theilnehmenden Seele bedurfte, um sein Herz durch Klagen zu erleichtern und durch Trostworte aufrichten zu lassen. Da flammte die Liebe zu der oft vernachläßigten und gekränkten Schwester Wilhelmine hell auf, es tauchte die Erinnerung an jene Schreckenstage empor, welche die Kinder im Berliner Schlosse verlebt, an den Opfermuth bis zum Tode, den die Schwester ihm in der harten Cüstriner Zeit entgegengebracht, und an all' die unermüdliche Sorgfalt, mit der Wilhelmine und die Mutter ihn so oft vor des Vaters Wuth zu schützen gewußt. Damals erkannte er auch zuerst ganz den Werth des biedern d'Argens. Nicht mehr der Schwächen und Lächerlichkeiten des treuen Mannes gedachte er, sondern er wendet sich an ihn, wie an einen wahren Busenfreund. Zweihundertsechszig zwischen ihnen gewechselte Briefe sind uns aus der Zeit des siebenjährigen Krieges mitgetheilt [1]), als ein schönes Denkmal wechselseitiger Theilnahme und Anhänglichkeit. — Leider kehrte mit der Ruhe des Friedens bei dem Könige auch die alte übersprudelnde spottsüchtige Laune zurück. — d'Argens verließ tiefgekränkt den erlauchten Freund, um in der sonnigen Provence seine Tage zu enden. Der briefliche Verkehr wurde nicht ganz unterbrochen, und als die

---

[1]) Oeuvres XIX. 41—383.

Marquise den Tod ihres Mannes meldete, versicherte Friedrich sie mit herzlichen Worten seiner Theilnahme und erbot sich zu jeder Art von Unterstützung.

Wie anders konnte sich innerlich und äußerlich das Leben des Königs mit seinen Freunden gestalten, wenn er nicht die gefährliche Gabe des Witzes besessen hätte, die bei einem Mächtigen doppelt gefährlich, weil doppelt verletzend ist.

Zwischen den „Freunden" des Königs und seinen wirklichen Beamten nahmen eine eigenthümliche Stellung zwei Männer ein, welche aus fernen Landen dem Ruf an den Berliner Hof gefolgt waren. General Keith, ein geborener Schotte, verließ die russischen Kriegsdienste, in welchen er große Auszeichnung erworben, und trat in das preußische Heer, zu so großer Genugthuung Friedrich's II., daß dieser ihn sofort zum Feldmarschall ernannte. „Biederkeit des Herzens, anmuthige Formen des Umgangs und heldenmüthige Tapferkeit am Tage der Schlacht," mit solchen Worten schildert der König die Eigenschaften dieses Mannes. Keith war seinerseits von dem neuen Herrn, in dessen Dienste er getreten, nicht minder entzückt. Er schilderte die Reize des Lebens in Sanssouci seinem älteren Bruder, dem Lord Marishal von Schottland, mit solchem Feuer, daß auch dieser sich bewogen fand, nach Preußen überzusiedeln.

Der Lord war einer der eifrigsten Anhänger der

vertriebenen Stuart's und hatte 1744 sich bei der abenteuerlichen Landung des Prätendenten an der schottischen Küste betheiligt, weshalb er, nachdem dies Unternehmen gescheitert war, in die Verbannung gehen mußte.

Friedrich II. empfing ihn mit offenen Armen und bediente sich seiner zu den wichtigsten diplomatischen Geschäften. Er war eine Zeit lang Gesandter in Paris, dann Gouverneur von Neufchatel. Diesen Posten gab er auf, weil er sich durch die schroffen Formen des preußischen Beamtenthums verletzt fühlte, unter denen ihm die dienstlichen Befehle und Zurechtweisungen des Königs ausgefertigt wurden. Friedrich II nahm ihm das nicht übel, sondern behielt den würdigen Mann in seiner unmittelbaren Umgebung. Er schenkte ihm ein Haus in der Nähe von Sansfouci und widmete dem betagten Herrn (er war fast 20 Jahre älter als der König) die zarteste Sorgfalt bis an dessen Tod. Er fand bei ihm jeder Zeit freimüthigen Rath und anregende Unterhaltung über die wichtigsten Dinge und fesselte ihn dadurch dauernd an sich, daß er ihn mit derjenigen Rücksicht behandelte, die ein Lord von Großbritanien beanspruchen konnte, wohl einsehend, daß die Art, wie er mit seinen französischen Literaten umging, hier nicht angebracht war. In ähnlicher Weise mäßigte sich Friedrich auch seinen Generalen gegenüber, von denen viele wie vertraute Freunde behandelt wurden.

(1746—1756.) Freberoborf.

Winterfelb ſtand unter dieſen ſeinem Herzen am nächſten; er geſtattete demſelben größeren Einfluß auf ſeine Entſchlüſſe, als ſonſt einem Unterthan.

Die Schilderung des Kreiſes, in dem der König lebte, würde unvollſtändig ſein, wenn wir nicht des früheren Kammerdieners, nunmehr erſten Kämmerers und Schatzmeiſters Frebersdorf gedächten, der in kronprinzlicher Zeit den gefangenen Königsſohn in Cüſtrin durch ſein Flötenſpiel erheiterte und eine geheime Correſpondenz mit der Königin und der Prinzeſſin Wilhelmine vermittelte. Friedrich vergaß nie die Dankbarkeit, die er ihm ſchuldete; er ſchenkte ihm mehrere Güter und geſtattete ihm viel freie Zeit, um ſich ſeiner Lieblingsbeſchäftigung, der Goldmacherei, hinzugeben. Aus der ſehr lebhaften Correſpondenz zwiſchen beiden ſo verſchieden geſtellten Männern ſind leider nur 43 meiſt kurze Briefe bekannt geworden [1]), die bis zu dem erſt

---

[1]) Friedrich's II. eigenhändige Briefe an ꝛc. Frebersdorf, herausgegeben von Burcharbi. Leipzig 1834. Man hat die Aechtheit derſelben ſicherlich mit Unrecht bezweifelt. Hier eine Probe: Soor, 1745, 2. Oct. denke Dir wie Wihr uns geſchlagen haben, 18 gegen 50. Meine ganze equipage zum Teufel, anamarie (eins der Leibpferde) iſt thot gehauen, Eichel, Müler und Luſſer ſeindt noch nicht ausgefunden. Wan das unglük einmal wil, dem fället es alle Mahl auf dem Hals, der Köpen mus Mihr 10,000 Thlr. Schicken, Wehrſtu hier gewehen, ich hette nichts verlohren, aber Du kennſt den dummen Rittzen, der Sich gar nicht

1780 erfolgten Tod des treuen Dieners geschrieben wurden. Sie zeigen eine so innige Theilnahme an dem Befinden und Ergehen Fredersdorf's, wie der König sie ohne Ausnahme sonst Niemandem widmete. Von den kleinsten Wirthschaftsangelegenheiten bis zu den wichtigsten Kriegsbegebenheiten wird ihm im reinsten Berliner Dialekt mit der allergenialsten Orthographie Meldung gethan. In Fredersdorf's Antworten ist charakteristisch, daß er, wie alle wahrhaft anhänglichen Diener, von des Königs Sachen und Eigenthum als von dem „unsrigen" redet. Da er kränklich war und allerlei Medizin durcheinander nahm, so wiederholen sich stets des Königs Mahnungen zu einfacher Diät; man kann um das Befinden eines nächsten Verwandten sich nicht besorgter zeigen. Dieser Briefwechsel ist deshalb einzig in seiner Art, weil wir hier allein Züge von

---

zu helfen weis. — — Nuhn ist die Campagne gewiß vorbei, und werde ich Sie entigen können wan es Mihr gefällt, Sei Du nur geruhig. Rothenburg wäre bald gestorben, der guthe brave Wedel ist Thobt, Albert (der Marggraf) auch, ist nicht viel verloren. Blankenburg und Bredau auch. Helffe der Himmel weiter. In Solcher großen Gefahr und Noht bin ich Mein thage nicht gewesen als den 30. und bin doch Heraus gekommen. Gott bewahre Dihr. Mache doch meine Sachen alle In Berlin wie ich es haben will, und werde gesund. Friedrich.

Vergleiche auch Oeuvres XXVII. 2. die Notizen von Preuß über Fredersdorf's Persönlichkeit.

Hausväterlichkeit und von einem Gefühl für den häuslichen Herd, im bürgerlichen Sinne des Wortes, antreffen, die man sonst auf dem vereinsamten Lebenswege des Königs vergebens sucht. Er entging in diesem Punkte nicht dem Schicksal fast aller unvermählten alten Herren, daß sie ihr Herz zuletzt an Personen in tief untergeordneter Stellung hängen.

Wir dürfen in diesem Kapitel die Windspiele des Königs nicht mit Stillschweigen übergehen. Bis auf den heutigen Tag sieht man in Potsdam die von diesen kleinen Lieblingen zersetzten kostbaren Möbelüberzüge. Ihnen war Alles gestattet. Der König fütterte sie eigenhändig und ließ sich, wenn er im Felde war, über ihr Befinden Bericht erstatten[1]). Im Garten von Sanssouci kann man auf den Grabsteinen derselben ihre Namen lesen, — sie waren alle weiblichen Geschlechts. Starb eines dieser Thiere, so war der König Tage und Wochen lang tief betrübt, als hätte er einen theuren Freund verloren.

---

[1]) In seinen Briefen läßt der König die Windspiele grüßen. Der Vorleser Catt schreibt: Oeuvres XXIV. 27. Die liebenswürdige Alkmene befindet sich wohl. Da ich nicht ausgehen kann, lasse ich mich täglich nach ihrem Befinden erkundigen. Der König antwortet: Die Nachrichten von meiner kleinen Alkmene machen mir immer Freude. Es wird wenig Menschen von so verständiger Gesinnung geben, wie dieses Hündchen, auch schätze ich ihre Tugenden noch höher als ihre reizende Figur.

Candidat Linsenbarth. (1750.)

Wir können unmöglich von der Schilderung dieser friedlichen Jahre scheiden, ohne der bekannten Erzählung des Candidaten Linsenbarth zu gedenken, dessen Tagebuch mit unmittelbarer Wahrheit und naiver Lebendigkeit plötzlich den Schleier zerreißt, welchen ein Jahrhundert voller Sagen, Ueberlieferungen, Darstellungen und Forschungen über des Königs Gestalt ausgebreitet hat. Der arme Schulmeister läßt uns einen so klaren Blick in verschiedene damalige Culturverhältnisse, vor Allem aber in den von Grund aus doch wohlwollenden Charakter des Königs thun, daß wir ein kleines unbewußtes Kunstwerk vor uns sehen, wie es Fritz Reuter nicht besser hätte erschaffen können[1]. Linsenbarth hätte auf den Gütern des Grafen Werthern in Thüringen eine Pfarre bekommen können, allein nur unter der lästigen, ihm nicht zusagenden Bedingung, die Kammerjungfer der Frau Gräfin zu heirathen. Da er das ablehnte, war seine Carrière für immer verdorben. Den Chikanen der gnädigen Gräfin zu entgehen, ergriff der arme Mann den Wanderstab und kam am 20. Juni 1750 nach Berlin, wo er durch Lehrstunden seinen Unterhalt zu erwerben

---

[1] Das in Röbenbeck's Beiträgen abgedruckte Tagebuch ist aus dem Jahre 1750. Weshalb die Geschichte in dem trefflichen Bilderwerke von Kugler und Menzel in das Jahr 1766 verlegt wird, ist nicht ersichtlich.

hoffte. Wie es ihm da erging, mag er nun selbst erzählen: „Bei Visitirung meiner Sachen auf dem Packhofe wurden mir 400 Reichsthaler Nürnberger ganze Bazen weggenommen. Der König, sagte man mir, hätte schon etliche Jahre die Bazen ganz und gar verschlagen lassen, sie sollten in seinem Lande nichts gelten, und ich wäre so kühn und brächte die Bazen hierher, in die königliche Residenz, auf den Packhof! Contrebande, Contrebande! Das war ein schöner Willkommen. Ich entschuldigte mich mit der Unwissenheit: käme aus Thüringen, viele Meilen Weges her, hätte mithin ja unmöglich wissen können, was Se. Majestät in Dero Ländern verbieten lassen. Der Packhofs-Inspector: „Das ist keine Entschuldigung. Wenn man in eine solche Residenz reisen und daselbst verbleiben will, so muß man sich nach Allem genau erkundigen und wissen, was für Geldsorten im Schwunge gehn, damit man nicht durch Einbringung verrufener Münzen Gefahr laufe." — Ich: „Was soll ich denn anfangen? Sie nehmen mir ja so gar unschuldig die Gelder weg! Wie und wovon soll ich denn leben?" — Packhofs-Inspector: „Da muß er zusehn und ich will Ihm sogleich bedeuten: Wenn die Sachen auf dem Packhofe visitirt worden, so müssen solche von der Stelle geschafft werden." — Es wurde ein Schiebkarren herbeigerufen, meine Effecten fortzufahren; dieser brachte mich in die Jüdenstraße in den weißen Schwan, warf meine Sachen ab und forderte vier Groschen Lohn. Die hatte ich nicht. Der Wirth kam herbei, und als er sah, daß ich ein gemachtes Federbett, einen Koffer voll Wäsche, einen Sack voll Bücher und andere Kleinigkeiten hatte, so bezahlte er den Träger und wies mir eine kleine Stube im Hofe an. Da könnte ich wohnen: Essen und Trinken wollte er mir geben; — und so lebte ich denn in diesem Gasthofe acht Wochen lang ohne einen blutigen Heller, in lauter Furcht und Angst. In dem weißen Schwan spannen Fuhrleute aus und logiren da, und so kam denn öfters ein gewisser Advokat B. dahin und hatte sein Werk mit den Fuhrleuten; mit diesem wurde ich bekannt und klagte ihm meine unglücklichen Fata. Er obligirte sich, meine Gelder wieder herbeizuschaffen, und ich versprach ihm für seine Bemühungen einen Louisd'or. Den Augenblick mußte ich mit ihm fortgehen und so kamen wir in ein großes Haus; da ließ B. durch einen Bedienten sich anmelden und wir kamen in continenti vor den Minister. Der Advokat trug die Sache vor und sagte unter Anderm: „Wahr ist es, daß der König die Batzen ganz und gar verschlagen lassen; sie sollen in seinem Lande nicht gelten; aber das weiß der Fremde nicht. Ohnehin extendirt sich das Edict nicht so weit, daß man den Leuten ihre Batzen wegnehmen soll u. s. w." Hierauf fing der Minister an zu reden: „Monsieur, seid Ihr der Mann, der meines Königs Mandate durchlöchern will? Ich höre, Ihr habt Lust auf die

Hausvoigtei? Redet weiter, Ihr sollt zu der Ehre gelangen u. s. w." Was thut mein Advokat? — Er submittirte sich und ging zum Tempel hinaus; ich hinter ihm her, und als ich auf die Straße kam, so war B. über alle Berge; und so hatte er denn meine Sache ausgemacht, bis auf die streitigen Punkte.

Endlich wurde mir der Rath gegeben, den König supplicando anzutreten, das Memorial müsse ganz kurz, gleichwohl aber die contenta darinnen sein. Ich concipirte eins, mundirte es, und ging damit mit dem Aufschluß des Thors, ohne nur einen Pfennig Geld in der Tasche zu haben (o der Verwegenheit!) in Gottes Namen nach Potsdam, und da war ich auch so glücklich den König zum ersten Male zu sehen. Er war auf dem Schloßplatze beim Exerciren seiner Soldaten. Als dieses vorbei war, ging er in den Garten, und die Soldaten auseinander; vier Officiere aber blieben auf dem Platze und spazierten auf und nieder. Ich wußte vor Angst nicht, was ich machen sollte, und holte die Papiere aus der Tasche. Da war das Memorial, zwei Testimonia und ein gedruckter thüringischer Paß. Das sahen die Officiere, kamen gerade auf mich zu, und fragten, was ich da für Briefe hätte? Ich communicirte solche willig und gern. Da sie gelesen hatten, so sagten sie: „Wir wollen ihm einen guten Rath geben. Der König ist heute extra gnädig und ganz allein in den Garten gegangen. Gehe er ihm auf dem Fuße nach, er wird glücklich sein." Das wollte ich nicht; die Ehrfurcht war zu groß; da griffen sie zu. Einer nahm mich beim rechten, der Andere beim linken Arm. Fort, fort in den Garten! Als wir nun dahin kamen, so suchten sie den König auf. Er war bei einem Gewächse mit den Gärtnern, bückte sich, und hatte uns den Rücken zugewendet. Hier mußte ich stehen, und die Officiere fingen an in der Stille zu commandiren: "Den Hut unter den linken Arm! — Den rechten Fuß vor! — Die Brust heraus! — Den Kopf in die Höhe! — Die Briefe aus der Tasche! — Mit der rechten Hand hoch gehalten! — So steht!" Sie gingen fort und sahen sich immer um, ob ich auch so würde stehen bleiben. Ich merkte wohl, daß sie beliebten ihren Spaß mit mir zu treiben, stand aber wie eine Mauer voller Furcht. Die Officiere waren kaum aus dem Garten hinaus, so richtete sich der König auf und sah die Maschine in ungewöhnlicher Postur dastehen. Er that einen Blick auf mich, es war als wenn mich die Sonne durchstrahlte. Er schickte einen Gärtner, die Briefe abzuholen, und als er solche in die Hände bekam, ging er in einen anderen Gang, wo ich ihn nicht sehen konnte. Kurz darauf kam er wieder zurück zu den Gewächsen, hatte die Papiere in der linken Hand aufgeschlagen und winkte damit, näher zu kommen. Ich hatte das Herz und ging gerade auf ihn zu. O wie allerhuldreichst redete mich der große Monarch an: "Lieber Thüringer, er hat zu Berlin durch fleißiges Informiren der Kinder das Brod gesucht, und sie haben Ihm beim Visitiren der Sachen sein mitgebrachtes Thüringer Brod weggenommen. Wahr ist es, die Batzen sollen in meinem Lande nicht gelten. Aber sie hätten auf dem Packhofe sagen sollen: Ihr seid ein Fremder und wisset das Verbot nicht. Wohlan, wir wollen den Beutel mit den Batzen versiegeln, gebt solche wieder zurück nach Thüringen und laßt Euch andere Sorten schicken. Aber nicht wegnehmen. Gebe er sich zufrieden. Er soll sein Geld cum interesse zurückerhalten. Aber, lieber Mann, Berlin ist schon ein heißes Pflaster. Sie verschenken da nichts. Er ist ein fremder Mensch, ehe er bekannt wird und Information bekommt, so ist das bisschen Geld verzehrt. Was dann?" Ich verstand die Sprache recht gut. Die Ehrfurcht war aber zu groß, daß ich hätte sagen können: Ew. Majestät haben die allerhöchste Gnade, und versorgen mich. Weil ich aber so einfältig war, und um nichts bat, so wollte er mir auch nichts anbieten, und so ging er denn von mir weg, war aber kaum 6—8 Schritte gegangen, so sah er sich nach mir um und gab ein Zeichen, daß ich mit ihm gehen solle, und so ging dann das Examen an. Der König: „Wo hat er studirt?" — Ich: „Ew. Majestät, in Jena." — Der König: „Unter welchem Prorector ist er inscribirt worden?" — Ich: „Unter dem Professor theologiae Dr. Förtsch." — Der König: „Was waren denn

sonst noch für Professoren der theologischen Facultät?"
— Ich: „Budaeus, Danz, Weißenborn und Walch." —
Der König: „Hat er denn auch fleißig biblica gehört?"
— Ich: „Beim Budaeo." — Der König: „Das ist der,
der mit Wolfen so viel Krieg hatte?" — „Ja, Ew. Majestät, es war — —" Der König: „Was hat er denn
sonst noch für Collegien gehört?" — Ich: „Ethica und
Exegetica bei Dr. Förtsch, Hermeneutika und Polemika
bei Dr. Walch, hebraica beim Dr. Danz, homiletica
bei Dr. Weißenborn, pastorale et morale beim Dr.
Budaeo." — Der König: „Ging es denn zu seiner
Zeit noch so toll in Jena her, wie ehedem die Studenten sich ohne Unterlaß mit einander katzbalgten, daher
der bekannte Vers kommt: „Wer von Jena kommt un-
geschlagen, der hat von großem Glück zu sagen?" —
Ich: „Diese Unsinnigkeit ist ganz aus der Mode gekommen, und man kann dort anjetzt, sowohl als auf
andern Universitäten ein ruhiges und stilles Leben führen, wenn man nur das die cur hic observiren will.
Bei meinem Anzuge schafften die durchlauchtigen
nutritores academiae die sogenannten Renommisten
aus dem Wege und ließen sie zu Eisenach auf die Wart-
burg in Verwahrung setzen. Da haben sie gelernt
ruhig sein." — Und so schlug die Glocke Eins. —
„Nun muß ich fort," sagte der König, „sie warten auf
die Suppe." — Und da wir aus dem Garten kamen,
waren die vier Officiere noch gegenwärtig auf dem

Schloßplatze. Sie gingen mit dem Könige in's Schloß hinein, und kam Keiner wieder zurück. Ich blieb auf dem Schloßplatze stehen, hatte in siebenundzwanzig Stunden nichts genossen, nicht einen Dreier in bonis zu Brod, und war in einer vehementen Hitze vier Meilen im Sande gewatet. Da war es wohl eine Kunst, das Heulen zu verbeißen. In dieser Bangigkeit meines Herzens kam ein Kammerhusar aus dem Schlosse und fragte: „Wo ist der Mann, der mit meinem Könige in dem Garten gewesen?" — Ich antwortete: „Hier!" — Dieser führte mich in's Schloß in ein großes Gemach, wo Pagen, Lakaien und Husaren waren. Der Husar brachte mich an einen kleinen Tisch, der war gedeckt, und stand darauf eine Suppe, ein Gericht Rindfleisch, eine Portion Karpfen mit einem Gartensalat, eine Portion Wildpret mit einem Gurkensalat, Brod, Messer, Gabel, Löffel, Salz, war Alles da. Der Husar präsentirte mir einen Stuhl und sagte: „Die Essen, die hier auf dem Tische stehn, hat Ihm der König auftragen lassen, und befohlen, Er soll sich satt essen, sich an Niemanden kehren, und ich soll serviren. Nun also frisch daran." — Ich war sehr betreten und wußte nicht, was zu thun sei. Am Wenigsten wollte es mir in den Sinn, daß des Königs Kammerhusar auch mich bedienen sollte. Ich nöthigte ihn, sich zu mir zu setzen. Als er sich weigerte, that ich, wie er gesagt hatte, und ging frisch daran, nahm den Löffel und fuhr tapfer ein. Der Husar nahm das Fleisch vom Tisch und setzte es auf die Kohlenpfanne; ebenso continuirte er mit Fisch und Braten, und schenkte Wein und Bier ein. Ich aß und trank mich recht satt. Den Confect, bito einen Teller voll großer, schwarzer Kirschen und einen Teller voll Birnen packte ein Bedienter in's Papier und steckte mir solche in die Tasche, auf dem Rückwege eine Erfrischung zu haben, und so stand ich denn von meiner königlichen Tafel auf, dankte Gott und dem Könige von Herzen, daß ich so herrlich gespeiset worden. Der Husar räumte auf. Den Augenblick trat ein Secretarius herein und brachte ein verschlossenes Rescript an den Packhof nebst meinen Testimoniis und dem Passe zurück, zählte auf den Tisch fünf Schwanzdukaten und einen Friedrichsd'or; das schicke mir der König, daß ich wieder zurück nach Berlin kommen könnte. Hatte mich nun der Husar in's Schloß hineingeführt, so brachte mich der Secretarius wieder bis vor das Schloß hinaus, und da hielt ein königlicher Proviantwagen, mit sechs Pferden bespannt. Zu dem brachte er mich hin und sagte: „Ihr Leute, der König hat befohlen, Ihr sollt diesen Fremden mit nach Berlin fahren, aber kein Trinkgeld von ihm nehmen." Ich ließ mich durch den Secretarium noch ein Mal unterthänigst bedanken für alle königliche Gnade, setzte mich auf und fuhr davon. Als wir nach Berlin kamen, ging ich sogleich auf den Packhof, gerade in die Expedi=

(1750.) Candidat Linsenbarth. 383

tionsstube, und überreichte das königliche Rescript. Der Oberste erbrach es. Bei Lesung desselben verfärbte er sich, bald bleich, bald roth, schwieg still, und gab es dem Zweiten. Dieser nahm eine Prise Schnupftabak, räusperte und schneuzte sich, setzte eine Brille auf, las es, schwieg still, und gab es weiter. Der letzte endlich regte sich, ich solle näher kommen, und eine Quittung schreiben, daß ich für meine 400 Reichsthaler ganze Batzen, soviel an Brandenburger Münzsorten ohne den mindesten Abzug erhalten. Meine Summe wurde mir sogleich richtig zugezählt. Darauf wurde der Schaffer gerufen, mit der Ordre, er sollte mit mir auf die Jüden= straße gehn, in den weißen Schwan, und bezahlen, was ich schuldig wäre und verzehrt hatte. Dazu gaben sie ihm 24 Thaler, und wenn das nicht zureichte, solle er kommen und mehr holen. Das war es, daß der König sagte: Er soll seine Gelder cum interesse wieder bekommen, daß der Packhof meine Schulden bezahlen mußte. Es waren aber nur 10 Thlr. 4 Gr. 6 Pf. die ich in acht Wochen verzehrt hatte. Und so hatte denn die betrübte Historie ihr erwünschtes Ende [1]).

---

[1]) Der brave Linsenbarth fand eine bescheidene Stellung als Erzieher im Hause der Vorfahren des berühmten Chemikers Rose. Er starb daselbst 88 Jahr alt am 24. August 1777. Sein Tage= buch wurde zufällig aufgefunden und von Klaproth heraus= gegeben. Rödenbeck's Beiträge I. 462. — Zur Vergleichung der damaligen mit den heutigen Zuständen kann ein Aufsatz

Es kann wohl kaum einen größeren Gegensatz geben, als zwischen diesem armen, ehrenwerthen, trockenen deutschen Candidaten und dem Manne, von dem wir noch in diesem Kapitel etwas ausführlicher zu sprechen haben, weil derselbe längere Zeit den Mittelpunkt bildete, um welchen damals die ganze persönliche Umgebung des Königs sich drehen sollte. Voltaire war endlich durch Friedrich's unablässiges Andringen bewogen worden, an den preußischen Hof überzusiedeln. Am 19. September 1749 hatte er seine geliebte Marquise du Chatelet verloren; sie starb, 44 Jahre alt, im Kindbette[1]). Der berühmte Poet, damals bereits in der Mitte der fünfziger (er war 1694 geboren), fühlte sich vereinsamt. Seine Stellung in Frankreich war durch Streitigkeiten mit aller Welt unhaltbar geworden, und er entschloß sich, die Geringschätzung zu vergessen, mit welcher seine Versuche auf dem Felde der Diplomatie bei dem letzten Besuche in Potsdam von Friedrich II. zurückgewiesen worden. In der That konnten diese beiden merkwürdigen Männer eben so wenig ohne einander als mit einander leben. Wie gering der König

---

des Verfassers: Wanderung nach dem Hauptsteueramt von Breslau, dienen. Feuilleton der Schlesischen Zeitung vom 7ten Januar 1859.

[1]) Friedrich an Algarotti XVIII. 66. 12. September 49: Die Du Chatelet erwartet ihre Entbindung. Si l'embryon paraît, ce sera peutêtre des oeuvres melées.

von Voltaire's Charakter dachte, wissen wir. In dem eben angeführten Briefe schreibt er an Algarotti: Voltaire hat sich nichtswürdig betragen. Er verdient mit einem Brandmal aus dem Musentempel gejagt zu werden. Wie schade, daß ein so erbärmlicher Geist diese großen Talente besitzt! Er hat die Behendigkeit, aber auch die Bosheit eines Affen — mehr davon später mündlich. Ich lasse mir nichts merken, weil ich ihn für das Studium der französischen Aussprache nicht entbehren kann. Auch von einem Schuft sind oft gute Dinge zu lernen. „Ich brauche sein Französisch, was kümmert mich seine Moral!" Aus diesem Grunde hörte er nicht auf, ihn mit den dringendsten Einladungen zu bestürmen und Briefe voll von überschwenglichen Schmeicheleien an den eitlen Poeten zu senden, die dann umgehend in gleicher Münzsorte erwiedert wurden. Endlich kam man im August 1750 über die Bedingungen des Zusammenlebens überein. Voltaire, in der ganz richtigen Meinung, daß ein König Etwas dran wenden müßte, um ihn als französischen Sprachlehrer und nebenbei noch als Gesellschafter zu engagiren, war nicht blöde in seinen Forderungen. — Viertausend Thaler Reisegeld, fünftausend Thaler Gehalt, Wohnung im Schlosse, freie Tafel, Equipage u. s. w. Außerdem bewilligte der König ihm die Kammerherrnwürde, die allerdings unter Friedrich dem Großen wo möglich noch weniger zu bedeuten hatte als heutzutage, und verlieh ihm, was schon mehr sagen wollte, den Orden pour le mérite, den er dem zudringlichen Poeten kurz vorher abgeschlagen hatte ¹). Daß der König sich überwinden mußte, trotz seiner Sparsamkeit so große Summen zu gewähren, war ein kleiner Stachel, der fortwährend reizte und nicht dazu beitrug, das ganze Verhältniß auf die Dauer zu befestigen. Voltaire seinerseits glaubte ebenfalls, vielleicht nicht mit Unrecht, ein Opfer zu bringen, „Ich habe," schrieb er später an die Herzogin von Gotha, „meine Zeit und mein Vermögen ihm zur Verfügung gestellt. Drei Jahre lang mußte ich ihm als Lehrer schriftlich und mündlich alle Tage in den Dingen meines Berufes Unterricht ertheilen." Daß er in der Zeit, die das kostete, durch eigene Arbeiten eben so viel verdient hätte, als der König ihm gab, ist nicht zu bezweifeln.

Zuerst ging Alles vortrefflich. Voltaire's Gegenwart nöthigte den Kreis von Sanssouci, sich zusammenzunehmen, um neben einem solchen Geiste nicht voll-

---

¹) Sehr cavaliermäßig hatte Voltaire seine Bitte gestellt, um, wie er sagte, das französische Publikum zu überzeugen, daß er noch bei dem Könige in Gunst stehe: „Ew. Majestät haben mir Pillen geschickt, die sehr gut gewirkt haben. Wenn Sie mir aber ¼ Elle von Ihrem schwarzen Bande schicken wollten, so würde mir das noch größere Dienste thun." Oeuvres XXII. 213. Die Correspondenz aus dieser Zeit ist für beide Theile besonders charakteristisch.

ständig übersehen zu werden. Prinzen und Prinzessinnen, der Hof, Gesandte und Minister überboten einander in Zuvorkommenheiten gegen einen Mann, den der König vor allen Sterblichen auszeichnete. Friedrich selbst schien jede Minute für verloren zu halten, die er nicht in Voltaire's Gesellschaft zubringen konnte. Er gestattete demselben größere Freiheit im Reden und Benehmen als sonst einem seiner „Freunde." Nur in seltenen Fällen, wenn der übermüthige Franzose es mit der Familiarität denn doch zu weit trieb, runzelte sich des Königs Stirn. Dann pflegte Voltaire die Sache in's Scherzhafte zu wenden, indem er der übrigen Gesellschaft warnend zurief: „Stille, meine Herren! der König von Preußen ist eben eingetreten." Das brachte in der Regel den erzürnten Monarchen zum Lachen, und die ungezwungene Unterhaltung ging weiter. —

Seinem eigentlichen Amte, den König in den Feinheiten des Französischen zu unterrichten und dessen Verse und Prosa zu corrigiren, widmete sich Voltaire mit großem Eifer und vieler Zeitaufopferung. Er wußte, daß er nichts halb thun dürfe, wenn er einem Manne wie Friedrich II. genügen wollte. Seinen Tadel, mit dem er übrigens nie zurückhielt, wußte er durch geschickt beigemischte Zeichen der Bewunderung zu versüßen. Bei der Herausgabe der „Werke des Philosophen von Sanssouci," welche 1750 prachtvoll gedruckt wurden, leistete er den thätigsten Beistand.

Eine eigene geheime Druckerei war für diesen Zweck im Schlosse errichtet. Das Buch kam damals noch nicht in's große Publikum, sondern wurde nur an vertraute Freunde vertheilt. Besonders die Gedichte, von denen ebenfalls eine Auswahl in nur 12 Exemplaren gedruckt wurde, wollte der König wie ein heiliges Pfand für denjenigen betrachtet wissen, dem er sie als Zeichen besonderer Gunst verehrte. Vor Allem wurde eines dieser Gedichte, das Palladium, ein komisches Epos über Valori's Errettung aus den Händen der Panduren, sehr geheim gehalten. Ludwig XV. z. B. wendete vergebens alle Mittel an, um ein Exemplar davon in die Hände zu bekommen.

Das ungetrübte Einvernehmen mit Voltaire dauerte aber nicht lange. Gar bald machten die vielen Schattenseiten seines Charakters sich unangenehm bemerklich. Mit giftiger Eifersucht suchte er Jeden zu kränken, wo möglich vom Hofe zu verdrängen, der neben ihm auch nur bemerkt wurde. Besonders aber gab es beständige Händel mit Maupertuis, der von Gesinnung viel ehrenwerther, aber nicht minder eitel war als Voltaire und viel mehr lächerliche Seiten zum Angriff darbot als dieser. In seinen philosophischen Briefen hatte der berühmte „Plattdrücker der Erdkugel" seinen gelehrten Schrullen, deren wir früher gedachten, so recht freien Lauf gelassen. Er schlug vor, ein Loch bis an den Mittelpunkt der Erde zu graben, um deren Beschaffenheit im Innern kennen zu lernen. Man sollte den Patagoniern die Schädel öffnen, um die menschliche Seele im Gehirn zu entdecken. Alle Krankheiten, behauptete er, ließen sich heilen, wenn man die Patienten mit Pech überzöge, um schädliche Ausdünstungen zu hindern.

Das war zu viel für Voltaire's Spottsucht! Er schrieb gegen diese Thorheiten einen äußerst witzigen Aufsatz unter dem Titel: Geschichte des päpstlichen Leibarztes Akakia, der noch heut jeden für Humor empfänglichen Leser auf's Höchste ergötzen muß. Friedrich, dem er diese Schrift vorlas, war ganz entzückt von derselben, wollte aber den Präsidenten seiner Akademie geschont wissen und verbot Voltaire auf's Schärfste, die Satyre zu veröffentlichen. Das empörte den Autorstolz eines Mannes, der sich mit Recht als den ersten Schriftsteller seines Jahrhunderts betrachtete. Dennoch versprach er, das Libell zu unterdrücken, brach aber bald sein Wort, indem er heimlich in Dresden eine Ausgabe mit dem Druckorte Leyden erscheinen ließ [1]). Das hatte sehr heftige Erörterungen mit dem Könige zur Folge. Voltaire mußte einen förmlichen Revers unterzeichnen, in welchem er versprach, sich der übermüthigen Ausfälle gegen Personen zu enthalten, die Friedrich's Schutz

---

[1]) Ueber diese Voltaire'schen Händel findet man mit großer Ausführlichkeit Alles beisammen im 9. Bande von Carlyle.

genossen, und sich überhaupt anständig zu betragen. (Se gouverner convenable à un homme de lettres qui vit avec des honêtes gens.) Man sollte meinen, das war Demüthigung genug. Trotz dessen ließ der König sich durch seinen Aerger und durch Maupertuis Klagen hinreißen, dem Dichter eine nie zu vergessende Schmach zuzufügen, indem er auf öffentlicher Straße in Berlin, dicht bei Voltaire's Wohnung, den Akakia durch Henkers Hand verbrennen, und daß dies geschehen, durch die Zeitungen bekannt machen ließ. Nun schickte Voltaire Kammerherrnschlüssel und Ordenskreuz zurück, leider mit einigen Versen begleitet, welche den Wunsch durchblicken ließen, der König möge einen Ausweg zur Versöhnung finden. Fredersdorf spielte dabei den Vermittler. Er brachte Voltaire dahin, einen demüthigen Brief zu schreiben, worauf Verzeihung und Zurückgabe von Orden und Schlüssel erfolgte. Von da an aber ist das Unrecht allein auf Voltaire's Seite. Er unternahm mit einem Juden Hirsch wucherische, geradezu betrügerische Geschäfte mit sächsischen Steuerscheinen. Diese Papiere standen in Sachsen selbst 30—35 Procent unter ihrem Nennwerth. Friedrich II. hatte aber im Dresdener Frieden ausgemacht, daß diejenigen Steuerscheine, welche sich beim Abschluß desselben in den Händen von preußischen Unterthanen befänden, voll in Golde ausbezahlt und bis zur Zahlung verzinst werden sollten. Voltaire veranlaßte nun

den Hirsch, indem er ihm durch Wechsel auf seinen
Pariser Banquier Deckung gab, für eine bedeutende
Summe in Dresden solche Kassenscheine zum dortigen
niedrigen Preise anzukaufen, die man sich dann von
Berlin aus voll bezahlen lassen wollte, was einen Profit
von beiläufig 6000 Thalern abgeworfen hätte. Leider
war Hirsch nicht blos eben so gemein, sondern auch eben
so pfiffig wie Voltaire. Jeder glaubte sich von dem
Andern überlistet, die Sache wurde ruchbar, und es kam
zu einem Prozeß, in welchem der erhabene Sänger der
Henriade noch überdies beschuldigt wurde, seinen jüdi=
schen Compagnon durch Vertauschung von echten Bril=
lanten gegen falsche betrogen zu haben [1]. Der wahre
Thatbestand ist nicht mit Sicherheit festzustellen. Vol=
taire erbot sich zum Eide, Hirsch ebenfalls, doch durfte
dieser als Jude einem Christen! gegenüber nicht zum
Schwur gelassen werden. Es kam zu einer Art von
Vergleich. — Was der König von der ganzen Sache
dachte? „Voltaire betrügt die Juden!" schreibt er an
seine Schwester Wilhelmine [2]. An den Poeten selbst
aber: (28. Februar 1751) — „Ich hoffe, Sie werden
künftig weder mit dem alten noch mit dem neuen Testa=
ment prozessiren. Vergleiche, wie Sie einen abge=
schlossen haben, lassen immer einen Fleck auf dem guten

---

[1] Die Aktenstücke in Klein's Annalen Bd. V. p. 225—276.
[2] Oeuvres XXVII. 1. 198. XXII. 265.

Rufe zurück, — — es schickt sich nicht, daß der Name
des größten französischen Genies mit dem Juden Hirsch
zusammen genannt wird. Das schreibe ich Ihnen nach
meinem gesunden deutschen Menschenverstande, ohne die
Wahrheit durch Komplimente und zweideutige Worte
zu verhüllen. Ziehen Sie sich eine Lehre daraus."
Wie dringend des Königs Bedürfniß war, Voltaire
als Lehrer und als Verbesserer seiner Schriften in der
Nähe zu behalten, und wie groß andererseits für Voltaire
der Reiz des Berlin=Potsdamer Aufenthalts sein mußte,
trotzdem man ihm glauben darf, daß es keine Freude
für ihn war, „des Königs schmutzige Wäsche zu waschen,"
— beweist der Umstand, daß nach allen eben erwähnten
schmählichen Vorgängen noch ein Zusammenleben bis
zum 25. März 1753 möglich war. Auch dann noch
schied der berühmte Franzose unter dem geforderten und
geleisteten Versprechen baldiger Rückkehr. Dazu aber
ist es nicht gekommen. Beide Männer haben einander
nachher nicht wieder gesehn. Voltaire reiste über Leip=
zig [1]) und Dresden zur Herzogin von Gotha, die ihn
eingeladen hatte. Nachdem er hier, hochgefeiert, meh=
rere Wochen verlebt, gelangte er am 31. Mai nach Frank=
furt am Main.

---

[1]) Von Leipzig aus gab es noch mit Maupertuis schriftlichen
Zank, welcher mit einer Herausforderung endete, zum großen Er=
götzen des Königs und der ganzen lachlustigen Welt.

(1750—1753.) Voltaire.

Da der schließliche Abschied von Friedrich II. noch unter freundlichen Formen statt gefunden hatte, so war dem scheidenden Dichter erlaubt worden, nicht nur seinen Orden und goldenen Schlüssel, sondern sogar das Exemplar von des Königs Gedichten mitzunehmen. Kaum aber war Voltaire abgereist, als dem Könige in Betracht der Akakiageschichte das Bedenken aufstieg, es könnte mit seinen als Manuscript gedruckten Versen ähnlicher Unfug getrieben werden. Das mußte er um jeden Preis verhindern, weil die „Poesien" allerlei Ausfälle auf gekrönte Häupter, namentlich auf den König von England enthielten, woraus bei dem damaligen Stande der Dinge die übelsten Folgen erwachsen konnten. Diese Befürchtungen waren keineswegs übertrieben, aber des Königs Vorsicht kam zu spät, denn wirklich erschien später in Frankreich eine Ausgabe der Gedichte, ob unter Voltaire's Mitwirkung und durch seine Schuld, ist nicht aufgeklärt. Die Rückforderung des Ordens und Kammerherrnschlüssels läßt sich aber in keiner Art rechtfertigen; diese ihm abzunehmen, wäre nach der Steuerscheinaffaire an der Zeit gewesen, als aber Friedrich die Ehrenzeichen damals von Neuem ertheilte, mußte es dabei bewenden. — Dessenungeachtet erhielt Fredersdorf den Auftrag, dafür zu sorgen, daß Voltaire in Frankfurt angehalten und zur Herausgabe jener Sachen, vor allem der Poesien, genöthigt würde. Der Befehl wurde in der ungeschicktesten Weise ausgeführt¹). Der preußische Resident Freitag in Frankfurt erhielt von Fredersdorf die Anweisung, Voltaire's Scripturen, ohne nähere Bezeichnung welche, zu saisiren. Der diensteifrige Beamte ließ nun, nachdem er vom Magistrate Vollmacht erhalten, dem berühmten Manne, der im Gasthofe zum Löwen Quartier bestellt hatte, in aller Stille auflauern. Voltaire wurde bei seiner Ankunft sofort verhaftet, ihm jedoch gegen Ehrenwort gestattet, im Gasthause und dem dazu gehörigen Garten frei umherzugehen. Durch Hin- und Herschreiben nach Berlin (der König war gerade zur Revue nach Preußen gegangen und erfuhr von den Einzelnheiten dieser Execution nichts) verschleppte sich die Sache in unglaublicher Weise. Die Post ging nur zwei Mal wöchentlich zwischen Frankfurt und Berlin und war mindestens acht Tage unter Wegs. Das barsche Auftreten des Residenten erbitterte den verfolgten Dichter nur noch mehr, und um das Maß der Verdrießlichkeiten voll zu machen; befanden sich des Königs Gedichte in einem in Leipzig zurückgelassenen Koffer, der erst nach drei Wochen eintraf. Endlich kam auch der König nach Berlin zurück und befahl sofort die Freilassung Voltaire's, der denn auch, in vollster, leicht erklärlicher Wuth, sogleich abreiste, ohne auf die

---

¹) Den Verlauf dieser ganzen Sache hat Varnhagen im Berliner Kalender von 1846 aktenmäßig mitgetheilt.

Auslieferung seiner mit Beschlag belegten Reiseeffecten zu warten. In seinen Memoiren hat er diese ganze Begebenheit, allerdings entstellt und übertrieben, weltkundig gemacht, aber das Publikum gewann er dadurch nicht für sich. Zwar schüttelte Mancher über des Königs Härte und Willkür den Kopf, allein vor hundert Jahren war man an solche Vorfälle gewöhnt. Die Aeußerung der Schadenfreude war allgemein. Man gönnte dem eitlen und boshaften Mann, der seinen vertrauten Umgang mit Friedrich II. so geckenhaft auspofaunt und sogar erzählt hatte, der König habe ihm die magern Hände geküßt, von Herzen die erlittene Demüthigung. Besonders in Frankreich entstand ein förmliches Jubelgeschrei, was die Wuth des beleidigten Dichters fast zur Raserei steigerte.

Unglaublich, wie solche Vorgänge uns heut zu Tage erscheinen, war doch das, was nun folgte, fast noch unglaublicher. Schon im März 1754 übersendete Voltaire dem Könige wieder eine seiner Schriften und erhielt eine zwar gemessene, über die Vorgänge des verflossenen Jahres sich tadelnd aussprechende, aber doch nichts weniger als ganz abstoßende Antwort. Von da spinnt der Briefwechsel zwischen Beiden in allmählich wachsendem Tempo sich wieder an, um erst mit Voltaire's Tode zu endigen. Wir werden davon später noch zu reden haben.

Zwölftes Kapitel.

Ursachen des siebenjährigen Krieges.

Während Friedrich II. kluger Weise durch den Dresdener Frieden sich den ruhigen Besitz des eroberten Schlesiens verschafft hatte und in voller Muße seine ganze Kraft den inneren Bedürfnissen des Staates und der stets größeren Wehrhaftigkeit desselben widmete, wurde der österreichische Erbfolgekrieg mit Hilfe der Seemächte von Maria Theresia weiter geführt. Nachdem sie sich mit dem jungen Kurfürsten von Baiern verglichen und denselben in sein Land wieder eingesetzt hatte, konnte sie ihre ganze Macht gegen Frankreich wenden.

Aber das Glück stand ihr nicht zur Seite. Die Franzosen, unter Moritz von Sachsen, eroberten 1746 die gesammten österreichischen Niederlande, mit Ausnahme von Luxemburg und Limburg, 1747 sogar das holländische Flandern. Die Generalstaaten suchten deshalb mit größtem Eifer den Frieden herbeizuführen, und Maria Theresia konnte die treuen Bundesgenossen, welche ihretwegen in Gefahr geriethen, von Frankreich verschlungen zu werden, nicht im Stiche lassen. Da nun auch England müde war, nach allen Seiten hin Subsidien zu zahlen, die keine Früchte trugen, und überdies in Amerika und in Ostindien vollauf zu thun hatte, so ging man auf dem Congreß zu Aachen von allen Seiten mit solchem Eifer an das Friedenswerk, daß schon im April 1748 die Präliminarien und am 18. October das Friedensinstrument selbst unterzeichnet werden konnte. Die gemachten Eroberungen wurden von jedem der Theilnehmer zurückgegeben, bis auf einige Landschaften in Oberitalien, welche die Kaiserin-Königin theils dem Infanten Don Philipp, theils dem Könige von Sardinien abtrat.

Der Krieg hatte weite, blühende Länder verwüstet, unzählige Familien an den Bettelstab gebracht, England, Frankreich und Holland in schwere Schulden gestürzt, Oesterreich hatte Schlesien und einen Theil seiner italienischen Besitzungen verloren, — nur der König von Preußen war als Gewinner aus dem Kampfe hervorgegangen. Die Eroberung Schlesiens wurde von allen Mächten im Aachener Frieden nochmals anerkannt, weßhalb auch Friedrich II. allein von Allen mit dem Ergebnisse desselben zufrieden war.

Die andern Betheiligten dagegen betrachteten den jetzt geschaffenen Stand der Dinge keineswegs als eine dauernde Grundlage für die Zukunft, namentlich blieben die Streitigkeiten zwischen England und Frankreich über die Grenzen ihrer amerikanischen Colonien [1]) nach

---

[1]) Des damals französischen Canada und des jetzigen Gebiets der Vereinigten Staaten von Nordamerika.

wie vor unerledigt. Die Engländer beanspruchten alles
Land bis an den Lorenzstrom, während Frankreich nur
die Halbinsel Neuschottland abtreten wollte. Neuer
Zwiespalt ergab sich, als Georg II. der Ohio-Handels-
compagnie 600,000 Morgen Land in einer Gegend an-
wies, auf welche die Franzosen Anspruch machten. Der
äußerst einträgliche Pelzhandel kam dabei in Frage.
Man verübte beiderseits allerlei Feindseligkeiten zur
See und zu Lande, und bevor es am 15. Mai 1756 zu
einer förmlichen Kriegserklärung kam, hatten die
Engländer schon mehr als 250 französische Kauffahrer
gekapert. Es war, ohne daß man sich das vollständig
klar machte, nichts Geringeres als ein Kampf um die
Frage, ob Frankreich oder England auf dem Weltmeere
gebieten sollte.

Auch in Ostindien geriethen beide Mächte an einander.
Die Franzosen hatten zuerst unter Colbert ihren Handel
in die dortigen Gegenden ausgedehnt und durch Verträge mit den einzelnen Fürsten das Land erworben,
wo später Pondicherry gegründet wurde. Während des
österreichischen Erbfolgekrieges richteten die Engländer
ihre Angriffe auch gegen diese französischen Niederlassun-
gen, die ihnen längst ein Dorn im Auge gewesen, sie
wurden aber von La Bourdonaie, dem Gouverneur von
Isle de France und Isle de Bourbon, zurückgeschlagen,
und sogar Madras fiel diesem tapfern Manne in die
Hände (September 1746). Im Aachener Frieden

jedoch wurde dasselbe mit allen anderen Eroberungen
zurückgegeben. Die alte Eifersucht und die beiderseitige
Eroberungslust wurde dadurch aber nicht gestillt. Un=
zweifelhaft mußte der Kampf bald wieder von Neuem
ausbrechen, und eben so unzweifelhaft war es, daß die
europäischen Besitzungen der streitenden Mächte von
einem solchen Kampfe nicht unberührt bleiben konnten.
Da nun die großbritannischen Inseln nicht wohl anzu=
greifen sind, so richtete sich das Augenmerk der Fran=
zosen um so mehr auf Hannover, als dies Kurfürsten=
thum dem Könige Georg II. ganz besonders werth war,
und er auf alle Weise den englischen Einfluß und den
englischen Reichthum zu Gunsten seines Stammlandes
auszubeuten suchte. „Amerika wird in Deutschland
erobert werden!" hatte Pitt sehr richtig vorausgesagt.
So war denn, wie immer, unser Vaterland wieder zum
Kampfplatze ausersehen, um französische und englische
Interessen durchzufechten.

Neben diesen Verwickelungen bewegte sich aber ein
nicht minder mächtiger Strom leidenschaftlich kriege=
rischer Erregung in Deutschland selbst. Maria Theresia
konnte den Verlust Schlesiens nicht verschmerzen, wie
denn kein Unparteiischer es ihr verargen wird, daß sie
sich im Lichte einer hinterrücks von auflauernden
Feinden beraubten Frau erschien, die volles Recht habe,
bei günstiger Gelegenheit sich wieder in Besitz ihres
Eigenthums zu setzen. Sie fand für ihr gekränktes

Sachsen. (1746—1756.)

Gefühl bei einem großen Theil der europäischen Mächte volle Theilnahme, um so mehr, als nicht nur Friedrich's II. wachsende Macht deren Eifersucht erregte, sondern auch die meisten seiner Mitfürsten persönlich, und zwar jedes Mal an der empfindlichsten Seite, von ihm beleidigt waren.

Er hatte bisher seine Unternehmungen so rasch und mit solchem Glücke begonnen und durchgeführt, daß man ihm zutraute, er werde keine Gelegenheit vorbeigehen lassen, wo nach irgend einer Seite hin eine Eroberung in Aussicht stand. Sein jährlich wachsendes Kriegsheer glich einer beständigen Drohung. Am unsichersten fühlte man sich in Sachsen. Die Bewohner dieses von der Natur reich gesegneten Ländchens bildeten durch ihre eigenthümlich höflichen und fleißigen Sitten und Gewohnheiten, sogar durch ihre ausgeprägte Sprachweise ein geschlossenes Ganze, in welchem sich das Gefühl gesonderter Nationalität ausgebildet hatte. Mit Haß und Furcht blickten sie auf das starke begehrliche Preußen, dem sie böse Absichten gegen ihre Unabhängigkeit zutrauten. Zu schwach, um sich selbst zu schützen, waren sie doch als Verstärkung einer dritten Macht immerhin nicht bedeutungslos, wenn gleich die liederliche Hofwirthschaft der Auguste sie verhindert hatte, ihr Kriegswesen in guten Stand zu setzen. In den beiden schlesischen Kriegen hatte es sich gezeigt, daß Preußen in kein Unternehmen gegen Böhmen und Oesterreich sich mit Sicherheit einlassen konnte, wenn es diesen unzuverläßigen Nachbar im Rücken hatte, ja, die märkischen Ebenen standen jedem Feinde offen, dem Sachsen den Eintritt in dieselben frei machen wollte. Ein so bedenkliches Verhältniß hatte zur Folge, daß die im Stillen genährten Hoffnungen und Pläne zur Niederhaltung, wo möglich zur Zerstückelung des aufstrebenden preußischen Staates nirgends lebhaftere Theilnahme fanden, als am dresdener Hofe. Allein man mußte sich hüten, diese Gesinnungen laut werden zu lassen, um nicht den schnell entschlossenen Friedrich II. vielleicht nächstens wieder in die Mauern der eben erst geräumten Hauptstadt einziehen zu sehen.

Nächst den Sachsen hatte der König von England als Kurfürst von Hannover am meisten von Preußen zu fürchten, besonders wenn durch den Land- und Seekrieg mit Frankreich die englische Flotte und das englische Heer anderwärts beschäftigt waren. Das Bündniß zwischen Preußen und Frankreich lief erst im Jahre 1756 ab, Friedrich II. mußte also immer noch als Alliirter dieser Macht erscheinen, und die Vermuthung lag nahe, daß die Franzosen den König zu einem Einfall in Hannover bewegen würden. Englands wahres Interesse forderte es, daß überhaupt auf dem Festlande Europa's Friede bleibe, damit es seine Kräfte ungestört in Amerika und Ostindien entfalten könnte. So lange man aber mit Oesterreich im Bunde war, konnte von Aussicht auf dauernden Frieden nicht die Rede sein, weil Maria Theresia's ganzes Sinnen darauf gerichtet blieb, beim Ausbruche eines neuen Krieges, den sie herbeiwünschte, ohne ihn direct veranlassen zu wollen, das verlorene Schlesien wiederzugewinnen. Sehr richtig hatte deßhalb der große Staatsmann William Pitt begriffen, daß man dieses österreichische Bündniß lösen und dagegen die Freundschaft des religionsverwandten Preußen suchen müßte, um die deutschen Besitzungen des Königs von England wirksam geschützt zu sehen. Georg II., der in beschränktem Eigensinn es liebte, die Politik des Landes nach seinen Meinungen und Gefühlen, oft gegen den ausgesprochenen Willen des Parlaments, zu beeinflussen, war kein Freund seines Neffen Friedrich II. Außerdem hatte er gegen Pitt einen persönlichen Widerwillen und suchte denselben, trotz der immer lauter werdenden Volksstimme, aus dem Ministerium fern zu halten, oder, wenn er den Eintritt desselben augenblicklich gestatten mußte, ihn bald wieder zu verdrängen. Die weit unfähigeren Männer, welche in der Zwischenzeit das englische Staatsruder lenkten, die Newcastle, Carteret, Pelham, eine kurze Zeitlang auch Fox, suchten nun auf Umwegen den Frieden zu erhalten; sie hegten einerseits den ganz unausführbaren Gedanken, Hannover für neutral erklären zu lassen, anderseits hofften sie, den König von Preußen gleichsam lahm zu legen, indem sie die Kaiserin von Rußland vermochten, ein Heer an der livländisch-litthauischen Grenze aufzustellen, welches in Preußen einbrechen sollte, sobald Friedrich II. Etwas gegen Hannover unternähme [1]). Der englische Gesandte in Petersburg, Sir Hanbury Williams, war sehr geschickt ausgewählt, um bei der Kaiserin Englands Absichten zu fördern. Er kannte bald genau den Tarif, nach welchem die einflußreichen Personen am dortigen Hofe zu kaufen waren, und vertheilte die Bestechungssummen so zweckmäßig, daß am 9. August 1755 ein Vertrag zu Stande kam, nach welchem Rußland gegen Subsidien von jährlich einer halben Million Pfund Sterling 55,000 Mann für die englischen Zwecke bereit zu halten versprach.

Daß man sich in England auf solchen Umwegen vor einem Angriffe Friedrich's II. sicher zu stellen suchte und nicht vielmehr direct an eine Verbindung mit demselben dachte, erklärt sich, wie gesagt, aus dem noch immer bestehenden preußisch-französischen Bündnisse; und doch war an eine Verlängerung desselben nach Ablauf des Endtermins nicht zu denken. Keiner von beiden Theilen hatte Vortheil davon gehabt. Für den König waren die französischen Siege in den Niederlanden, wie

---

[1]) Ueber die Vorgänge im englischen Cabinet vergleiche Raumer's Beiträge II. und Schäfer, Siebenjähriger Krieg. Einleitung.

er selbst sagte, nicht mehr werth, als wären sie in China erfochten worden, und Frankreich hatte im Aachener Frieden alle seine Eroberungen herausgeben müssen. Kaum war daher die Kunde von dem englisch-russischen Subsidienvertrage durch die Späher, welche Friedrich am Petersburger Hofe unterhielt, nach Berlin gedrungen, als auch schon die preußischen Gesandten in London und im Haag angewiesen wurden, zu berichten, ob und wie diese drohende Gefahr abzuwenden wäre. Die englischen Minister erklärten sofort, daß, wenn Preußen sich mit ihnen verbinden wollte, um den Frieden in Deutschland zu erhalten, sie bereit wären, das Vorrücken der Russen zu verhindern. Der König erwiederte, ohne sich zu bedenken, daß er einen Neutralitätsvertrag mit England abzuschließen geneigt wäre, was um so mehr geschehen könnte, als die Freundschaft des Londoner Hofes mit Oesterreich ihre Endschaft erreicht hätte, seitdem der Kaiser sich geweigert, das deutsche Reich zum Schutze von Hannover aufzubieten [1]).

Zudem hatte sich die fast unglaublich klingende Nachricht verbreitet, daß Oesterreich sich dem französischen Hofe zu nähern beginne und, im Widerspruch mit den Jahrhunderte lang überlieferten feindlichen Gesinnungen der Häuser Habsburg und Bourbon, ein Schutz- und Trutzbündniß mit Frankreich zu schließen

---

[1]) Die Beläge bei Schäfer p. 113. Mullke-Huschberg p. 13.

beabsichtige ¹). — Dieser Gedanke war in dem Kopfe des Grafen Kaunitz entsprungen, welcher sich als österreichischer Gesandter in Paris befand. Persönliche Interessen und Leidenschaften spielten, wie überall im 18. Jahrhundert, auch bei den deßhalb angeknüpften Unterhandlungen eine Hauptrolle. Kaunitz hatte durch seine Gemahlin, eine geborene Gräfin Rietberg, Ansprüche auf bedeutende Besitzungen in Ostfriesland, welche auch in der Friedrich Wilhelm I. ertheilten Eventualbelehnung ausdrücklich vorbehalten waren. Als nun Friedrich II. nach dem Tode des letzten Herzogs von dem Lande Besitz nahm, kümmerte er sich um diesen Vorbehalt nicht, sondern verleibte die Rietberg'sche Herrschaft mit den übrigen Bezirken in den preußischen Staat ein, ohne auf die Proteste der Familie die geringste Rücksicht zu nehmen.

Das trug natürlich dazu bei, den Haß, welchen Kaunitz gegen den Eroberer Schlesiens hegte, noch mehr zu schärfen. Aber auch in Frankreich hatte der König sich die damals einflußreichste Person zur erbittertsten Feindin gemacht. Die unter dem Namen der Marquise von Pompadour bekannte Maitresse Ludwig's XV. wurde als Spenderin aller königlichen Gunstbezeigungen und als fast unumschränkte Gebieterin über den

---

¹) Bereits 1741 und dann wieder 1744 waren durch Stainville geheime Unterhandlungen gepflogen worden, um Frankreich auf Oesterreichs Seite zu ziehen. v. Arneth III. 123. 437.

Willen ihres Geliebten von Einheimischen und Fremden mit der größten äußerlichen Ehrerbietung behandelt. Vornehme und Geringe huldigten ihren Launen, die fremden Gesandten fanden sich wartend im Vorzimmer der Dame ein. Friedrich II. allein verbot seinen Ministern, von ihr Notiz zu nehmen, und als Voltaire nach Potsdam Grüße der Pompadour überbrachte, antwortete der König: Ich kenne sie nicht.

Außerdem wurden seine beleidigenden Bemerkungen über die Dame und über Ludwig XV. selbst von Mund zu Mund getragen und fanden ihren Weg zu dem Ohr der betreffenden Personen. So hatte Friedrich gesagt: Man müsse die Regierung des Königs von Frankreich eintheilen in die Regentschaft von Cotillon I., Cotillon II. und Cotillon III., und was dergleichen mehr war, wodurch er, dem Reize eines witzigen Einfalls nachgebend, bei dieser und anderer Gelegenheit mehr als ein Mal die unheilvollsten Ereignisse auf sich und sein Land heraufbeschwor. Auf diese Eindrücke bauend, arbeitete Kaunitz unabläßig an seinem Bündnißproject. Er selbst war nicht mehr in Paris, sondern bekleidete bereits den Posten des dirigirenden Ministers in Wien, während Stahremberg die französischen Unterhandlungen mit der Pompadour und ihrem Lieblingsminister, dem poetischen Abbé Bernis, weiter zu führen hatte. Daß hier etwas Gefährliches vorgehe, vermuthete Friedrich II.

schon im Februar 1756 durch seinen Gesandten Knyphausen¹), aber den eigentlichen Gegenstand der Unterhandlungen konnte Niemand erfahren, da strenge Maßregeln getroffen waren, um das Geheimniß zu bewahren. — Oesterreichischerseits verstand man es, in Paris die ausschweifendsten Hoffnungen zu erregen. Einem Bündnisse zwischen Ludwig XV. und Maria Theresia, so stellte man vor, würden sich unzweifelhaft bald die Bourbons in Spanien und Neapel anschließen und auf diese Weise eine unwiderstehliche Macht darstellen, welche über Europa's Geschicke nach Belieben verfügen könnte. Da auch Rußland's Mitwirkung für sicher galt (von dem Subsidientractat mit England wußte man theils noch nichts, theils stützte man sich auf die Versprechungen, welche beide Kaiserinnen einander als erbitterte Feindinnen Friedrich's II. gemacht hatten), so wäre dann allerdings eine Verbindung von solcher Ausdehnung entstanden, wie kaum je zuvor. Nicht nur die Zerstückelung der preußischen Monarchie, sondern auch die Vertreibung der Engländer aus den festen Punkten, welche dieselben im Mittelmeer inne hatten, namentlich aus Gibraltar, erschien ausführbar.

Um solche Pläne desto besser zu verdecken, wurde französischer Seits der diplomatische Verkehr mit Friedrich II. auf dem freundschaftlichsten Fuße fortgeführt,

---

¹) Aus dessen Berichten an den König bei Schäfer 149.

und der dem Könige persönlich sehr willkommene Valori wieder nach Berlin geschickt, mit dem Auftrage, zu erforschen, ob und was dort etwa mit England verhandelt würde. Von der beabsichtigten französisch-österreichischen Allianz wußte auch dieser Gesandte noch nichts. In ähnlicher, wenn gleich nicht ganz so hinterlistiger Weise sollte Maria Theresia von ihrem bisherigen Verbündeten Georg II. getäuscht werden, indem man ihr noch immer auf Englands Beistand gegen einen etwaigen Angriff des Königs von Preußen Hoffnung machte[1]). Das widersprach allerdings insofern nicht dem bereits am 16. Januar 1756 abgeschlossenen Neutralitätsvertrage zwischen England und Preußen, als in demselben der Beistand Englands nur für den Fall zugesagt war, wenn Preußen angegriffen würde, nicht aber wenn es selbst angreife. Allein sobald der Inhalt dieses Vertrags in Wien und Paris bekannt wurde, trug dies wesentlich dazu bei, den förmlichen Abschluß der österreichisch-französischen Allianz zu beschleunigen, welche auch am 1. März 1756 zu Versailles unterzeichnet wurde[2]). In Paris und später in ganz Europa ging die Sage, daß ein eigenhändiger, schmeichelhafter

---

[1]) Schäfer 152.

[2]) So streng wurde das Geheimniß bewahrt, daß Brühl noch am 16. Mai die Möglichkeit einer solchen Allianz bestritt. Geheimnisse des Sächsischen Hofes I. 341.

Brief Maria Theresia's an die Pompadour, in welchem die Kaiserin sich der Anrede „liebe Cousine" bedient, zu der schnellen Erledigung des folgenschweren Ereignisses wesentlich beigetragen, und man hat nicht verschmäht, auf Grund dieser Sage das Andenken der edlen Kaiserin=Königin zu verunglimpfen und darauf hinzuweisen, wie Friedrich II. voll moralischer Entrüstung sich von jedem Verkehr mit der Buhlerin Ludwig's XV. fern gehalten. Allein es steht jetzt durch Maria Theresia's eigene Aussage fest, daß sie einen solchen Brief niemals geschrieben¹), sondern der Pompadour nur ein „nicht sowohl prächtiges als artiges" Geschenk überreichen lassen. Andererseits hatte Friedrich, als es ihm 1744 dienlich schien, eine Maitresse des Königs seinen Absichten günstig zu stimmen, keinesweges verschmäht, in sehr schmeichelhaften Ausdrücken an dieselbe zu schreiben und der Herzogin von Chateauroux, welche in schamlosester Weise die Gunst des königlichen Wüstlings mit ihren drei Schwestern theilte, in seinen historischen Schriften auf's Ehrenvollste zu gedenken²).

¹) v. Weber, Marie Antonie Walpurgis, Churfürstin von Sachsen I. 144.
²) Oeuvres XXV. 562. Daß Friedrich II., als es ihm zweckmäßig schien, auch mit der Pompadour unterhandelte, werden wir später sehen.

So waren denn Frankreich und Oesterreich dem Wortlaute nach zu gegenseitiger Vertheidigung, in der That aber zum Angriff gegen Preußen und Hannover verbunden, sobald der günstige Augenblick erscheinen würde: dasselbe war der Fall mit der Kaiserin von Rußland, welche trotz aller Mühen und Bestechungen, die man englischer Seits aufwandte, nicht dahin gebracht werden konnte, den Subsidienvertrag wieder aufzulösen. Die großen Summen, welche der Kanzler Bestucheff zu dem Ende erhielt, und welche auch die kluge Großfürstin Katharina anzunehmen nicht zu stolz war, hatten keine Wirkung.

Da die Diplomatie jener Tage wesentlich ein großes wohlorganisirtes Spionirsystem Aller gegen Alle, und die Gesandten nicht viel besser als vornehme Spione waren, so faßten die Höfe selbst ihre geheimsten Beschlüsse schon mit Rücksicht auf den nicht ausbleibenden Verrath. Daraus hauptsächlich ist es zu erklären, daß nicht bloß der Versailler Vertrag, sondern auch die Petersburger zwischen Oesterreich und Rußland geschlossene Allianz in anscheinend friedliebendem Sinne redigirt waren. Es galt, so sagt man, nur den dresdener Frieden aufrecht zu erhalten und einen etwaigen Bruch desselben durch den König von Preußen zurückzuweisen, für welchen Fall denn allerdings harte Strafmittel in Bereitschaft waren — man theilte sich in die

Haut des Wildes, bevor man dasselbe erlegt hatte. Sachsen nahm unter dieser Feindesschaar, welche den Thron Friedrich's II. bedrohte, eine eigenthümliche Stellung ein. Mit gewissem Stolze behaupteten die dresdner Ränkeschmiede, daß dem großen Umschwunge, welcher 1756 in den europäischen Allianzen eintrat, von ihnen bereits seit 10 Jahren vorgearbeitet worden¹), und offen gesteht man ein, daß trotz aller ergangenen Aufforderungen ein förmlicher Beitritt Sachsens zu dem Versailler und dem Petersburger Vertrage nur um deshalb nicht stattfand, weil man die Rache des bösen Nachbars in Berlin fürchtete, noch mehr aber weil weder Rußland noch Oesterreich im voraus den Antheil bestimmen wollten, welcher den Sachsen aus dem zerstückelten Preußen zu gewähren sei. So hätte es leicht geschehen können, meinten die vorsichtigen Räthe August's III., daß man zuletzt „das leere Nachsehen gehabt hätte." Deshalb beschloß Sachsen, „sich nicht früher auf den Turnierplatz zu wagen, als bis der Ritter im Sattel wanke²)."

---

¹) Geheimnisse des sächsischen Cabinets I 196.

²) Ebendaselbst. Für die verschiedenen Unterhandlungen in der Zeit von 1745—56 ist dies eigenthümliche Buch im höchsten Grade lehrreich. Daß dasselbe unmittelbar vor den Ereignissen von 1866 verfaßt ist, giebt den sehr ernstgemeinten Ausführungen

Alle diese einander vielfach kreuzenden Unterhandlungen hatten im Wesentlichen den ausgesprochenen Zweck, eine Einigung für den Fall herbeizuführen, daß Friedrich II. durch irgend eine unvorsichtige oder gar gewaltsame Handlung Anlaß gäbe, ihn des Friedensbruches zu beschuldigen. Dann aber wollte Jeder auch sich versichern, welchen Beuteantheil er zu erwarten hätte.

Der König bekam durch seine Späher zeitig genug Kenntniß von den hin und herfliegenden Noten und Entwürfen, und wie er in allen ihm wichtig scheinenden Dingen praktisch durchgriff, ohne in der Wahl seiner Mittel bedenklich zu sein, so ging er auch jetzt in der derbsten Weise vor. Der preußische Gesandte in Dresden mußte einen im dortigen Ministerium beschäftigten Kanzlisten Menzel bestechen. Man schickte demselben zu wiederholten Malen aus Berlin ganze Bunde von Nachschlüsseln, bis es gelang, die Behältnisse im geheimen sächsischen Staatsarchive zu öffnen, wo die eingehenden Documente aufbewahrt wurden, von welchen der Gesandte

---

freilich in den Augen des heutigen Lesers oft einen seltsamen Anstrich. Die sächsische Politik hatte damals, wie bis auf den gegenwärtigen Augenblick fast immer einen den Wünschen der dortigen Regierung geradezu entgegengesetzten Erfolg. Vergl. auch: Neue Aktenstücke über die Veranlassung des siebenjährigen Krieges. Leipzig. 1841. — Herzberg Recueil L 11.

dann sofort Abschriften erhielt¹). Mehre Jahre lang erhielt der König auf diese Weise von allen Vorgängen Nachricht, wie er das selbst unumwunden erzählt²). Außerdem wurden die Geheimnisse des österreichischen Gesandten Puebla in Berlin durch eine Kastellans=tochter verrathen, welche mit einem der Legationssekre=taire ein Liebesverhältniß hatte. Allerdings waren alle Verabredungen zwischen Frankreich, Oesterreich, Ruß=land und Sachsen, welche durch diese Kanäle zu des Königs Kenntniß kamen, der Form nach nicht auf einen Angriff, sondern auf Vertheidigung gegen Preußen ge=richtet. Dasselbe gilt von den Unterhandlungen mit Schweden, wo der Versuch mißglückt war, die königliche Gewalt durch einen Staatsstreich dem Einflusse der allmächtigen Aristokratie zu entziehen. Der gesammte Adel, welcher im dortigen Reichstage den Ausschlag gab, stand im Solde Frankreichs, und die Königin Ulrike, Friedrich's Schwester, mußte zu ihrem größten Schmerze mit ansehen, wie Schweden in die öster=reichisch=französische Allianz hineingezogen ward³).

---

¹) Neue Aktenstücke zur Geschichte des siebenjährigen Krie=ges, wo der später gegen Menzel geführte Criminalprozeß mit=getheilt wird.

²) Oeuvres IV. p. 18.

³) Den Schweden wurde der Besitz von ganz Pommern ver=sprochen, wenn Preußen in dem vorauszusehenden Kampfe besiegt

Der König durchschaute, trotz der friedlichen Sprache ihrer amtlichen Erklärungen, die wahre Absicht der Verbündeten. Ja, er war überzeugt, daß noch irgendwo geheime Documente verborgen würden, aus welchen die Angriffspläne klarer als aus den ihm bekannt gewordenen sich müßten nachweisen lassen. Darüber beschloß er bei günstiger Gelegenheit sich künftig Gewißheit zu verschaffen. Seinem bewährten Grundsatze getreu, wollte er auch dies Mal die Andern überraschen, bevor er überrascht würde. Schon damals, und sehr oft noch später, hat man die Frage aufgeworfen, ob der große verheerende Krieg, welcher jetzt beginnen sollte, zu vermeiden war, wenn Preußen sich ruhig in abwartender Stellung verhalten hätte, ohne die Bestimmungen des dresdener Friedens zu verletzen. Niemand, so wird behauptet, würde dann einen Angriff gegen den Sieger in fünf Schlachten gewagt haben, welchem jetzt ein weit größeres und besser geübtes Heer zu Gebote stand, als in den beiden vori-

---

wäre. Raumer's Beiträge II. 350. Die wichtigsten, durch Menzel's Verrath bekannt gewordenen Aktenstücke wurden später preußischer Seits unter dem Titel pièces justificatives veröffentlicht. Wenn man dieselben für gleichbedeutend mit einer Kriegserklärung hielt, so war das, wenn auch nicht dem Wortlaute, doch dem wahren Sinne nach, vollständig richtig. Man findet sie abgedruckt Oeuvres IV. p. 40–79.

gen Kriegen. Sogar der Minister Herzberg, der doch
selbst jene pièces justificatives zusammengestellt
und die Kriegsmanifeste ausgearbeitet hat, welche des
Königs Beschlüsse rechtfertigen sollten, hat unmittelbar
nach dem Tode Friedrich's II. diese Ansicht verfochten [1]).
Allein es bedarf keiner genauen Analyse der verschiede=
nen damals in Europa abgeschlossenen Verträge, um als
unzweifelhafte Thatsache auszusprechen, daß die Haupt=
absicht der verbündeten Mächte dahin ging, den unruhi=
gen, ehrgeizigen, durch seine Macht und seine großen
Geistesgaben doppelt gefährlichen König von Preußen
gewissermaßen unter polizeiliche Aufsicht zu nehmen und
ihn bei dem ersten Vergehen, das er sich zu Schulden
kommen ließe, auf's Empfindlichste zu züchtigen. Eine
solche Stellung einzunehmen war weder mit der Ehre
des preußischen Staates noch mit Friedrich's persön=
licher Ehre verträglich. Als der englische Gesandte
Mitchel ihm die Gefahren vorstellte, denen er sich durch
seinen Angriff aussetzte, und wie er den überlegenen
Kräften der verbündeten Feinde unterliegen müßte, da
bezeichnete der König die Lage, in der er sich befand,
vollkommen richtig durch die Antwort: „Sehe ich aus,
als ließe ich mir Nasenstüber geben? Bei Gott, das

---

[1] Memoire historique de la dernière année de Fr. II. In
den Nouveaux memoires de l'Academie à Berlin 1787. p. 333.

werde ich nicht leiden¹)!" und wenige Tage nach dieser Unterredung schrieb er dem Gesandten: „Ich bin in der unabweislichen Nothwendigkeit, meinen Feinden zuvorzukommen, denn diesen verschlungenen gordischen Knoten zu lösen giebt es kein anderes Mittel, als ihn mit dem Schwerte zu durchhauen."

Daß ein solcher Gewaltschritt einen Brand in Europa anfachen würde, dessen Ausdehnung sich jeder Berechnung entzog, war ihm selbst und allen andern Mächten klar. Deshalb suchten auch der englische und französische Gesandte noch im letzten Augenblick einen friedlichen Ausweg zu finden, denn nicht die von ihnen vertretenen Könige, sondern die beiden Kaiserinnen waren es, die den Krieg wünschten. Maria Theresia rüstete mit eben so großem Eifer wie Friedrich II. Berichte über Berichte liefen ein, daß Böhmen sich mit Truppen fülle. Bis zum September sollten 60,000 Mann regelmäßige Soldaten, 12,000 Mann Warasdener und viele ungarische Husarenregimenter dort versammelt sein²). Mitchel schlug vor, durch eine Anfrage in Wien sich über den Zweck dieser Maßregeln Auskunft

---

¹) Raumer, Beiträge II. 369. Von größtem Interesse sind auch Friedrich's eigenhändige Briefe vom 9. und 17. August 1756 an Mitchel, p. 379.

²) Raumer 373.

zu verschaffen und von der Antwort die weiteren Schritte abhängig zu machen. Das bewilligte der König, obgleich die Erfolglosigkeit vorauszusehen war. Die Anfrage erfolgte in höflichster Weise. Maria Theresia antwortete ausweichend: „Der Stand der Dinge erheische Vorkehrungen, durch welche sie sich und ihre Verbündeten vor künftigen Ereignissen sicher stelle. Bedroht solle Niemand dadurch werden." Das war zu unklar, um sich dabei zu beruhigen. Der König befahl deßhalb am 2. August nochmals vorzutragen: „Man wisse in Berlin, daß Rußland im nächsten Frühjahr, wo es seine Rüstungen vollendet zu haben denke, im Verein mit Oesterreich einen Angriff gegen Preußen beabsichtige. Die Kaiserin möge erklären, daß sie weder in diesem noch im folgenden Jahre Preußen angreifen wolle, und das schriftlich oder in Gegenwart des englischen und französischen Gesandten mündlich zu erkennen geben. Verweigere sie, das klar und unumwunden auszusprechen, so werde das einer Kriegserklärung gleich sein, deren Folgen dann die Kaiserin allein zu verantworten habe." Die Antwort hierauf suchte man in Wien durch formelle Bedenken zu verzögern, als das aber abgeschnitten wurde, stellte man sich beleidigt und ließ erwidern: „Maria Theresia finde die ihr überreichte Denkschrift von der Art, daß sie, ohne die Schranken der Mäßigung zu überschreiten, nicht eingehend darauf antworten könne. So viel aber wolle sie erklären, daß die Nachricht von einem Angriffsbündniß zwischen ihr und Rußland falsch und erdichtet sei, ganz Europa werde daraus ersehen, daß die traurigen Ereignisse, die man voraussage, niemals ihrer Person zur Last gelegt werden können[1]."

Jetzt war der Krieg entschieden!

---

[1] Raumer a. a. O. Schäfer 202. Valori II. 139. Abelung's Staatsgeschichte Europa's VIII. Anhang 11—16. Ueber die Entstehung des siebenjährigen Krieges vergleiche man besonders die interessante Recension des Schäfer'schen Werkes von Duncker in v. Sybel's historischer Zeitschrift 1868 I. 103—180.

Ende des dritten Bandes.

Inhalt des dritten Bandes.

Erstes Kapitel.
Seite.
Thronbesteigung Friedrich's II. Erste Regierungshandlungen 1

Zweites Kapitel.
Die Huldigung. Voltaire. Herstaller Angelegenheit . . 33

Drittes Kapitel.
Ursprung des ersten schlesischen Krieges 58

Viertes Kapitel.
Der erste schlesische Krieg 84

Fünftes Kapitel.
Fortsetzung. Schlacht bei Mollwitz. Vertrag zu Klein-Schnellendorf 115

Sechstes Kapitel.
Fortsetzung des Krieges. Schlacht bei Czaslau. Friede zu Breslau 161

Siebentes Kapitel.
Die Zeit bis zum Ausbruche des zweiten schlesischen Krieges 188

Achtes Kapitel.
Ausbruch des zweiten schlesischen Krieges 229

Inhalt.

Neuntes Kapitel.   Seite.
Die zehn Friedensjahre 1746—1756 282

Zehntes Kapitel.
Fortsetzung. Die Justiz-Reform 315

Elftes Kapitel.
Privatleben und Zeiteintheilung des Königs 335

Zwölftes Kapitel.
Ursachen des siebenjährigen Krieges 396